lonely planet

LAS MEJORES RUTAS EN BICICLETA

ITALIA

37 ITINERARIOS INOLVIDABLES

AMY MCPHERSON, MARGHERITA RAGG Y ANGELO ZINNA

Sumario

PUESTA A PUNTO

EN RUTA

GUÍA PRÁCTICA

MAPAS DIGITALES DESCARGABLES DE LAS RUTAS

En este QR se pueden descargar archivos GPX o KML para seguir el itinerario en ruta.

MILÁN Y LOS LAGOS p. 81
NOROESTE DE ITALIA p. 53
NORESTE DE ITALIA p. 105
ROMA Y CENTRO DE ITALIA p. 21
FLORENCIA Y LA TOSCANA p. 135
SUR DE ITALIA p. 171
LAS ISLAS p. 205
Danubio
Zúrich
Innsbruck
AUSTRIA
Graz
Budapest
HUNGRÍA
Lago Balatón
Berna
SUIZA
Lausana
Parco Naturale delle Dolomiti di Sesto
Klagenfurt
Bolzano
Cortina d'Ampezzo
Parco Nazionale dello Stelvio
CARNIA
Belluno
Udine
Liubliana
Pécs
Lago de Como
Trento
Parco Nazionale delle Dolomiti Bellunesi
ESLOVENIA
Zagreb
SERBIA
Aosta
Como
Bérgamo
Lago de Garda
VÉNETO
Trieste
Osijek
Brescia
Padua
PIAMONTE
Milán
Verona
Venecia
Rijeka
Sava
Turín
Po
Piacenza
Mantua
Banja Luka
Parma
Ferrara
Alba
Alessandria
Cuneo
Génova
Módena
Bolonia
EMILIA-ROMAÑA
Rávena
Zadar
BOSNIA Y
Savona
Parco Naturale delle Alpi Apuane
Pistoia
Sarajevo
FRANCIA
San Remo
Florencia
Pésaro
San Marino
Niza
Mónaco
Pisa
Ancona
Split
TOSCANA
Arezzo
Mar Adriático
Livorno
Siena
Macerata
Perugia
Elba
Grosseto
Ascoli Piceno
Spoleto
Dubrovnik
Bastia
ABRUZOS
Pescara
MONTENEGRO
Rieti
Viterbo
L'Aquila
CÓRCEGA
Parco Nazionale della Majella
LACIO
Civitavecchia
Avezzano
Ajaccio
MOLISE
Roma
Frosinone
Foggia
Mar Adriático
Campobasso
Bari
ALBANIA
Nápoles
Bríndisi
Parco Nazionale dell'Asinara
Olbia
Potenza
Monte Vesubio
Lecce
Sassari
Tarento
APULIA
Alguer
Nuoro
Parco Nazionale del Cilento, Valle di Diano e Alburni
Golfo de Tarento
Parco Nazionale del Golfo di Orosei e del Gennargentu
Mar Mediterráneo
Oristano
CERDEÑA
Cosenza
Crotone
Carbonia
Cagliari
Catanzaro
Mar Tirreno
Islas Eolias
Mesina
Palermo
Trapani
Monte Etna
Parco Naturale dell'Etna
Mar Mediterráneo
Caltanissetta
Catania
Mar Jónico
SICILIA
Siracusa
Agrigento
Gela
Ragusa
Annaba
Túnez
ARGELIA
TÚNEZ
0
200 km
MALTA
La Valeta

Bienvenidos a Italia

En Italia, el ciclismo es un estilo de vida popular a todas las edades. Tan habitual es ver a un corredor enfundado en licra subiendo tortuosas carreteras de montaña como a un lugareño pedaleando por una callejuela de pueblo cargado con la compra en una vieja bici oxidada.

Aquí, una ruta en bicicleta pocas veces se limita a esto. Es una oportunidad para descubrir la cultura regional, admirar los paisajes, rurales o urbanos, y experimentar la italianidad de explorar el territorio en bici, ya sea en una ruta ciclista que bordea un río o la costa, atraviesa bosques y centros históricos, o un pintoresco circuito de montaña.

Y, con la creciente popularidad de las bicicletas eléctricas, muchas rutas son ahora más accesibles para ciclistas de todos los niveles. Así que, ¡a pedalear!

En bicicleta cerca de Arezzo (p. 164).

UMOMOS/SHUTTERSTOCK ©

Mi ruta ideal en bicicleta

Amy McPherson

CICLOVIA ACQUEDOTTO PUGLIESE

P. 198

Ir en bici por Italia produce distintos tipos de felicidad, pero para mí, nada es comparable a la alegría de ir entre *trulli* (tradicionales cabañas de piedra con techo cónico) y olivos en Apulia. Hay algo inspirador en este árido paisaje salpicado de techos cónicos y casas encaladas, siguiendo los muros de piedra que bordean tranquilas carreteras rurales, con el viento llevándome hacia las aguas turquesas del Adriático.

Margherita Ragg

SENTIERO DELLA BONIFICA

P. 164

Mi ruta ideal requiere tres elementos: buenas carreteras, colinas y vistas fantásticas. Me encanta pedalear por carreteras o carriles bici -no soy muy fan del ciclismo gravel o de montaña, prefiero las superficies lisas-. O subir colinas y montañas ¡porque ofrecen vistas! E ir por los itinerarios ciclistas llamados *mangia e bevi* en italiano, una combinación de breves ascensos y descensos, justo lo que ofrece la Toscana (en la imagen).

D-VISIONS/SHUTTERSTOCK ©

DOMONABIKEITALY/ALAMY STOCK PHOTO ©

***Trulli* (p. 201), en Apulia.**

Angelo Zinna

ISLA DE ASINARA

P. 208

Ir a Cerdeña en pleno invierno fue una forma excelente de explorar sus maravillas costeras sin aglomeraciones. Pedalear por la desierta Asinara bajo el sol de febrero me permitió descubrir esta tierra, antes cerrada al público, en su estado más puro: caballos, asnos y cabras salvajes paciendo entre playas de arena, arquitectura abandonada y colinas cubiertas de arbustos.

Las cinco mejores rutas panorámicas

1. **Sentiero della Bonifica** Agradable ruta junto a un canal en la Toscana.
2. **Vuelta al lago de Arvo** Alrededor del lago de un parque nacional en Calabria.
3. **Isla de Asinara** Playas inmaculadas y abundante vida salvaje en una isla tranquila.
4. **Via Panoramica del Parco del San Bartolo** El mar como telón de fondo de una larga ruta.
5. **Ciclovia del Toce** Vistas de los Alpes en la región de los lagos del Piamonte.

Castillo de Montecchio (p. 167), Toscana.

Imprescindibles

LAS MEJORES RUTAS COSTERAS

Rodeada por cinco mares del Mediterráneo, Italia tiene unos 7500 km de costa, contando sus hermosas islas, con aguas de color turquesa a azul oscuro. En los accidentados acantilados y hermosas playas, los pueblos y ciudades ofrecen distintos caracteres y tradiciones, por no hablar de los increíbles paisajes de postal, que pueden admirarse en las numerosas rutas en bici que bordean la costa.

CONSEJO
Recorrer la costa italiana por la Ciclovia del Sole y la Via Adriatica.

1

Costa dei Trabocchi

Visitar los tradicionales muelles pesqueros de los Abruzos y las apacibles playas.

P. 44

2

Costa degli Etruschi

Con inicio y fin en Cecina, una ruta por la costa toscana apta para todos, con baños de bosque y dunas silvestres.

P. 138

3

Ciclovia Adriatica: de Bari a Polignano a Mare

Desde Bari, explorar la costa salvaje de Apulia y llegar al encantador Polignano a Mare.

P. 178

Arriba: Riviera dei Fiori (p. 74) cerca de San Remo; dcha.: Polignano a Mare (p. 183).

4

De Alguer a Punta Giglio

Senda ciclista junto al mar en Cerdeña que penetra en una reserva natural con vistas de la ciudad y el Capo Caccia.

P. 214

5

Riviera dei Fiori

Ruta por la Riviera italiana, con algunas de las vistas más espectaculares de la región.

P. 74

CONSEJO

La isla pelágica de Lampedusa es la más meridional del país, más cerca de Túnez que de Italia.

CONSEJO

Tiramisu significa "cógeme"; es un postre creado originalmente en 1971 para ayudar a levantarse tras una comida copiosa.

Imprescindibles

LAS MEJORES RUTAS GASTRONÓMICAS

Nada define mejor la pasión de los italianos (aparte de la bicicleta) que el orgullo por su cocina. Ya sea en torno a la mesa de un restaurante, una barra de bar o el escaparate de una charcutería, siempre hay alguien discutiendo sobre comida. No existe un solo tipo de comida italiana: algo tan simple como la pasta varía en cada lugar. La mejor forma de descubrir los productos y especialidades de cada región es en una de estas magníficas rutas gastronómicas.

CONSEJO

No toda la pasta se elabora del mismo modo. Las formas y lo que la acompaña varía en cada región.

1

Por las colinas de Barolo

Ideal para quienes buscan maridar paisajes con vinos de calidad, trufas y queso, en la región de Langhe.

P. 60

2

Por las salinas de Trapani a Marsala

Probar comida callejera italiana en Trapani antes de llegar a una de las regiones vinícolas más célebres, donde espera una dulce recompensa.

P. 218

3

Ciclabile del Conca

Excelente opción para los amantes del vino, esta ruta atraviesa un viñedo, donde se puede aparcar la bici y hacer una cata.

P. 112

Fritto misto di mare.

4

Ciclopista del Trammino

El puerto deportivo de Pisa es ideal para almorzar a base de marisco. Hay que probar el clásico local *fritto misto di mare.*

P. 156

5

Costa dei Trabocchi

Magnífica ruta costera, muchos de los muelles pesqueros que atraviesa son ahora restaurantes de marisco que lo sirven al estilo local.

P. 44

Viñedos en la piamontesa región de Langhe (p. 60).

Imprescindibles

LAS MEJORES RUTAS DE VIDA SALVAJE

Desde las montañas hasta el mar, Italia es una tierra de belleza natural y rica biodiversidad. Sus múltiples reservas naturales y oasis albergan gran variedad de vida salvaje, sobre todo aves acuáticas, que habitan la costa, marismas y lagunas. De media, Italia tiene más de 1 500 000 aves, además de ser una importante ruta migratoria de aves procedentes de África por el Mediterráneo.

CONSEJO

Ser un observador de aves salvajes responsable: observar sin estorbar. Mirar desde lejos sin acercarse a los animales y jamás darles de comer.

1

Pista Ciclopedonale del Lago di Varese

Los humedales en torno a Varese son una importante área de reproducción del porrón pardo.

P. 98

2

Ciclabile del Conca

Recorrer una parte del valle del Conca, conocido por la observación de aves raras y la vida salvaje.

P. 112

3

Isla de Asinara

El peor tráfico de la zona son los asnos autóctonos que pacen por la isla.

P. 208

4

Laguna de Orbetello y flamencos

Rodear la laguna en busca de bandadas de flamencos migratorios.

P. 160

5

Laguna de Giro

Descubrir el lado menos conocido de la laguna veneciana, único ecosistema que alberga distintas especies de garzas.

P. 120

Arriba: asnos, isla de Asinara (p. 208); dcha.: flamencos, Orbetello (p. 160).

CONSEJO

Ver flamencos en Italia es más común de lo que se puede pensar. Aparte de Orbetello, pueden verse en rutas por Cerdeña, la laguna veneciana y Sicilia.

Imprescindibles

LAS MEJORES RUTAS HISTÓRICAS

La historia de la antigua Roma es conocida en todo el mundo, así como las más recientes guerras mundiales. Menos conocido es el pasado de asentamientos prerromanos, eras de conquistas extranjeras, el triunfo del Renacimiento y el legado industrial que se esconde en rincones de todo el país. Las rutas hacia el pasado permiten recordar estas anécdotas históricas y conocer otras nuevas.

CONSEJO

Antes de los romanos, cuatro civilizaciones gobernaron Italia: etruscos, nurágicos, griegos de la Magna Grecia y celtas de la Galia Cisalpina.

1

Pozzuoli romano y lago de Averno

Descubrir esta "joya oculta" del Imperio romano recorriendo Pozzuoli y el lago de Averno.

P. 194

2

Sentiero della Bonifica

Las tierras reclamadas por la Toscana constituyen una fantástica ruta con paneles informativos sobre la historia del canal.

P. 164

3

Via Appia Antica y Parco degli Acquedotti

Desde una importante vía romana a la impresionante ingeniería hídrica, esta ruta regresa a la antigua Roma.

P. 34

MAURO TOCCACELI/ALAMY STOCK PHOTO ©

4

Pista Ciclabile del Mincio

Excelente ciclovía que permite conocer esta región bajo varias conquistas, desde los austriacos a los Scaligeris de Verona.

P. 90

5

De Carbonia a Sant'Antioco

Antiguas ciudades mineras y tumbas antiguas: una ruta por la fascinante y poco conocida historia de Cerdeña.

P. 224

Imprescindibles

LAS MEJORES RUTAS ARTÍSTICAS Y CULTURALES

Desde época muy antigua, la escena del arte y la cultura italiana ha estado al frente de su identidad y ha tenido una gran influencia en todo el mundo, desde la ópera a distintos estilos arquitectónicos y de bellas artes. Desde los antiguos maestros al New Age o desde fiestas tradicionales a modernas competiciones deportivas, siempre hay algo que admirar y celebrar en el país.

CONSEJO

Con 58 sitios, Italia es el país con más Patrimonio Mundial de la Unesco.

1

Ciclopedonale Puccini

Este trayecto por el río Serchio forma parte de la ciclorruta Puccini, llamada así por el compositor Giacomo Puccini, hijo de la ciudad.

P. 142

2

Florencia: parques, Miguel Ángel y fútbol

Dos símbolos italianos en una sola ruta: Miguel Ángel en Florencia y el Museo Nacional del Fútbol.

P. 150

3

Ciclovia del Sole

Pedalear por un territorio de artistas, cantautores y amantes de la comida tan icónico que lo llaman "Italia en miniatura".

P. 108

MART/CARLO BARONI/2020 ©

MART, Rovereto (p. 131).

4

Ciclabile dell'Adige

Pintoresco itinerario que termina en MART, una de las galerías de arte contemporáneo más importantes del país.

P. 128

5

San Giuliano y la Cripta del Peccato Originale

Ruta para visitar los impresionantes frescos religiosos de esta cripta, obra del artista desconocido apodado "el pintor de las flores".

P. 188

Cuándo ir

En Italia cualquier época del año es buena para ir en bicicleta.

La elongada geografía del país y sus climas diversos lo convierten en destino de todo el año para el ciclismo. Pero la primavera y el otoño probablemente sean las mejores épocas para explorarlo; es cuando los colores de la naturaleza se intensifican, la oferta de festivales favorece las experiencias culturales y el turismo de masas disminuye.

El verano es popular entre los turistas, cuando el cielo azul, el sol y los atardeceres agradables están prácticamente garantizados. Aunque parezca atractivo, el calor del verano puede ser desafiante para los ciclistas y el riesgo de insolación y deshidratación es elevado. En días cálidos, hay que salir pronto y llevar mucha agua.

GRANDES ACONTECIMIENTOS

El **carnaval** es conocido como la gran fiesta de Venecia, pero hay distintas versiones por toda Italia. Celebrado tradicionalmente 40 días antes de Pascua, es una buena época para conocer la tradición y la cultura locales. **Febrero**

La fiesta nacional de Italia, la **Festa della Repubblica,** se celebra con gran boato militar, en particular en Roma, pero hay exhibiciones de patriotismo por todas partes, con la bandera italiana y sus colores decorando edificios y monumentos. **2 de junio**

La competición internacional **Giro d'Italia** es el principal evento ciclista del calendario deportivo italiano. **Junio**

La **Fiera Internazionale del Tartufo Bianco d'Alba** es una feria internacional dedicada a las trufas blancas de Alba que se celebra todos los fines de semana de octubre a mediados de noviembre.

NADIR BALMA/SHUTTERSTOCK ©

Giro d'Italia.

El clima mes a mes

ENERO	FEBRERO	MARZO	ABRIL	MAYO	JUNIO
Media máx. diurna: **12°C**	Media máx. diurna: **13°C**	Media máx. diurna: **16°C**	Media máx. diurna: **19°C**	Media máx. diurna: **23°C**	Media máx. diurna: **27°C**
Días de lluvia: **7**	Días de lluvia: **7**	Días de lluvia: **7**	Días de lluvia: **7**	Días de lluvia: **6**	Días de lluvia: **4**

DOLFILMS/SHUTTERSTOCK ©

Ciclistas con bicicletas retro, L'Eroica.

CONSEJO

Cuando se marchan los esquiadores y la nieve da paso a las flores, muchas pistas de esquí del norte son accesibles para ciclistas y excursionistas.

Alojamiento

En verano, cuando la mayoría de los europeos están de vacaciones, todo se llena, los precios del alojamiento alcanzan su máximo y la disponibilidad es limitada. Y lo mismo ocurre en invierno en las zonas de esquí. Para encontrar buenos precios, lo mejor es viajar fuera de las vacaciones escolares y las fiestas nacionales, especialmente en julio y agosto.

COSECHA DE LA ACEITUNA EN APULIA

Entre finales de otoño y principios de invierno, el clima en Apulia todavía es agradable para ir en bici. Durante la cosecha de la aceituna, las familias comparten la intensa labor necesaria para producir los magníficos aceites de oliva de la región y celebrar esta antigua tradición.

FIESTAS LOCALES

L'Eroica consiste en recorrer en bicicleta la Strade Bianche (carretera blanca) en la provincia de Siena, con bicicletas históricas construidas hasta 1987 y equipos ciclistas *vintage*. **Junio**

La **fiesta de San Gennaro,** en Nápoles, celebra el milagro de la licuación de la sangre del santo de la cripta de la catedral. **19 de septiembre**

Lanciano, en los Abruzos, retrocede hasta la Edad Media durante el **Mastrogiurato,** una semana de desfiles, bailes y festines de 40 platos llamados *panarde*. **Agosto/septiembre**

El **día de San José** se festeja con pan, habas y bollería por toda Sicilia para agradecer a san José la provisión de alimentos en una época de gran sequía en la Edad Media. **Marzo**

JULIO	AGOSTO	SEPTIEMBRE	OCTUBRE	NOVIEMBRE	DICIEMBRE
Media máx. diurna: **31°C**	Media máx. diurna: **31°C**	Media máx. diurna: **27°C**	Media máx. diurna: **22°C**	Media máx. diurna: **17°C**	Media máx. diurna: **13°C**
Días de lluvia: **3**	Días de lluvia: **3**	Días de lluvia: **7**	Días de lluvia: **8**	Días de lluvia: **9**	Días de lluvia: **8**

Prepararse para Italia

Cosas útiles para llevar en el equipaje o en la cabeza.

Ropa

Los italianos son famosos por su filosofía "primero el estilo, después el confort" para la ropa. Dicho esto, conviene llevar unas cuantas (o un par de) camisetas y pantalones o *shorts* holgados para los días de bicicleta.

Maillots y culotes de ciclismo Si se tienen, mejor; son más cómodos, especialmente en las rutas largas.

Camisetas y pantalones cortos Para los días cálidos de verano, bastará una camiseta y unos pantalones cortos elásticos y holgados. Se recomienda llevar una chaqueta ligera por si el clima cambia.

Guantes y gafas de sol Son opcionales, pero resultan útiles para proteger los ojos del polvo y el reflejo de la carretera, y las manos de las ampollas de sujetar el manillar.

Calzado cerrado Es más seguro llevar un buen calzado que sandalias; pedalear con chanclas no es buena idea.

Capas En primavera y otoño, es recomendable combinar una camiseta con una chaqueta ligera para los cambios de temperatura a lo largo del día y llevar un impermeable (¡no un anorak!). También es útil una braga de cuello, que puede servir para cubrirse la cabeza bajo el casco.

CINE

El talento de Mr. Ripley (Anthony Minghella; 1999) *Thriller* psicológico con muchas escenas filmadas en Italia.

Pan y tulipanes (Silvio Soldini; 2000) Conmovedora comedia italiana sobre la vida, la familia y el amor.

El cartero y Pablo Neruda (Michael Radford/ Massimo Troisi; 1994) Sencilla historia de amor con el telón de fondo de Procida y Salina.

La vida es bella (Roberto Benigni; 1997) Realidad agridulce y desgarradora.

GORILLAIMAGES/SHUTTERSTOCK ©

Lago de Garda (p. 132).

MÚSICA Y 'PODCASTS'

Podcast Cycling Europe
(2009-actualidad) Dedicado a viajes y aventuras en bicicleta por Europa; los episodios sobre Italia merecen la pena.

Tutto Modugno
(Domenico Modugno; 1972) Serie de álbumes del popular cantante italiano de Polignano a Mare.

Festival de Eurovisión: Turín
(2022) El álbum de los finalistas de Eurovisión que actuaron en la edición de Turín.

Palabras y expresiones

Buongiorno Buenos días

Buona sera Buenas noches

Ciao! ¡Hola!/¡Adiós!

Si Sí

No No

Per favore Por favor

Grazie Gracias

Prego De nada

Parla Inglese? ¿Habla inglés?

Señales de tráfico

Incrocio pericoloso Cruce peligroso

Rallentare Disminuir la velocidad

Curva pericolosa Curva peligrosa

Strada chiusa Carretera cerrada

Deviazione Desviación

Bici a mano Ciclistas apearse

Discesa ripida Descenso pronunciado

Vietato Prohibido

Vietato appoggiare biciclette Prohibido aparcar bicicletas aquí

LIBROS

Las mejores rutas de Europa en bicicleta
(Lonely Planet; 2021) Propuestas de rutas en bici por Italia y el resto de Europa.

Pedalare! Pedalare!
(John Foot; 2012) Historia de una relación nacional con la bicicleta y la importancia de pedalear.

El Giro de Italia
(Dino Buzzati; 2015) La memorable 32ª edición del Giro de Italia narrada por Dino Buzzati.

0
100 km
EMILIA-ROMAÑA
Rávena
Imola
Faenza
Forlì
Cesena
Rímini
Cattolica
SAN MARINO
SAN MARINO
Pésaro
02
Parco Nazionale delle Foreste Casentinesi, Monte Falterona e Campigna
Urbino
Senigallia
Ancona
Arno
Jesi
Arezzo
Fabriano
Macerata
Civitanova Marche
Tuoro
Tiber
01
Perugia
Lago Trasimeno
Asís
LAS MARCAS
Parco Nazionale dei Monti Sibillini
UMBRÍA
Foligno
04
Ascoli Piceno
Orvieto
Lago de Corbara
Spoleto
Giulianova
Lago de Bolsena
Tíber
Lago de Alviano
Parco Nazionale del Gran Sasso e Monti della Laga
Teramo
Terni
Corno Grande
Viterbo
Pescara
Rieti
L'Aquila
Chieti
Ortona
05
LACIO
Tarquinia
Civitavecchia
Lago de Bracciano
Tiber
Monte Amaro
Vasto
Avezzano
Sulmona
ABRUZOS
Termoli
Tívoli
Parco Nazionale della Majella
ROMA
03
Parco Nazionale d'Abruzzo, Lazio e Molise
Lido di Ostia
Monte Cavo
MOLISE
Frosinone
Isernia
LACIO
Campobasso
Latina
Mar Tirreno
Parco Nazionale del Circeo
Terracina
Gaeta
MAR MEDITERRÁNEO
Golfo de Gaeta
Benevento
Caserta
CROACIA
Mar Adriático

Castello di Gradara (p. 33).

Roma e Italia central

Explorar

Roma e Italia central

Dicen que todos los caminos llevan a Roma, pero si se visita Italia central en bicicleta probablemente sea mejor salir de la capital y explorar la increíble variedad de paisajes que esta parte del país tiene por ofrecer. Desde el mar Tirreno al Adriático, atravesando los picos más elevados de los Apeninos, columna vertebral del país, esta región sorprenderá al viajero con sus ventosas rutas costeras, tranquilas orillas lacustres y desafiantes ascensos en bicicleta de montaña. Aquí hay para todos los gustos y ciclistas, tan solo falta elegir la aventura.

Lacio

Roma es el epicentro del Lacio, una cautivadora región rica en historia, cultura y maravillosos paisajes. Desde las ondulantes colinas que rodean la capital a la desconocida campiña y las múltiples ciudades históricas que evocan el esplendor romano, las opciones abundan si se busca viajar sin prisas. Pedalear por encantadores pueblos medievales, visitar antiguas ruinas romanas o degustar la deliciosa comida y vino locales. En los últimos años se han construido varias buenas vías ciclables por Roma y sus alrededores que ofrecen la posibilidad de redescubrir una región que, a pesar de su larga historia, sigue evolucionando.

Umbría

Apodada el corazón verde de Italia, Umbría no recibe tantos visitantes como la cercana Toscana y es precisamente esto lo que la hace tan interesante, especialmente para los que buscan bajar el ritmo y disfrutar del carácter rural de este ondulante territorio interior lleno de vegetación. Aquí el viajero descubrirá la arquitectura medieval de ciudades antiguas como Perugia, Spoleto o Norcia, para luego salir de los centros urbanos y sumergirse en la atmósfera del mayor lago del país, el Trasimeno. Sin olvidar la gastronomía local, a base de trufas, aceite de oliva y vino.

CUÁNDO IR

Primavera y otoño son las mejores épocas. Aunque los soleados días de invierno también son ideales para hacer rutas, el clima en general es difícil de predecir. Las mejores condiciones climáticas son de abril a junio y de septiembre a noviembre, para evitar el calor sofocante del verano.

Las Marcas

Situada justo debajo de la concurrida Riviera de Emilia-Romaña, esta zona abierta al mar Adriático constituye una magnífica alternativa a los resorts de verano de la región contigua. Aquí no faltan las playas de arena, pero ofrece mucho más. Con una docena espacios naturales protegidos dentro de sus límites, una larga lista de encantadoras pero poco concurridas ciudades –famosas desde la Edad Media– y una bien desarrollada cultura ciclista, Las Marcas puede saciar la sed de aventura del viajero sin renunciar a una merecida relajación mediterránea.

Abruzos

Es difícil entrar en los salvajes Abruzos y no quedar impresionado por su diversidad. Los picos más altos de los Apeninos dominan el corazón del Parco Nazionale del Gran Sasso e Monti della Laga, mientras que la larga costa se despliega ante las aguas azules del Mediterráneo, salpicadas de *trabucchi,* antiguas plataformas pesqueras. Puede ser todo un desafío subir las inclinadas pendientes del montañoso interior o recorrer la novísima Via Verde junto al mar, haciendo un alto por el camino para recuperar fuerzas con marisco recién pescado.

TRANSPORTE

Los puntos de inicio de los itinerarios de este capítulo son accesibles en transporte público. Hay estaciones de trenes cerca y se puede llevar la bicicleta en la mayoría de los trenes italianos pagando un suplemento de 3,50 €. Pueden consultarse los horarios en trenitalia.com, pero hay que comprobar que tengan el símbolo de una bicicleta.

EVENTOS

SpoletoNorcia in MTB

Al festival de bicicleta de montaña en Spoleto, a principios de septiembre, acuden ciclistas italianos de todos los niveles para recorrer esta ruta por el antiguo ferrocarril Spoleto-Norcia. Es el mayor acontecimiento ciclista *amateur* del centro de Italia. Más información en p. 41.

Maratón ciclista Gran Sasso d'Italia

En junio, en L'Aquila se celebra una carrera de 135 km con 3000 m de desnivel por el pico más alto de los Apeninos.

DÓNDE ALOJARSE

Desde granjas rústicas a villas elegantes, aquí hay para todos los gustos y presupuestos. La mayoría de los itinerarios reseñados empiezan cerca de ciudades con hoteles, agradables B&B y casas privadas. La acampada libre está prohibida en Italia, pero en zonas como el lago Trasimeno se puede reservar en algún *camping* junto al lago. En temporada alta (jun-ago) los precios suben drásticamente y es recomendable reservar con antelación. Antes y después del verano, lo normal es encontrar precios bajos y visitas sin aglomeraciones.

Recursos

Turismo Marche (turismo.marche.it) Sitio web oficial de Las Marcas con toda una sección dedicada a las rutas en bici, la mayoría por carreteras secundarias poco transitadas.

Umbria Tourism (umbriatourism.it/bikes) Sitio web oficial de la región para visitantes, con mucha información útil para ir en bici.

Abruzzo Turismo (abruzzoturismo.it) Esta web también ofrece múltiples recursos para las rutas en bicicleta.

01

Vuelta al lago Trasimeno

DURACIÓN	DIFICULTAD	DISTANCIA	INICIO/FINAL
4 h	Media	61 km	Castiglione del Lago

TERRENO | Grava con algunos tramos asfaltados

MANUELA FINETTI/GETTY IMAGES ©

Pueblo pesquero, Isola Maggiore.

Este lago, el cuarto más grande de Italia, situado en la provincia de Perugia, cerca de la frontera entre Umbría y la Toscana, tiene tres islas minúsculas (Isola Maggiore, Isola Minore e Isola Polvese) dispersas por sus 128 m^2 de superficie. Tras más de una década de trabajo, la vía ciclable de 61 km que bordea las poco profundas aguas del Trasimeno se terminó en 2023 y ofrece la oportunidad de explorar la campiña de Umbría por una ruta llana en una jornada de aventura accesible entre aguas tranquilas, olivos y aldeas junto al lago.

Alquiler

Alquilan bicicletas de montaña o eléctricas en Cicli Valentini (ciclivalentini.it), a un kilómetro de la estación de trenes, cerca del punto de partida de la vía de Castiglione del Lago. El personal es muy solícito.

Punto de partida

Se puede empezar en cualquier punto alrededor del lago, pero Castiglione del Lago es ideal por sus conexiones ferroviarias. La estación de trenes está a unos 2 km del inicio de la ruta.

01 Desde la rotonda frente a la tienda de bicicletas Cicli Valentini se va hacia el oeste por Via Firenze y se toma el primer desvío a la derecha, entrando en Viale Umbria. Se sigue hacia el lago pasando dos rotondas. Tras la segunda rotonda, hay una verja a la izquierda que da a una pista de tierra estrecha. Se toma este camino y enseguida se cruza un pequeño puente sobre un río. Tras pasar el descampado antes ocupado por el aeropuerto de Castiglione del Lago, pronto se ve un letrero que indica "Itinerario Ciclabile Lago Trasimeno – Km 0". Aquí empieza el trayecto alrededor del lago.

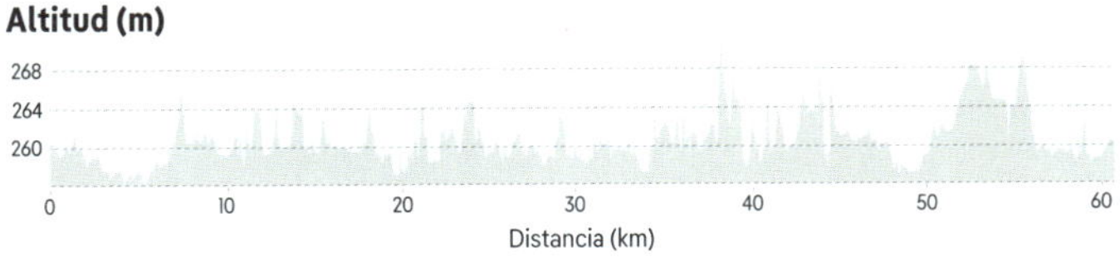

Isola Maggiore

A pesar de su nombre, literalmente "isla mayor", no es la de mayor tamaño de las tres que emergen de las aguas del lago Trasimeno. Su superficie, de 24 Ha, mide menos de la mitad que la Isola Polvese. Sin embargo, sí que es la más grande en términos de población, un récord poco impresionante teniendo en cuenta que las otras dos están deshabitadas. Un pueblo pesquero desde el s. XV, la población de Isola Maggiore superaba siempre los 200 habitantes hasta la década de 1950, cuando empezó a disminuir. En 1887, los marqueses de Guglielmi eligieron la isla como su residencia de verano y encargaron la construcción del castillo que todavía sobresale entre la vegetación.

02 El tramo inicial del sendero no sigue la orilla del lago, sino que discurre bajo la sombra de pinos por una pradera. El lago empieza a verse tras unos 2 km; en el momento de escribir la obra, este tramo inicial había sufrido daños por la lluvia, con grandes agujeros en el suelo. Hay que circular con cuidado, en especial si se viaja en grupo.

03 Poco después de vislumbrar el resplandeciente lago a mano derecha, el sendero de grava queda interrumpido por un tramo de asfalto al llegar al Badiaccia Camping Village. La carretera sigue hasta Borghetto, una localidad en el límite entre Umbría y la Toscana con menos de 300 habitantes; aquí se erigen los imponentes restos de un castillo que se cree que se remonta al s. XIV. En este punto, la ruta se comparte con unos (muy) pocos coches durante unos minutos, antes de volver a la vía ciclable que lleva al lago.

04 De nuevo en el camino de grava, se recorre toda la parte norte del lago entre las vías del ferrocarril y las aguas azules del lago. Pasado el km 11, aparece un buen motivo para hacer una parada, una solitaria plataforma que se adentra en el lago, con vistas paisajísticas de postal. Este idílico mirador llamado Sosta del Malpasso es conocido por un acontecimiento histórico nada pacífico. En junio de 217 a.C., el cónsul romano Cayo Flaminio avanzaba por la orilla del Trasimeno con 25000 soldados, perseguido por su archienemigo Aníbal. Creyendo erróneamente que este todavía estaba a un día de camino del lago, Cayo Flaminio dejó las tropas al

Una pausa

En el extremo suroriental del lago, la legendaria trattoria Faliero se ha hecho famosa por un plato específico: el pastel salado de su propietaria Maria, llamado *torta d'la Maria.* Este "pastel" se cocina en el tradicional *testo,* una parrilla de terracota caliente para hacer un crujiente pan plano, que luego se rellena con una variedad de deliciosos rellenos, desde salchicha de cerdo a *pecorino* (queso de oveja) local. Maria y su familia hacen esta *torta* del mismo modo desde 1969 y está claro por qué no han cambiado nunca la receta.

descubierto, pero los cartagineses ya estaban allí, escondidos entre los brumosos bosques sobre el camino y, en cuanto los romanos dieron un paso en falso, los atacaron sin piedad, masacrándolos por millares.

05 Más adelante se cruza la ciudad de Tuoro, pasando por su pequeño puerto y estación de trenes. Se sigue por el sendero blanco que atraviesa el centro de Passignano, unos 20 km. Un cruce importante en tiempos romanos, que conectaba el norte y el sur de la península Italiana, en lo alto de esta población se erige su icónica Rocca, un castillo de piedra del s. VI que señala el centro de la ciudad. Aparte de la historia, Passignano ofrece muchas opciones para tomar un *gelato,* un *espresso* o comer por el camino (pero sin pasarse, pues todavía queda un buen trecho).

06 En Passignano hay dos opciones. De abril a septiembre un ferri conecta Passignano con Castiglione del Lago pasando por Isola Maggiore, la isla principal del lago. Con un total de 10 habitantes permanentes, la isla se puede visitar todo el año, pero solo en primavera y verano el ferri continúa hasta Castiglione del Lago. Quien prefiera terminar aquí, en temporada alta puede concluir la ruta cruzando el lago hasta el punto de partida. Sin embargo, lo que queda es uno de los tramos más hermosos del itinerario.

07 Al dejar atrás Passignano por el camino asfaltado azul, el ciclista pronto se encuentra inmerso en un paisaje de pequeñas granjas de olivos y colinas que ondulan hacia el lago y ofrecen magníficas vistas de su isla principal. La ruta alcanza el extremo este del lago; desde aquí, hay que seguir hacia el sur en dirección a San Feliciano. El paisaje empieza a elevarse por la izquierda, pues las montañas de Umbría se acercan a la orilla; la ruta, empero, es llana todo el camino.

08 La larga curva que se dirige hacia el sur del lago se separa de la vía férrea que discurría al lado hasta aquí. Los más ambiciosos pueden hacer un desvío al centro urbano de Magione hasta el Castello dei Cavalieri di Malta, una fortificación que data del s. XII. Ahora alberga una de las bodegas más importantes de la zona. En sagrivit.it se pueden reservar visitas y catas, incluyendo una visita a la capilla dedicada a san Juan Bautista.

Passignano.

Palio delle Barche

Si se visita la zona durante la última semana de julio, hay que pasar por Passignano para experimentar el Palio delle Barche (paliodellebarche.com), una carrera tradicional donde distintos equipos representantes de cuatro *rioni* (barrios) históricos se enfrentan en una encarnizada competición de barcas de colores por la costa norte del lago. La carrera atrae a grandes multitudes a la costa, que animan al equipo de su barrio. Es una fiesta imprescindible que solo se celebra una vez al año.

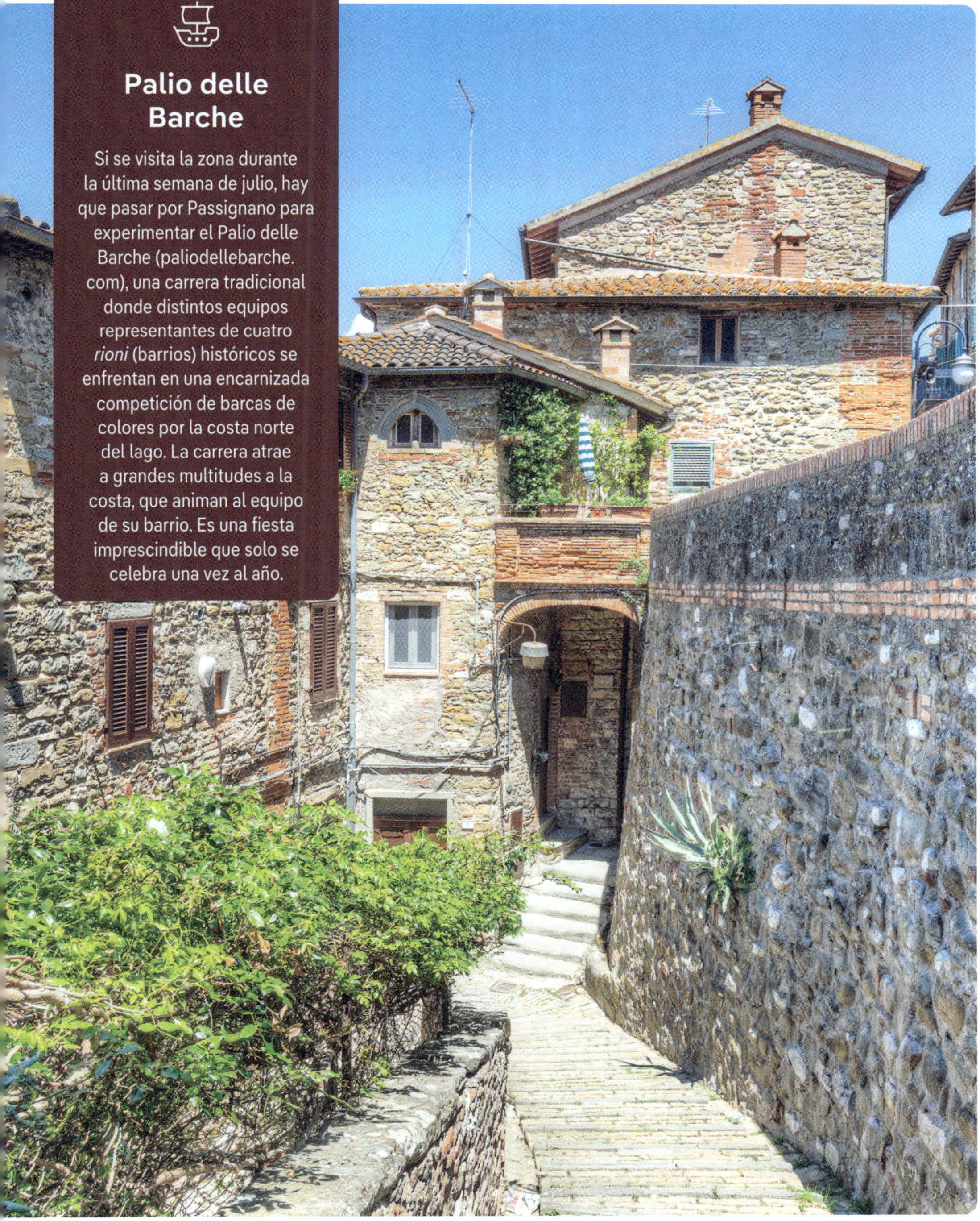

Museo della Pesca e del Lago Trasimeno

Este pequeño museo en San Feliciano está dedicado a la cultura pesquera de las comunidades que vivían junto al lago. Merece la pena explorar las cuatro salas del museo para descubrir cómo se formó el lago, hace 1,7 millones de años, así como la historia y la vida de las gentes que vivían en sus orillas, sobreviviendo gracias a las herramientas y tecnologías en constante evolución que usaban para pescar.

San Feliciano.

09 Pasado Magione, se llega a Punta del Lago, desde donde se ve la Isola Polvese. El punto de partida hacia la isla más grande de Trasimeno es San Feliciano, 3,5 km al sur y sede del Museo della Pesca e del Lago Trasimeno (véase izda.). San Feliciano es ideal para pasar la noche si se divide la ruta en dos días, con hoteles y *campings* abiertos de primavera a otoño.

10 A partir de aquí, la ruta se junta de vez en cuando con la carretera principal, con breves tramos de asfalto que van recuperando el camino de grava. Hacia el km 41, una señal indica "Biciclette a mano", que significa que hay que apearse y llevar la bici en la mano. Este tramo, de unos 50 m, pasa junto a un bloque de viviendas del que pueden salir residentes inesperadamente. Si bien es tentador pasar montado en la bici, pues normalmente el ambiente es muy tranquilo, hay que obedecer las señales; aunque se evite el accidente, puede que los residentes insulten a quienes no cumplen la única norma que se les exige.

11 Antes del tramo final en el extremo sur del lago, se pueden recuperar fuerzas en Sant'Arcangelo con una *pizza rossa* en el café local. Pasado el pueblo, se vuelve a la costa en Panicale, donde una pasarela peatonal permite observar aves desde la vía ciclable hasta el lago. A través de las ventanas de la estructura, en el lecho de juncos, pueden avistarse ánades reales, porrones comunes y cercetas, así como garzas rojas y grises, aguiluchos laguneros y halcones peregrinos.

12 A punto de cerrar la vuelta, aquí el sendero discurre paralelo a la transitada carretera, en los últimos 5 km antes de regresar a Castiglione del Lago, la parte menos agradable de la ruta. Sin embargo, se sigue pasando por verdes prados y pintorescas granjas, algunas abandonadas, hasta llegar al centro urbano, reconocible por la fortaleza medieval llamada Rocca del Leone, mirando incondicionalmente al lago entre todo el verdor. Hay que seguir el camino que recorre la orilla hasta llegar a un letrero electrónico negro que indica "Ciclisti dall'inizio dell'anno". Aquí se puede comprobar cuántos ciclistas han completado el circuito durante el año. Es el momento de felicitarse: final del recorrido.

Una pausa

Reconocible por la larga marquesina verde frente al lago, **Osteria il Maremmano** es uno de los restaurantes más apreciados de Passignano. En el menú, platos de pasta de inspiración romana como el sempiterno *cacio e pepe* servido en la sartén, junto a deliciosas especialidades difíciles de encontrar en otros lugares. La rústica decoración es quizá demasiado confortable para quienes inicialmente habían planeado pedalear otros 40 km para completar la vuelta del lago Trasimeno.

02

Via Panoramica del Parco del San Bartolo

DURACIÓN	DIFICULTAD	DISTANCIA	INICIO/FINAL
3,5 h	Alta	46 km	Pésaro
TERRENO	Asfalto		

SIMONE CRESPIATICO/SHUTTERSTOCK ©

Villa Imperiale, Pésaro.

La costa adriática del norte puede parecer monótona si se viene del litoral de Emilia-Romaña, donde los complejos vacacionales se suceden unos a otros en las playas cubiertas de sombrillas. Al entrar en Las Marcas el paisaje cambia. El Parco del San Bartolo es una ondulada y verde franja de tierra enclavada entre las localidades de Pésaro al sur y Gabicce Mare al norte, ideal para pedalear junto al mar. Aunque no es una vía ciclable de verdad, la carretera SP44 que atraviesa el parque está poco transitada, porque hay nuevas carreteras que conectan los principales centros urbanos.

Alquiler

MTB Pesaro Tour alquila bicicletas de montaña en su tienda de Viale Giovanni Amendola 9 en el centro de Pésaro. Tienen bicicletas eléctricas para superar la costa de Las Marcas.

Punto de partida

La SP44 pasa cerca del puerto de Pésaro, cerca del centro histórico. Hay que seguir el río Foglia en Via Canale hasta llegar al puerto, luego girar a la izquierda para entrar en la carretera que va a Gabicce.

01 Pésaro se está transformando en una de las ciudades más ciclables de Italia gracias al proyecto Bicipolitana. Se puede dar una vuelta en bici por el encantador centro, luego seguir la Linea 1 hacia el puerto hasta alcanzar la SP44. Desde aquí, hay que ir al norte en dirección al Parco Naturale del Monte San Bartolo.

Altitud (m)

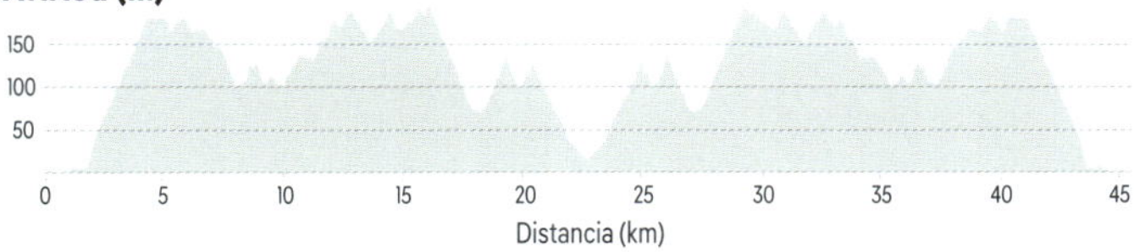

02 Desde el puerto de Pésaro, se sigue la carretera panorámica hacia el Parco Naturale del Monte San Bartolo, un área protegida rebosante de flora y fauna. La montaña, que supera los 200 m de altitud en su punto más alto, se corona por una ancha carretera de asfalto muy pintoresca con varias áreas de descanso equipadas con bancos y mesas de pícnic. Los primeros 5 km después del puerto son los más duros, ya que la sinuosa carretera asciende la montaña a un ángulo constante. Los fines de semana, grupos de ciclistas locales sudan la camiseta para superar la pendiente (5% de media) hasta Santa Marina Alta, unos 7 km al norte de Pésaro.

03 Una pequeña iglesia espera en Santa Marina Alta, una de las localidades más pequeñas de la zona de San Bartolo, que ofrece espectaculares vistas de las colinas, los Apeninos y el Adriático. El descenso desde aquí tiene algunas curvas cerradas que requieren atención y buenos frenos.

04 La siguiente parada es el agradable pueblo histórico de Fiorenzuola di Focara, construido en un saliente rocoso sobre el Adriático, a medio camino entre Pésaro y Cattolica. Vale la pena entrar en los restos de las murallas para ver la Chiesa di Sant'Andrea del s. XII y el castillo, una de las cuatro estructuras defensivas de la región, con

CONSEJO:

El proyecto Bicipolitana de Pésaro ofrece 200 km de carriles bici (con algunos tramos aún en construcción) que conectan distintos rincones de la ciudad por vías bien señalizadas.

Villa Imperiale

Al salir de Pésaro y pedalear por Monte San Bartolo, se puede girar a la izquierda en la Strada dei Cipressi para visitar la monumental Villa Imperiale, una lujosa residencia renacentista. Encargada en 1469 por Alessandro Sforza, gobernador de Castelnuovo, Gradara y Pésaro, esta imponente estructura rodeada por las boscosas tierras de la reserva natural permiten al visitante conocer las costumbres y el estilo de vida de las familias aristocráticas que vivieron en este complejo palaciego durante siglos. Solo está abierta en verano, con visitas guiadas previa reserva en línea.

más de 700 años. A los pies de Fiorenzuola di Focara, una playa de aguas cristalinas resulta ideal para refrescarse tras las múltiples subidas y bajadas de la ruta. Al norte de la playa principal de Fiorenzuola también hay una playa naturista donde la ropa es opcional.

05 Siguen otros 2 km por la tranquila SP44 hasta llegar a otra antigua fortaleza de la provincia de Pésaro, Casteldimezzo, literalmente "el castillo a medio camino". Tras un ligero descenso desde Fiorenzuola di Focara, una pendiente conduce al antiguo pueblo, donde solo viven 14 personas.

06 Desde Casteldimezzo, la carretera se aproxima a los bordes del parque, en Gabicce Monte. Al llegar, se puede hacer una pausa en el mirador local, con espectaculares vistas de las bulliciosas costa y ciudades de Emilia-Romaña. Tras la pausa, más allá de Gabicce Monte se sigue durante 6 km y se vuelve al nivel del mar al entrar en Gabicce Mare, situado en el límite entre Las Marcas y Emilia-Romaña. Aquí hay un carril bici llano que se extiende por el *lungomare* hasta Cattolica.

07 En este punto se puede decidir terminar el trayecto o pedalear hacia el interior para visitar la elegante fortaleza de Gradara. Estratégicamente situada en una colina con vistas al Adriático, es una de las ciudades medievales mejor preservadas de Las Marcas, famosa por su increíble Rocca Malatestina, de 1150. Eso sí, para llegar a Gradara desde Gabicce Mare hay que abordar la carretera que sube hasta el castillo, con pendientes de hasta el 7%: retroceder a la Edad Media tiene su precio. Desde Gradara, se puede volver a Pésaro por la SS16.

08 Se regresa a Pésaro por la misma ruta. Otra opción es volver en transporte público desde Gabicce Mare o Gradara. La región de Las Marcas ha puesto en marcha un servicio llamado Bici & Bus, que permite subir la bicicleta en algunos autobuses Adriabus que conectan Gabicce Mare, Gradara y Pésaro –horarios en adriabus.eu–. También se puede ir hasta la estación de ferrocarril Cattolica-San Giovanni-Gabicce, a 2 km del centro de Gabicce Mare y coger un tren de regreso a Pésaro. La bicicleta se carga en un vagón marcado con el símbolo de una bicicleta.

Una pausa

La *trattoria* familiar **La Rupe** en Fiorenzuola di Focara es un lugar fantástico para comer con su soleada terraza con vistas al mar. Cocinan recetas auténticas desde la década de 1960 y ofrecen comidas rápidas y tradicionales como *piadine* rellenas, así como un menú completo de entrante, primero y segundo, en general a base de marisco. Tienen *pizzas* vegetarianas. También se puede seguir hasta Vigna del Mare y girar a la derecha hacia la costa hasta el **Ristorante Falco,** donde sirven marisco de calidad ante unas excepcionales vistas al mar.

Castello di Gradara.

Castello di Gradara

Este castillo es famoso por ser el escenario de la romántica historia de Francesca da Polenta y Paolo il Bello, narrada en el s. XIII por Dante en la *Divina comedia*. En el quinto canto del Infierno, el gran poeta cuenta la historia del matrimonio concertado que Guido da Polenta había planeado para su hija Francesca con el señor de Pésaro, Giovanni Malatesta, a pesar del amor de ella por Paolo, hermano de Giovanni. Francesca y Paolo acabaron siendo amantes y mantuvieron un idilio de 18 años, pecado que los llevó a terminar en el infierno de Dante eternamente, tras ser asesinados por el marido de Francesca, Giovanni.

03

Ideal para

HISTORIA

Via Appia Antica y Parco degli Acquedotti

DURACIÓN	DIFICULTAD	DISTANCIA	INICIO/FINAL
2,5 h	Baja	29 km	Centro Servizi Appia Antica

TERRENO	Asfaltado, algunos tramos de tierra

LEV LEVIN/SHUTTERSTOCK ©

Villa dei Quintili (p. 36).

Podrían dedicarse varios días a explorar las joyas arqueológicas que jalonan el Parco Regionale dell'Appia Antica de Roma, un museo al aire libre y reserva natural protegida que se extiende al sur del centro urbano. Este itinerario recorre un tramo de la Via Appia Antica, la *regina viarum* que los romanos construyeron en el s. IV a.C. y que llegaba originalmente hasta Bríndisi, y luego hasta el cercano Parco degli Acquedotti, que permite explorar, en cuestión de horas, dos de las obras de ingeniería más impresionantes del antiguo mundo.

Alquiler

EcoBike Roma (ecobikeroma.it) es el servicio afiliado al centro de visitantes oficial del Parco Regionale dell'Appia Antica. Ofrecen descuentos si se reserva la bici en línea.

Punto de partida

El centro de visitantes Centro Servizi Appia Antica (que alberga EcoBike Roma) está cerca del extremo norte del parque. Ofrecen mapas e información sobre los lugares históricos del camino.

01 En dirección sur, la carretera se divide poco después del centro de visitantes; a la izquierda está la Via Appia Antica, a la derecha, la Via Ardeatina. Se toma la de la izquierda y se entra directamente en el parque. Durante los primeros 1,5 km, la carretera se comparte con coches. El tráfico puede ser intenso en este tramo inicial, pero en el parque solo pueden entrar residentes con un permiso especial, que por suerte son escasos. Existe una ruta alternativa que pasa por la Catacombe di San Callisto y evita la carretera principal, pero en

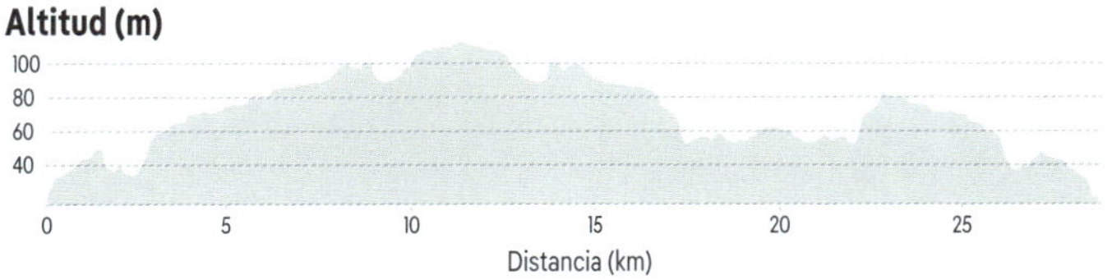

Villa Capo di Bove

A poca distancia del Mausoleo de Cecilia Metella se divisa la entrada a la Villa Capo di Bove, una envidiable residencia adquirida por el Ministerio de Cultura en el 2002. Tras la adquisición de este antiguo complejo residencial privado, la Superintendencia Arqueológica de Roma empezó a excavar las tierras que rodeaban la villa, descubriendo una serie de baños termales que datan del s. II a.C. También aparecieron unos mosaicos bien conservados que sugieren que los baños formaban parte de una lujosa propiedad de uno de los residentes más ricos de la ciudad. La propia villa, construida a mediados del s. XX, ahora alberga actos y exposiciones.

el momento de redactar esta obra estaba cerrada por obras de renovación.

02 El primer gran monumento que aparece es la blanca Basilica di San Sebastiano, construida sobre las catacumbas del mismo nombre en el s. IV a.C. En la iglesia se puede admirar el *Salvator Mundi* de Gian Lorenzo Bernini y, con tiempo, hacer la visita de 30 minutos por las catacumbas, que se cuentan entre las más antiguas e importantes de Roma, construidas entre los ss. II y IV; se estima que albergaron los restos de miles de primeros cristianos.

03 Poco después de dejar atrás la basílica, se encuentra la Villa di Massenzio, a 200 m, realmente espectacular. Se recomienda aparcar la bici fuera del complejo y entrar en el área arqueológica formada por tres estructuras principales, el palacio, el circo y el mausoleo, cuyas ruinas de ladrillo rojo parecen fundirse con la vegetación. Antes de continuar, se puede cruzar el prado entre los restos del circo construido por el emperador Majencio (c. 278-312), un anfiteatro de 500 m de longitud reservado para el gobernador y su círculo más estrecho, pero que podía albergar hasta 10 000 invitados.

04 Construido entre el 30 y el 10 a.C., el mausoleo circular dedicado a Cecilia Metella marca el final de la carretera general; desde aquí el tráfico motorizado es casi nulo. El impresionante monumento funerario perteneciente a una noble romana está hecho de grandes bloques de toba. Se encuentra situado frente a la Chiesa di San Nicola, en

Una pausa

El pequeño Bar Cocciuns es ideal para desayunar junto a la Basilica di San Sebastiano. El café tiene una soleada terraza escondida tras los muros de la basílica y ofrece deliciosas tartas de mermelada recién hechas, pasteles, gran variedad de galletas y, como no, café *espresso*. Muchos de los puntos de interés de la Via Appia Antica están cerca de este típico café italiano. Un buen sitio para cargarse de cafeína antes de empezar la visita a los monumentos arqueológicos.

ruinas y sin cubierta, una de las pocas iglesias góticas de Roma, que data del s. XIV. Se recomienda dedicar tiempo a explorar las obras maestras arquitectónicas y luego cruzar el III Miglio, la tercera milla romana, y acceder al centro del parque.

05 Imposible equivocarse aquí; la Appia Antica continua recto, bordeada de pinos y olivos, arbustos mediterráneos y chopos que se abren hacia tierras agrícolas en ambos lados de la carretera. La zona está tachonada de restos de lápidas y monumentos conmemorativos, pero lo más destacado son las piedras de basalto que aparecen en la carretera cada pocos centenares de metros. Son las rocas originales usadas hace unos 2000 años para construir la carretera romana. Estos cortos tramos son irregulares y puede resultar difícil pedalear por ellas, pero se pueden bordear fácilmente.

06 Al llegar al km 6, aparece otro gran monumento de la Appia Antica: Villa dei Quintili, un complejo residencial del s. II que perteneció a los hermanos Quintilio, que acabaron ejecutados por conspirar contra el emperador Cómodo. Antes de su detención, los dos cónsules vivieron en una de las villas más grandes del sur de Roma; las ruinas son testigo de la grandeza del lugar, con suntuosas decoraciones y suelos de mármol. En primavera hay una gran abundancia de orquídeas salvajes en torno al monumento.

07 Tras pasar Villa dei Quintili, hacia el km 8, aparecen unos acueductos romanos a la izquierda, en el horizonte. Podrán verse más de cerca más adelante, pero de momento hay que seguir hasta el km 10, cruzando la que suele ser una de las zonas más tranquilas del parque. Después de superar un mausoleo redondo, aparece a lo lejos el segundo aeropuerto de Roma, Ciampino. Luego de ver el aeropuerto, ya se puede dar media vuelta.

08 De vuelta hacia Villa dei Quintili, se gira a la derecha tras pasar el monumento, por el camino lateral marcado con la señal "251". Esta pista de tierra conecta la Via Appia Antica con la concurrida Via Appia Nuova, desde donde se llega al Parco degli Acquedotti. Este desvío añade unos 8 km al itinerario, pero permite ver dos de las áreas arqueológicas más notables fuera del centro histórico de la ciudad. En la carretera 251 se pasa junto a una granja con cientos de cabras; esta visión hace pensar si se trata

Via Latina.

Via Latina

Al visitar el Parco degli Acquedotti puede verse otra antigua carretera hecha de piedras de basalto, cerca de la Via Appia Antica. Se cree que esta ruta se usaba en tiempos etruscos y los romanos la ampliaron en el s. IV a.C. para usarla como arteria principal y conectar el corazón del imperio con Benevento, lo que ahora es la región de Campania. Todavía es posible admirar una parte de la carretera original, con uno de los tramos mejor preservados situado en el Parco Archeologico delle Tombe di Via Latina, que contiene 450 m de la antigua carretera bordeados de monumentos funerarios romanos.

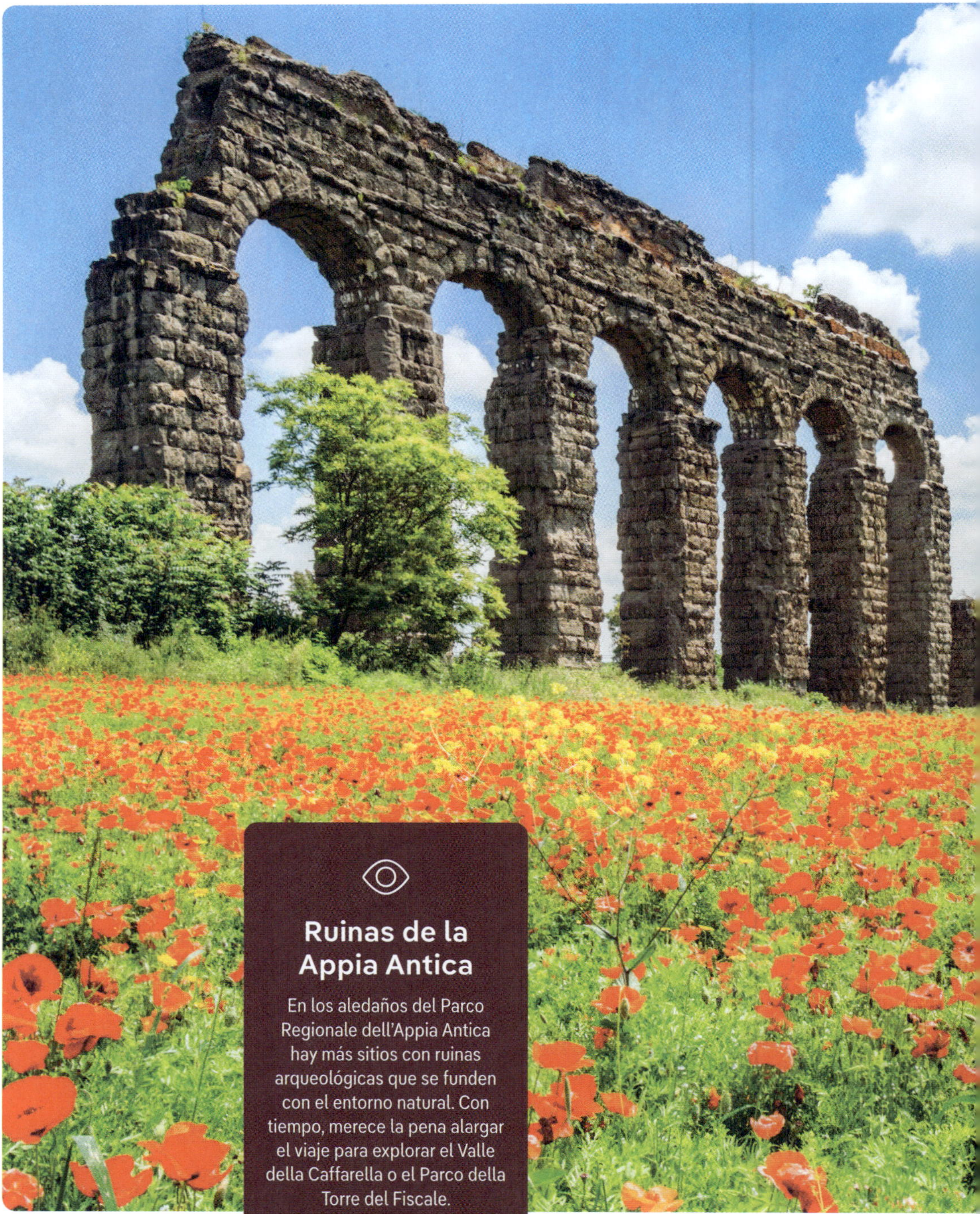

DANITA DELIMONT CREATIVE/ALAMY STOCK PHOTO ©

Ruinas de la Appia Antica

En los aledaños del Parco Regionale dell'Appia Antica hay más sitios con ruinas arqueológicas que se funden con el entorno natural. Con tiempo, merece la pena alargar el viaje para explorar el Valle della Caffarella o el Parco della Torre del Fiscale.

Parco degli Acquedotti.

de la misma bulliciosa ciudad de la que se ha partido.

09 Se sigue hasta llegar a la Via Appia Pignatelli y se gira la derecha; aquí hay de nuevo asfalto y tráfico abierto, ¡atención! Menos de 100 m más adelante, la Via Appia Pignatelli se fusiona con la Via Appia Nuova, una carretera importante del sur de Roma muy transitada durante el día. Aquí hay que cruzar una concurrida intersección y entrar en Viale Appio Claudio, que conduce directamente al Parco degli Acquedotti.

10 El primer encuentro con el parque es a través de un campo de golf no accesible: hay que rodearlo en sentido horario y pronto se llega bajo el acueducto que pasa por este gran prado. Una de las maravillas de la antigua ingeniería romana, estas imponentes estructuras, al sur del barrio de Quadraro, están muy bien conservadas. El emperador Calígula encargó la construcción del primer acueducto que se observa al entrar en el parque, el Acquedotto Claudio, en el año 38 d.C., pero el proyecto se terminó con Claudio en el 52 d.C. El parque tiene una extensión de unas 240 Ha con infinitos senderos que conectan las ruinas de seis acueductos romanos. Merece la pena concederle tiempo, hacer un pícnic y luego volver a la entrada del parque y regresar a la Via Appia Antica.

11 Se retrocede por el Viale Appio Claudio, la Via Appia Nuova y la Via Appia Pignatelli para dirigirse a la Via Appia Antica. Hay que seguir la misma ruta que antes hasta la Villa di Massenzio. Poco después de las ruinas la carretera se divide en dos calles de un solo sentido; para evitar chocar con el tráfico, hay que tomar la de la derecha y retomar brevemente la Via Appia Pignatelli antes de volver a la Via Appia Antica y llegar de nuevo al centro de visitantes para completar el trayecto. Hay una parada de autobús a pocos metros del centro, con servicios frecuentes a la ciudad. En bicicleta propia, se puede seguir unos 2 km más para ver otra espectacular pieza de la arquitectura romana, las Termas de Caracalla.

Una pausa

Un delicioso jardín da la bienvenida a la clientela en el **Appia Antica Caffè,** amigo de ciclistas e idealmente situado detrás del Mausoleo di Cecilia Metella. Ofrecen exquisitos sándwiches rellenos con ingredientes de proximidad, así como sabrosas ensaladas. En días calurosos, los helados caseros son imbatibles. Detenerse aquí de regreso brinda la ocasión de probar un refrescante *aperitivo* servido con entremeses. Tienen opciones vegetarianas.

04

Ferrocarril Spoleto-Norcia

DURACIÓN	DIFICULTAD	DISTANCIA	INICIO/FINAL
3 h	Media	31 km	Spoleto

TERRENO	Tierra con tramos asfaltados

SALVATORE MICILLO/SHUTTERSTOCK ©

Ciclistas, SpoletoNorcia in MTB.

En el corazón de la campiña de Umbría, una vía de ferrocarril en desuso se ha transformado en una entretenida e intrépida ruta en bicicleta que empieza en el centro histórico de Spoleto y termina en Norcia. Se pasa por los túneles por los que antes circulaba el tren para atravesar los Apeninos a principios del s. XX, antes de abandonar la línea en 1968. Este itinerario recorre el primer tramo de la vía de 51 km hasta el pueblo de Sant'Anatolia di Narco.

Alquiler

La SpoletoNorcia MTB (laspoletonorciainmtb.it) organiza alquileres de BTT y bici eléctrica. Se reservan en línea y se recogen en la terminal de bicicletas Le Mattonelle en Via Enrico Mattei.

Punto de partida

El punto de entrada está en la parte nororiental de Spoleto, cerca de la rotonda que conduce a Via Flaminia. Un letrero vertical azul y verde en la carretera principal indica la entrada.

01 Se recomienda tomarse el tiempo de visitar el centro histórico de Spoleto, a 60 km de Perugia, antes de coger la bici para recorrer la campiña umbra. Esta sorprendente aunque poco conocida ciudad está dominada por la Rocca Albornoziana del s. XIV, un castillo de piedra que domina los tejados rojos del centro desde su posición privilegiada. La entrada a la vía ciclable está cerca de la estación de trenes, al norte de la ciudad. Desde la estación, en dirección sur por el Viale Trento e

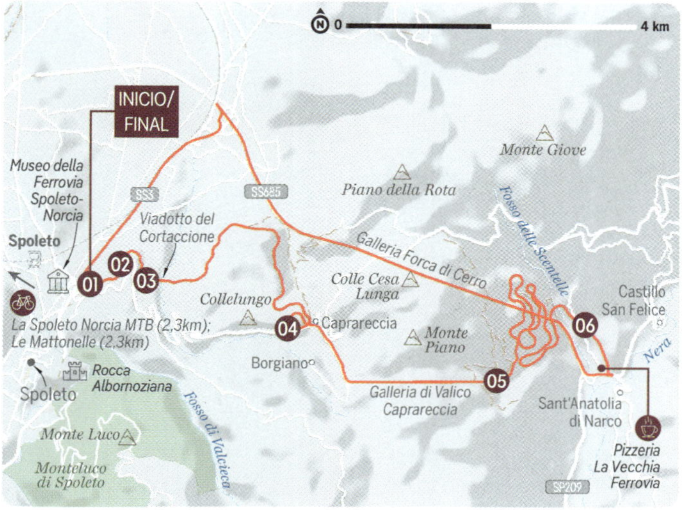

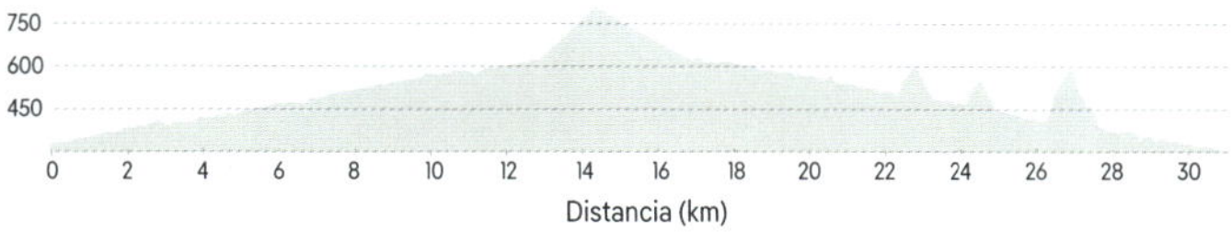

Trieste, se gira a la izquierda por Via San Tommaso, hasta llegar a la rotonda que lleva a la Via Pietro Conti, se cruza Via Flaminia y en pocos minutos se ve la verja que da a un camino de tierra a la derecha.

02 La ruta ya empieza subiendo una fuerte pendiente de un 4,5%. Aunque puede ser duro con poco entrenamiento, es lo que hace que este itinerario sea tan interesante. Para adaptarse a la geografía de esta parte del país, el ferrocarril Spoleto-Norcia tuvo que afrontar los Apeninos, circulando a una pendiente inusual, una proeza de la ingeniería en aquella época. A pesar de su corta longitud, solo 51 km, tuvieron que excavarse 19 túneles en las montañas y construir 24 puentes para que el tren llegara a Norcia. Hay que ir en dirección de La Fornace por la pista de tierra blanca.

03 La pendiente es gradual e inflexible, pero las vistas van mejorando con el ascenso. Lo mejor de este tramo es el Viadotto del Cortaccione, que por sí solo ya compensa la subida. En los primeros 7 km se cruzan varios puentes pintorescos y túneles cortos que se abren al verdor circundante y los restos de una línea eléctrica abandonada. Hay que seguir hasta alcanzar el punto más alto del itinerario, cerca de Caprareccia.

CONSEJO:

Conviene llevar luces en la bicicleta, pues la ruta pasa por varios túneles oscuros.

SpoletoNorcia in MTB

Cada año a principios de septiembre, el antiguo ferrocarril Spoleto-Norcia se llena de miles de ciclistas que recorren la distancia entre las dos ciudades en una carrera no competitiva, la SpoletoNorcia in MTB, uno de los encuentros de bicicleta de montaña más importantes de Italia central. Ya en su 9ª edición, los ciclistas pueden elegir entre cuatro itinerarios, desde la ruta familiar de 10 km de Spoleto a Caprareccia a la más técnica de 85 km, llena de ascensos y descensos para los más aventajados. Más información en laspoletonorciainmtb.it.

04 El viaducto de Caprareccia precede la ahora abandonada estación donde solían detenerse los trenes de esta línea. Es buena idea parar un momento para admirar desde este espectacular puente el paisaje de bosques famosos por sus trufas y luego seguir por el túnel de Caprareccia, el más largo del itinerario, con unos 2 km de longitud. En el centro la oscuridad es absoluta. Es aconsejable llevar una linterna potente para ver por donde se pasa, y tener cuidado con la grava.

05 Al dejar atrás el túnel, se empieza a descender por el valle del río Nera. Aunque se agradece el descenso, algunos tramos del camino no son fáciles, ya que la pendiente es tan pronunciada como en la subida. No es difícil imaginar la dificultad que tuvieron los ingenieros para construir la infraestructura necesaria para que el tren circulara por estas pendientes. La ruta atraviesa tres túneles más.

06 Al descender el sinuoso camino hasta el fondo de valle desde Caprareccia, la vía ciclista se une a la carretera principal y sigue junto a ella hasta el centro. Las tiendas que venden exquisiteces tradicionales al borde de la carretera indican que se ha llegado al centro medieval de Sant'Anatolia di Narco, donde se puede recobrar el aliento antes de regresar a Spoleto. Aquí, bien se puede volver sobre sus pasos y seguir de nuevo las vías, bien tomar la carretera asfaltada SS685 que atraviesa la ciudad, para cerrar el bucle sin tener que subir el puerto de montaña otra vez. Quienes tengan ganas de más, pueden seguir por la Ciclovia del Fiume Nera (p. 51) hacia el sur desde Sant'Anatolia di Narco.

Una pausa

Llamada así por la vía férrea sobre la que se asienta, la sencilla Pizzeria La Vecchia Ferrovia es un buen lugar para recobrar fuerzas con una *pizza* de masa fina antes de regresar a Spoleto. Situada en la entrada de Sant'Anatolia di Narco, es ideal para un bocado rápido en la agradable terraza o para una comida más suntuosa a base de pasta casera regada con una copa de vino local. Se recomienda probar algún plato a base de trufa.

Río Nera, Sant'Anatolia di Narco.

Museo della Ferrovia Spoleto-Norcia

Para más información sobre la vida anterior de este itinerario ciclista, se puede visitar el Museo della Ferrovia Spoleto-Norcia de Spoleto, un museo municipal dedicado a este singular ferrocarril. El museo traza la historia del proyecto originalmente concebido en 1913 por el ingeniero suizo Erwin Thomann, con objetos, piezas mecánicas y fotografías. Esta línea funcionó de 1926 a 1968, cuando nuevas carreteras que conectaban ambas ciudades dejaron el servicio obsoleto. El museo se halla en el interior de la antigua estación de Spoleto, de donde salían los trenes hacia Norcia, a pocos pasos de la nueva estación de ferrocarril. Solo abre los fines de semana.

05

Ideal para

PAISAJE COSTERO

ARKANTO/SHUTTERSTOCK ©

Castello Aragonese.

Costa dei Trabocchi

DURACIÓN	DIFICULTAD	DISTANCIA	INICIO/FINAL
3 h	Baja	42 km	Ortona/Vasto
TERRENO	Asfaltado		

Llamada así por las plataformas de pesca que se adentran desde las playas rocosas en el mar Adriático, la franja de tierra conocida como Costa dei Trabocchi permite combinar cultura local con paisajes incomparables. Esta vía ciclable de nueva construcción enlaza la ciudad de Ortona con Vasto, atravesando nueve municipios en 42 km. Playas de arena, aldeas rurales y reservas naturales se van alternando en dirección sur. La ruta es relativamente llana y tanto el inicio como el final son accesibles en tren regional.

Alquiler

Blue Bike Ortona y Officine Forti alquilan bicis cerca de la estación de ferrocarril de Ortona. De noviembre a marzo tienen horario reducido, por lo que conviene reservar si se va fuera de temporada.

Punto de partida

La acertadamente llamada Via Verde pasa cerca del puerto y la estación de ferrocarril de Ortona, que destaca por su colorido. El itinerario empieza al sur de la Via Cervana, en dirección a Marina di San Vito.

01 El tramo de costa de los Abruzos conocido como Costa dei Trabocchi empieza unos pocos kilómetros al norte de Ortona, en Francavilla al Mare. Sin embargo, las conexiones en transporte público hacen de Ortona el punto de inicio ideal. La historia no ha sido amable con esta ciudad de unos 23 000 habitantes; fue bombardeada durante la II Guerra Mundial a principios de la década de 1940 y quedó prácticamente arrasada. Su Castello Aragonese, construido en 1452 por Alfonso de Aragón en una colina que domina la costa, quedó

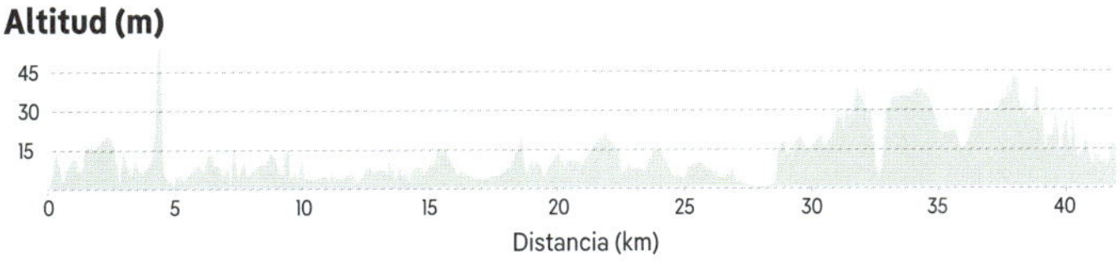

CONSEJO:

Quienes no quieran regresar en tren, pero tampoco están seguros de aguantar en la bici más de 80 km, pueden alquilar una eléctrica en Ortona para ir y volver de Vasto el mismo día. Con la ayuda del pedaleo eléctrico se puede completar todo el itinerario dos veces en menos de 5 horas.

muy maltrecho durante el conflicto, pero sobrevivió y hoy es un icono de la ciudad. Puede visitarse antes de empezar a pedalear.

02 Desde el centro de Ortona hay que dirigirse hacia Marina di San Vito. Al salir del centro, 1 km después de la estación de trenes, se pasa por la playa de arena Lido dei Saraceni hasta los acantilados de Punta Acquabella. Un corto desvío hacia el interior entre Lido dei Saraceni y Punta Acquabella lleva al Cimitero Militare Canadese di Ortona (cementerio militar canadiense del río Moro), donde está enterrado el mayor número de soldados canadienses caídos durante la II Guerra Mundial en Italia. Se dice que aquí reposan unos 1600 soldados de la Commonwealth.

03 Marina di San Vito se encuentra a 4 km de Punta Acquabella. Aquí empiezan a verse los impresionantes *trabucchi,* que se suceden uno tras otro. Muchos de ellos se han transformado ahora en restaurantes abiertos al mar, como el Trabocco San Giacomo, que se adentra en las aguas desde la playa en Marina di San Vito Chietino; pero se cree que estas estructuras suspendidas existen en los Abruzos desde la Edad Media y servían de refugio para los pescadores y sus artes de pesca sin tener que aventurarse en las aguas del Mediterráneo. Desde la plataforma, los pescadores sumergían las redes colgadas de largos postes directamente en el mar cuando veían un banco de peces. Al entrar en la trampa, dos personas bloqueaban a los peces levantando la red.

Una pausa

Comer en una de las estructuras de madera que se han convertido en el elemento más característico de esta parte de Italia es una experiencia irrepetible en otros sitios. De los múltiples *trabucchi* que se han convertido en restaurantes colgantes merece la pena reservar mesa en Trabocco Mucchiola, cerca de Ortona, donde cocinan pescado fresco de forma creativa en una ubicación imbatible. Hay un menú fijo, con precios que rondan los 60 €.

04 Estas fascinantes estructuras de madera que parecen emerger del mar han sido durante mucho tiempo un imán de artistas, escritores, y, más recientemente, fotógrafos curiosos. Unos minutos después de pasar Marina di San Vito, se llega a Portelle, donde se encuentra la casa rural habitada por el famoso escritor italiano Gabriele D'Annunzio el verano de 1889. La mansión de ladrillo albergó al autor, que eligió el silencio y el sublime paisaje de la costa de los Abruzos en busca de inspiración para sus obras. Cerca de Portelle se puede visitar el Trabocco Punta Turchino, quizá la más conocida de estas icónicas estructuras de la región. El propio D'Annunzio admiraba tanto el Trabocco Punta Turchino que en *El triunfo de la muerte* (1894) escribió: "En el extremo del promontorio a la derecha, en un banco de rocas, se extendía el Trabocco, una extraña máquina de pescar, construida totalmente con vigas y tablas, como una telaraña colosal". Pasada la Marina di San Vito, empiezan a escasear los centros urbanos, con largos tramos de playas de guijarros por el camino.

05 Más adelante, más allá del pueblo de Vallevò y sus playas, aproximadamente al cabo de 10 km, se entra en el área de Fossacesia, donde una señal indica el camino hacia el Trabocco Pesce Palombo, uno de los restaurantes *trabucchi* más famosos de la región. Avanzando por la vía ciclista se puede ver la evocadora Abbazia di San Giovanni in Venere, un monasterio cisterciense de arenisca que data del s. XII, estratégicamente posicionado en una colina cubierta de olivos con vistas al Adriático. Si se quiere visitar la abadía, hay que subir por la tortuosa Strada Statale 524 unos 15 minutos hasta llegar ante los tres ábsides semicirculares frente al mar. Desde Fossacesia, los *trabucchi* empiezan a disminuir, pero los tramos más salvajes de la costa compensan la falta de monumentos culturales.

06 Siguiendo a lo largo de la costa pronto se llega a la Marina di Torino di Sangro, donde se puede optar por bañarse en la playa de arena o en la de guijarros, muy cercanas la una de la otra. Aquí también es posible sumergirse en la frondosa vegetación mediterránea de la Riserva Naturale Regionale della Lecceta de Torino di Sangro, un bosque de 175 Ha entrecruzado por senderos. La reserva se creó en 2001 para proteger uno de los pocos bosques de la costa adriática, con una abundante población de tortugas que deambulan entre antiguos robles habitados por más

Abbazia di San Giovanni in Venere.

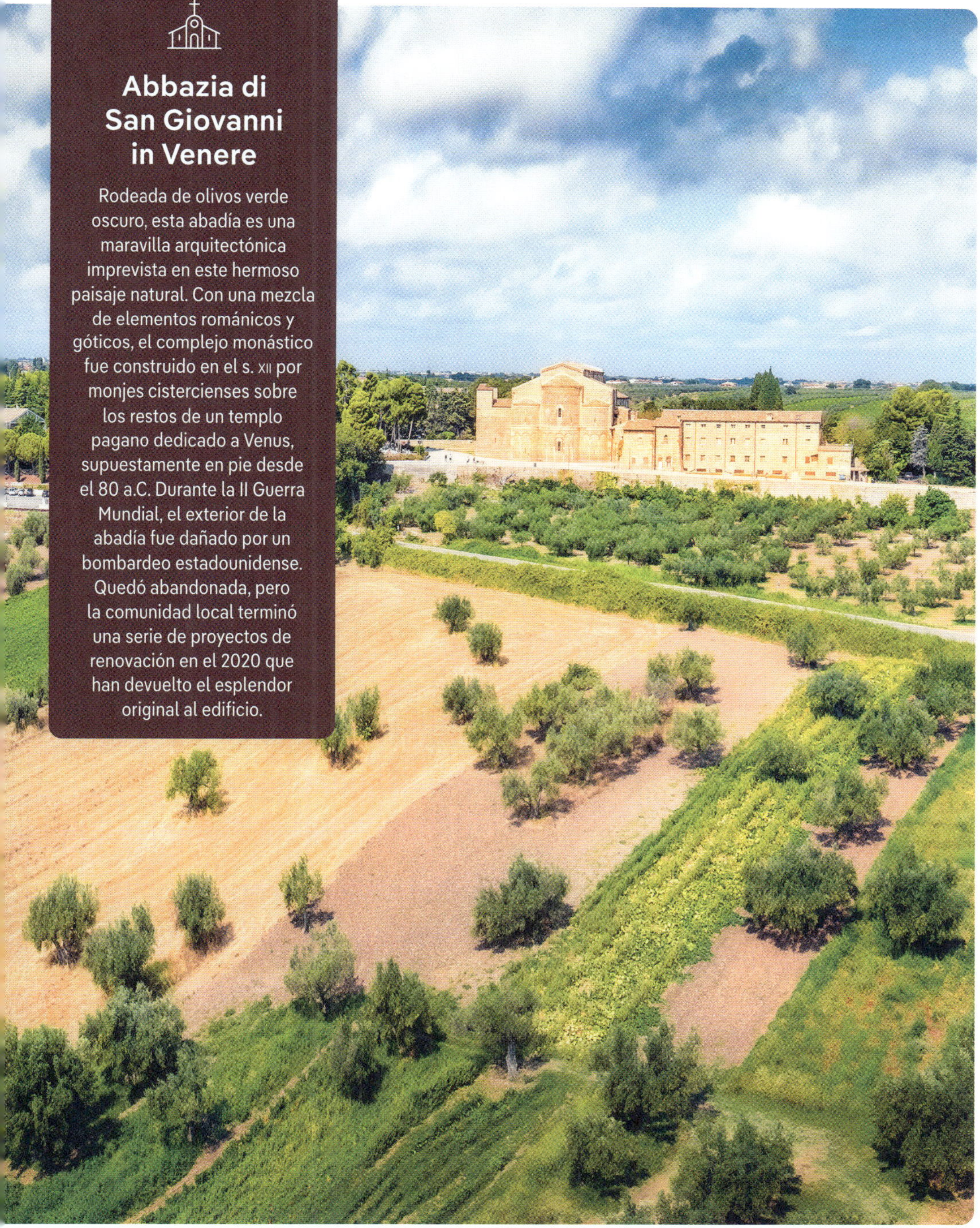

Abbazia di San Giovanni in Venere

Rodeada de olivos verde oscuro, esta abadía es una maravilla arquitectónica imprevista en este hermoso paisaje natural. Con una mezcla de elementos románicos y góticos, el complejo monástico fue construido en el s. XII por monjes cistercienses sobre los restos de un templo pagano dedicado a Venus, supuestamente en pie desde el 80 a.C. Durante la II Guerra Mundial, el exterior de la abadía fue dañado por un bombardeo estadounidense. Quedó abandonada, pero la comunidad local terminó una serie de proyectos de renovación en el 2020 que han devuelto el esplendor original al edificio.

ERMESS/SHUTTERSTOCK ©

Rocca San Giovanni

Si las piernas aguantan, se puede tomar un desvío para visitar el pueblo sobre una colina Rocca San Giovanni, una encantadora localidad de piedra a 115 m de altitud cerca de Fossacesia. El pueblo medieval, en pie desde el año 1000, se distribuye en torno a la bella Piazza degli Eroi, donde una torre del reloj de 800 años despunta de las antiguas murallas. Las tranquilas y floreadas callejas que se entrecruzan en el centro histórico permiten descubrir los Abruzos desde otra perspectiva, en especial si se recala en uno de los restaurantes locales para degustar una copa de Montepulciano d'Abruzzo, producido en los alrededores del pueblo.

Centro histórico, Rocca San Giovanni.

de 60 especies distintas de aves. Merece la pena bajarse de la bici y explorar los tranquilos senderos peatonales que ascienden el montañoso interior de este tramo del itinerario y usar las sombreadas mesas de pícnic distribuidas por el parque.

07 La Riserva Naturale Regionale della Lecceta de Torino di Sangro no es la única maravilla natural del tramo sur del sendero; hay que seguir unos 8 km para verse recompensado con la Riserva Naturale Regionale di Punta Aderci. La primera reserva natural de la costa de los Abruzos se extiende por 285 Ha desde Spiaggia di Torre Sinello, cerca de la desembocadura del río Sinello, hasta Punta Penna, cerca del puerto de Vasto. Calas, playas, dunas, acantilados, prados, olivos y ensenadas ocultas salpicadas de arbustos mediterráneos conforman el paisaje de este espectacular parque costero, con oportunidades para hacer kayak, senderismo y admirar un paisaje incomparable. El habitante más famoso de Punta Aderci es el frailecillo blanco, *fratino* en italiano, un pequeño pájaro raro que habita las áreas costeras del sur de Europa y pone los huevos en el suelo.

08 La playa más meridional de la reserva de Punta Aderci es Punta Penna, popular por su arena fina y dorada y aguas turquesa. El puerto de Vasto se encuentra a poca distancia y, desde el centro, el punto final del itinerario está a 8 km. En este tramo final se pasa por el Trabocco Canale y el Trabocco Scoglio Schiena d'Asino. Ya en Vasto, situada en un promontorio con vistas al mar, merece la pena explorar el centro histórico de la ciudad culturalmente más interesante de la Costa dei Trabocchi. Se puede visitar la Cattedrale di San Giuseppe, principal edificio religioso de Vasto, y el Palazzo d'Avalos del s. XVI, que alberga el museo arqueológico local.

09 Para regresar al punto de partida en Ortona hay que dirigirse a la estación de trenes de Vasto-San Salvo, 6 km al sur del centro histórico de Vasto, cerca del límite con Molise. Desde aquí salen trenes frecuentes hacia Ortona y Pescara. Hay que comprobar que el tren permita llevar bicicletas y usar siempre el vagón con el símbolo de una bici. Consúltese los horarios en trenitalia.com.

Una pausa

La captura diaria inspira el cambiante menú del célebre **Trabocco Pesce Palombo,** situado a medio camino de esta ruta en bicicleta, cerca de Fossacesia. El marisco domina el menú, pero también vale la pena probar ingredientes cultivados en la zona. Aunque no se sabe de antemano lo que se va a comer, seguro que levantarse de la mesa será todo un reto. Si se planea ir en temporada alta, conviene reservar con antelación.

Otras propuestas

Anfiteatro romano de Amiternum.

RUDIERNST/SHUTTERSTOCK ©

Ciclabile sul Tevere

DURACIÓN	DIFICULTAD	DISTANCIA
1,5 h	Baja	32 km

Esta vía ciclable que discurre paralela al río Tíber a lo largo de unos 30 km cruza el centro de Roma desde el área de Saxa Rubra hasta Tor di Valle y permite ver la capital italiana desde un nuevo ángulo muy interesante.

Una ruta bien mantenida, apreciada por residentes y visitantes, para disfrutar de un día sin museos ni sitios arqueológicos, pedaleando por la orilla hasta el centro de la ciudad, bajo antiguos puentes y evitando los atascos de tráfico intenso de las calles que circulan por encima de la cabeza y admirar las espectaculares vistas de Castel Sant'Angelo y la Isola Tiberina mientras se avanza por la Ciudad Eterna. Desde el centro de Roma se puede acceder en Ponte Matteotti o Porta Portese.

Vuelta del lago de Bracciano

DURACIÓN	DIFICULTAD	DISTANCIA
2,5 h	Media	35 km

Esta ruta de 35 km empieza en la localidad lacustre de Bracciano, dominada por su fortaleza medieval y a una hora en tren al norte de Roma. Pasa por pintorescas aldeas, a lo largo de carreteras rurales secundarias, y por frondosos bosques y praderas.

Con sus suaves colinas y terreno fácil, pedalear alrededor del lago de Bracciano constituye una excursión de un día ideal para ciclistas de todos los niveles. Se puede visitar la encantadora ciudad de Anguillara, desviarse para ver el anfiteatro romano de Sutri y explorar el hayedo Patrimonio Mundial de Faggeta di Monte Raschio, cerca de Oriolo Romano, antes de regresar bajo el imponente castillo de Bracciano.

STE77/SHUTTERSTOCK ©

Río Tíber, Roma.

Ciclovia del Fiume Nera

DURACIÓN	DIFICULTAD	DISTANCIA
2 h	Baja	28 km

Al llegar a Sant'Anatolia di Narco por la ruta ciclista construida sobre el ferrocarril Spoleto-Norcia, se puede proseguir hacia el sur por la Ciclovia del Fiume Nera.

La ruta recorre carreteras secundarias y caminos de grava hasta la Cascata delle Marmore, la majestuosa cascada de 165 m situada dentro de la reserva natural homónima. Se puede alargar el trayecto siguiendo las orillas del río Nera, pasando por las aldeas poco pobladas de los Apeninos inferiores.

Strada Maestra del Parco del Gran Sasso

DURACIÓN	DIFICULTAD	DISTANCIA
7 h	Alta	76 km

La carretera que conecta L'Aquila con Teramo pasa entre los espectaculares paisajes formados por el Gran Sasso en el sur y las montañas de Laga en el norte.

La ruta pasa por el yacimiento de Amiternum, con ruinas romanas de hace 2000 años. Recorre el corazón del Parco Nazionale del Gran Sasso, donde el pico más alto de los Apeninos domina el paisaje desde sus 2912 m de altura, sumergiendo al ciclista por la naturaleza salvaje de los Abruzos. Este itinerario, que sigue la antigua carretera SS80, no es para todos; aparte de las distancias, hay que salvar un desnivel de 1300 m hasta Teramo, en el lado opuesto del parque nacional.

SUIZA
Monte Leone
Domodossola
Parco Nazionale Val Grande
08
Monte Cervino (Matterhorn)
Monte Rosa
Lago Maggiore
Lago de Orta
Varese
Como
Lago de Como
Adda
Parco Regionale degli Orobie Valtellinesi
Parco Regionale Bergamasche
Lecco
Buthier
09
VALLE DE AOSTA
Aosta
Bérgamo
Gallarate
Busto Arsizio
Parco Nazionale Gran Paradiso
Monte Glacier
Gran Paradiso
Biella
Ivrea
Milán
LOMBARDÍA
Magenta
Novara
FRANCIA
Orco
Tesino
Crema
Vercelli
Vigevano
Lodi
PIAMONTE
Parco Adda Sud
Parco Regionale la Mandria
Pavía
Susa
Dora Riparia
Casale Monferrato
Parco Regionale Orsiera-Rocciavré
Turín
Po
Piacenza
Alessandria
Asti
Tortona
Scrivia
EMILIA-ROMAÑA
Carmagnola
Tanaro
Bormida
Alba
Montviso
Savigliano
07
Fossano
Cuneo
LIGURIA
Génova
Rapallo
Chiavari
Savona
Golfo de Génova
Parco Naturale delle Alpi Marittime
Parco Naturale del Marguareis
Monte Argentera
06
Framura
Levanto
Riviera di Levante
La Spezia
Riviera di Ponente
Albenga
FRANCIA
Imperia
Mar de Liguria
San Remo
10
MÓNACO
MÓNACO
MAR MEDITERRÁNEO
0
50 km

IRISPHOTO2/GETTY IMAGES ©

Ruinas romanas, Aosta (p. 73).

Noroeste de Italia

Explorar

Noroeste de Italia

El paisaje de esta región no puede ser más diverso, con algunas de las montañas más altas del país que descienden hasta el Mediterráneo y permiten explorar los prístinos paisajes alpinos del valle de Aosta o la bulliciosa Riviera de la costa de Liguria. Ya sea un desafío montañoso o una ruta tranquila junto al mar, hay opciones para todos los gustos. Dividida entre el valle de Aosta, el Piamonte y Liguria, esta región combina rutas familiares en bici siguiendo antiguas vías del ferrocarril bien mantenidas con caminos de tierra solo aptos para bicicleta de montaña a través de reservas naturales.

Valle de Aosta

Carreteras sinuosas, puertos de alta montaña, valles verdes y picos espectaculares son algunos de los elementos de postal que este valle ofrece a los que quieran desafiar la geografía de esta pequeña región autónoma de la esquina noroccidental del país. Los romanos ya descubrieron su riqueza hace 2000 años, cuando establecieron un asentamiento en la capital regional de Aosta bajo las órdenes del emperador Augusto; la "Roma de los Alpes" combina monumentos culturales con infinitas opciones de actividades al aire libre. Una docena de reservas naturales y parques protegidos caracterizan el territorio, con interminables oportunidades para explorar el paisaje alpino, conocer la vida salvaje local y ponerse a prueba como ciclista.

Piamonte

La segunda región más grande de Italia es conocida por su elegancia, su dedicación a la gastronomía y el vino, y por sus paisajes montañosos, que cobran vida en primavera y se tiñen de rojo en otoño. Fuera de las grandes avenidas de la sofisticada Turín, las colinas cubiertas de viñedos de la región de las Langhe, declarada Patrimonio Mundial, combinan riqueza cultural con paisajes espectaculares. Castillos medievales despuntan en pequeñas aldeas donde se elaboran algunos de los mejores vinos del país; nombres como Barolo y Barbaresco constituyen una buena excusa para hacer un alto y recobrar fuerzas con algunos de los productos más icónicos de la región. Aquí se puede degustar la cocina a base de trufa de Alba, subir las

CUÁNDO IR

Cubierto de nieve la mayor parte del invierno, la mejor época para explorar el valle de Aosta es de junio a septiembre, cuando las temperaturas suaves ofrecen una escapada al calor del resto del país. Y lo mismo ocurre en las áreas más elevadas del Piamonte, mientras que la primavera y el otoño son ideales para las zonas montañosas centrales. Liguria se llena en julio y agosto.

montañas que lindan con Francia y explorar la región de los lagos por caminos de tierra.

Liguria

La accidentada costa de Liguria, salpicada de encantadores pueblos pesqueros y casas de colores, es un popular destino estival para italianos y no italianos que buscan aprovechar al máximo el sol mediterráneo. En los últimos años, la región ha invertido en el desarrollo de infraestructuras ciclistas a lo largo de la costa, convirtiendo esta región en el telón de fondo ideal para explorarla en bici. Aunque no faltan rutas desafiantes en el interior, la costa se caracteriza por apacibles vías ciclables llanas que discurren paralelas al mar siguiendo las vías férreas. No hay mejor plan que llevarse una *focaccia* y salir a descubrir las playas de ensueño de la costa de Liguria en una larga y tranquila ruta.

TRANSPORTE

La mejor forma de explorar el noroeste de Italia es en vehículo propio, en especial si se planea visitar la campiña o la zona montañosa más remota. No obstante, las rutas en bici de este capítulo son accesibles en transporte público, con estaciones de trenes y autobuses en todos los puntos de partida (horarios en trenitalia.com o en la aplicación Moovit).

EVENTOS

Milán-San Remo

También llamada “La Classsicissima” o “La Primavera”, es una de las carreras ciclistas profesionales más importantes del país, que se celebra cada año, en marzo, desde 1907. Con más de 290 km de longitud, es una de las carreras de un día más duras del país, donde 175 ciclistas profesionales compiten por las carreteras del noroeste de Italia.

Gran Fondo di Alassio

(granfondoalassio.it) Carrera internacional en la que los atletas se miden en una ruta que asciende el monte Tirasso desde Alassio. También se celebra en marzo.

DÓNDE ALOJARSE

Hay pocos albergues fuera de las grandes ciudades. De los destinos citados en este capítulo, Aosta es la única localidad con albergues para viajeros con poco presupuesto. Los *bed & breakfast* y casas privadas constituyen el alojamiento más popular de la zona, aparte de los hoteles. Las opciones de lujo se concentran en la Riviera de Liguria, en especial en la zona de San Remo, donde se halla uno de los cuatro casinos legales del país, mientras que la campiña del Piamonte ofrece una gran selección de granjas en las que degustar los productos más frescos y especialidades culinarias justo donde se producen.

Recursos

Parco Nazionale Gran Paradiso (pngp.it) Sitio oficial del parque con una sección dedicada a las rutas en bicicleta, con itinerarios indicados por nivel de dificultad.

Cicloturismo Piemonte (cicloturismo.piemonte.it) Aplicación del Piamonte para el cicloturismo, con docenas de rutas disponibles a un solo clic.

06

De Levanto a Framura por la Ciclabile Maremonti

DURACIÓN	DIFICULTAD	DISTANCIA	INICIO/FINAL
30 min	Baja	6 km	Levanto/ Framura

TERRENO	Asfaltado

DELBO ANDREA/SHUTTERSTOCK ©

Via del Mare cerca de Framura.

Esta ciclovía conecta la ciudad de Levanto con Bonassola y Framura, en un agradable tramo de 6 km, por el antiguo ferrocarril que antes discurría por la costa de Liguria. La ruta es totalmente llana, por lo que es apta para todos los niveles, y pasa por una sucesión de cortos túneles que se abren ante espectaculares vistas al mar. Los ciclistas, corredores y paseantes locales recorren este sendero costero terminado en el 2011 que pasa junto a ensenadas y acantilados que se desploman sobre las aguas mediterráneas.

Alquiler

Bien situado en Via Giuseppe Garibaldi en Levanto, Cicli Raso alquila bicicletas urbanas para explorar la costa desde 10 €/día.

Punto de partida

La ruta empieza en el paseo Amerigo Vespucci en la sureña Levanto. La vía está bien señalizada, imposible perderse.

01 Desde la estación de trenes de Levanto, a menos de una hora de La Spezia, hay que dirigirse directamente hacia la costa, 1 km al oeste. Al llegar al *lungomare,* ya se respira la brisa marina. Hay que girar a la derecha hasta la primera rotonda, es aquí donde empieza la vía ciclable Maremonti, que corre paralela al paseo Amerigo Vespucci hacia la arenosa Spiaggia Vallesanta, unos metros más adelante.

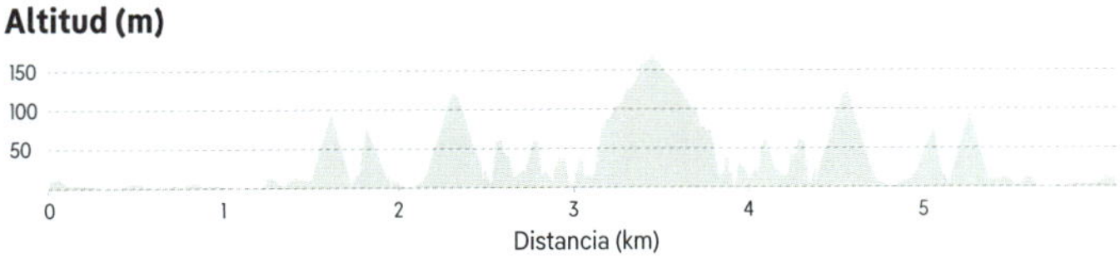

Via del Mare de Framura

Con tiempo para explorar Framura, merece la pena pasear por la Via del Mare, un paseo por los acantilados bordeado de vegetación mediterránea, que da acceso a algunas de las mejores playas de la localidad. Desde la estación de trenes de Framura hay que seguir el letrero que indica el paseo Via del Mare y pronto se llega a la playa de guijarros abierta de La Vallà. Allí cerca se encuentra la playa de Arena, la más grande de Framura. Ambas son ideales para un buen baño refrescante, en especial por la mañana, cuando el agua está más cristalina.

02 La ruta sigue las antiguas vías de la línea de ferrocarril de Levante Riviera –acabada a finales del s. XIX y en funcionamiento hasta 1970– una vez pasadas las playas. El carril elevado desemboca en un jardín con aroma de lavanda y bancos desde donde se puede admirar el mar. Al cabo de unos minutos, se entra oficialmente en el municipio de Bonassola, como indica el letrero marrón a la derecha. Aquí empieza la primera serie de túneles de piedra que atraviesan los acantilados rocosos, por donde antes pasaba el tren. Están iluminados y, en verano, ofrecen un agradecido refugio frente al sol.

03 La ruta continúa a pocos metros del agua y, entre el primer y el segundo túnel, se divisan varias ensenadas recónditas bañadas por las aguas azules del Mediterráneo. Aunque la ruta es muy fácil, conviene mantener la atención, pues se comparte con peatones; técnicamente los peatones y los ciclistas deben circular en lados opuestos, pero durante los concurridos meses de verano los límites se confunden. Antes de entrar en el segundo túnel, se ve una playa rocosa a la izquierda. Como indica el letrero, es apta para perros; se creó en el 2017 para satisfacer a los propietarios de mascotas y sus amigos de cuatro patas.

04 Tras el túnel, continúan las espectaculares vistas panorámicas, hasta llegar a la misma Bonassola, donde una gran playa popular pide a gritos una pausa. Aquí se puede abandonar la ruta y dedicar tiempo a explorar el pintoresco centro del pueblo. Tras deambular por las encantadoras calles de esta típica localidad de la costa de Liguria, se recomienda entrar en una de sus panaderías en busca de una deliciosa *focaccia ligure,* el pan plano tradicional, típico de este rincón de Italia.

05 Tras degustar la *focaccia* junto al mar, se recupera la ruta en dirección a Framura, a 3 km de distancia. El tramo restante pasa por varios túneles que se suceden a escasa distancia. Tienen grandes aberturas laterales, como ventanas panorámicas excavadas en los muros, que dejan escapar parte del frescor que había en los otros túneles, pero ofrecen vistas marítimas espectacularmente enmarcadas que se pueden admirar mientras se pedalea. La ruta atraviesa un promontorio que se extiende hacia el mar después de pasar Bonassola y termina a pocos minutos de Framura.

06 Ya cerca del destino, se pasa por la aparentemente oculta Spiaggia di Scà, una cala de guijarros enclavada entre acantilados verticales que convierten las aguas del mar de Liguria en una pintoresca piscina esmeralda. Solo se puede acceder a pie por un empinado sendero que desciende por la ladera. Un poco más adelante se llega a la playa naturista de Framura, 1 km más al oeste.

07 Ya en la pequeña localidad de Framura, la vía termina al llegar a la estación. Un ascensor panorámico gratuito lleva al puerto deportivo, donde se pueden sumergir los pies en el agua. Con tiempo, se puede aparcar la bicicleta y pasear por la Via del Mare de Framura, un paseo suspendido de 800 m de largo que lleva a la playa de La Vallà. Si el hambre aprieta, una buena opción es L'Agave, la elegante vinatería y restaurante situada al final de la ruta, con vistas al mar y una gran variedad de especialidades locales a base de marisco fresco. Se regresa a Levanto por el mismo camino si hay que devolver la bicicleta de alquiler.

Una pausa

La **Focacceria Antica Liguria** de Bonassola es toda una institución local que sirve panes recién horneados de todo tipo, como la tradicional *focaccia ligure,* una apreciada especialidad local que merece la pena probar. Se elabora con unos pocos ingredientes (harina, sal, agua y aceite de oliva), si bien esta particular panadería ofrece muchas otras variedades para quienes busquen algo más sofisticado.

ANDREA BERG/SHUTTERSTOCK ©

Madonnina della Punta.

Madonnina della Punta

Si apetece dar un paseo a pie, se puede subir a la capilla de la Madonnina della Punta, un pequeño santuario encaramado en lo alto de un acantilado sobre Bonassola. Por un camino cuesta arriba, pronto se llega a este espectacular mirador con vistas a toda la costa. Es un trayecto de unos 20 minutos; hay que pasar el Oratorio di Sant'Erasmo y luego subir la escalera hasta Via Roma, que conduce a la pequeña capilla rosa. El mejor momento para ir es al atardecer; fuera de la temporada veraniega, lo más probable es no encontrar a nadie.

07

Por las colinas de Barolo

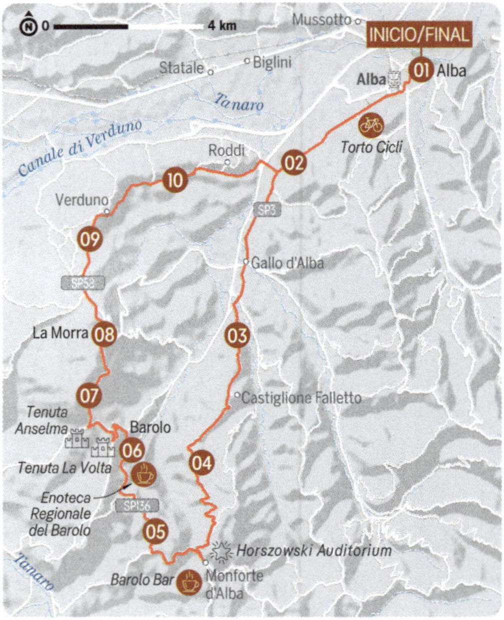

DURACIÓN	DIFICULTAD	DISTANCIA	INICIO/FINAL
3,5 h	Media	44 km	Alba
TERRENO	Asfaltado		

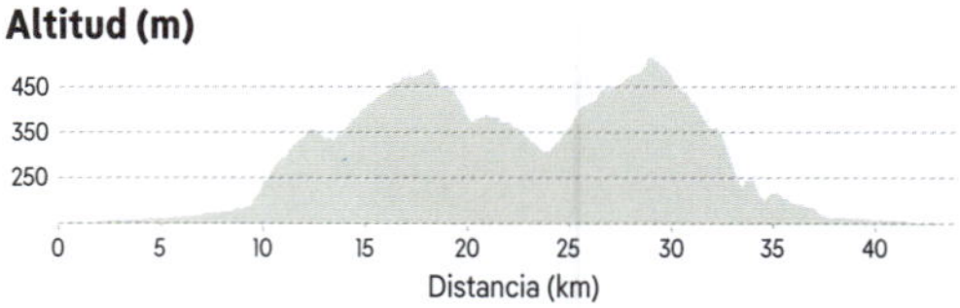

Famosa por sus colinas cubiertas de viñedos, avellanedas y castillo medievales, la región de las Langhe del Piamonte es un excelente territorio para explorar en bicicleta, en especial si se busca combinar paisajes con vinos de calidad, trufas y queso. Con punto de partida en Alba, el corazón de las Langhe, este circuito pasa por colinas Patrimonio Mundial donde se produce el *barolo* y pueblos medievales con fortificaciones. La ruta recorre carreteras secundarias con poco tráfico, pero los múltiples desniveles requieren cierta energía.

Alquiler

Torto Cicli es el lugar ideal para alquilar bicicletas de carretera tradicionales y eléctricas. El amable personal ofrece consejos sobre qué ver, beber y hacer.

Punto de partida

Cualquier punto de Alba es bueno para empezar. Desde la estación hay que dirigirse al sur por Corso Europa y Corso Barolo hasta la segunda rotonda, donde empieza el circuito.

01 Enclavada sobre una colina en el corazón de las Langhe, la ciudad de Alba encarna el encanto de esta región del norte de Italia con sus pintorescas calles bordeadas de arquitectura medieval y cultura gastronómica que atrae un flujo constante de visitantes. Mundialmente conocida por sus muy apreciadas trufas, puede resultar tentador cambiar de planes para vivir una experiencia difícil de describir, pero es mejor reservarse para la vuelta: la campiña espera. Desde la estación de trenes, se toma

ESSEVU/SHUTTERSTOCK ©

Alba.

Corso Europa en dirección suroeste hasta la primera rotonda y se sigue recto por Corso Barolo hacia las hermosas colinas de Barolo.

02 A unos 4,5 km de la ruta, al final de Corso Barolo, se pasa por otra rotonda; aquí hay que tomar la SP3 en dirección a Gallo. A la izquierda aparecen viñedos en las colinas y, tras aproximadamente 1 km, se llega a la zona industrial de Gallo. Hay que seguir por los almacenes y el centro urbano. A unos 6 km, un letrero a la derecha señala hacia Via del Barolo y a la izquierda hacia Grinzane Cavour, una aldea dominada por un castillo del s. XIV. Hay que mantenerse en la misma SP3 y seguir pedaleando hasta el final del pueblo.

03 Poco después de Gallo y Grinzane Cavour, la carretera se divide. Hay que girar a la izquierda hacia Castiglione Falletto. Aquí empieza el ascenso a las montañas, siguiendo carreteras de asfalto secundarias con poco tráfico que atraviesan viñedos interminables. Muchos de los viñedos de la zona pertenecen a la bodega Tenuta Montanello, cuya entrada se encuentra a la derecha. Poco después ya se divisa Castiglione Falletto; la torre circular del castillo, en origen fuerte defensivo de la poderosa familia Falletti, se alza hacia el cielo.

04 El ascenso continúa de manera ininterrumpida después de Castiglione Falletto unos 7 km más, hasta llegar a Monforte d'Alba, a 480 m de altitud y punto más meridional del itinerario. Una vez completado el ascenso, merece la pena dedicar un tiempo a explorar el encantador Monforte d'Alba, uno de los pueblos medievales mejor conservados de la zona. Como complemento al casco antiguo, está el Horszowski Auditorium, un anfiteatro natural excavado en la montaña, inaugurado en 1986 por el famoso pianista polaco-americano Mieczysław Horszowski. Los asientos de hierba rodean el escenario que ahora alberga

Una pausa

El nombre de esta enoteca –Barolo Bar– en el centro de Monforte d'Alba quizá no sea el más original, pero es ideal si se busca un lugar tranquilo para descansar después de la ruta. Con mesas y sillas sobre la tranquila plaza, es más que un bar; sirve una larga lista de platos caseros, tablas de embutidos y *pizzas* que cambian constantemente, suficiente para aguantar hasta la siguiente parada.

el festival MonfortinJazz, que se celebra cada año en julio, con artistas musicales italianos e internacionales.

05 Desde Monforte d'Alba, la carretera continúa cuesta abajo durante 5,5 km hasta Barolo. Por el trayecto se suceden media docena de bodegas; a medio camino aparecen las espectaculares vistas de los viñedos que fueron declarados Patrimonio Mundial en el 2014. Casi todos ellos son de la variedad nebbiolo, la única permitida en la elaboración del famoso vino *barolo*. Al ir acercándose, emerge el milenario castillo de Barolo dominando el paisaje. Merece la pena detenerse en él para visitar el interactivo WiMu, el moderno museo del vino de Barolo, distribuido por las cuatro plantas del edificio. Las 25 salas que componen este singular museo explican la historia de uno de los vinos más célebres del país a través de las figuras históricas que lo hicieron famoso en todo el mundo en el s. XIX.

06 De camino a Barolo, sería un pecado no detenerse para hacer una cata de vino; por suerte, no faltan opciones. Muy cerca del Museo del Vino se encuentra la histórica bodega Marchesi di Barolo, toda una institución, fundada a principios del s. XIX por una familia local. La visita incluye bajar a las bodegas de ladrillo abovedadas donde reposa el vino durante años en grandes barricas de madera antes de embotellarse. Tras una visita a la bodega, se puede probar el producto acabado en todas sus variedades, mejor acompañado con un surtido de embutidos o un plato de pasta *agnolotti*.

07 Aunque comprar un *barolo* en Barolo puede parecer buena idea, lo mejor es dejar la tienda de recuerdos para más tarde, ya que espera otro ascenso al salir del pueblo. El siguiente destino es el centro de La Morra, 6 km al norte de Barolo, a 513 m de altitud. Al salir del centro histórico de Barolo por la carretera SP163, se gira a la izquierda donde está el cartel que indica La Morra. Una serie de curvas cerradas llevan de nuevo a la campiña abierta, salpicada de más castillos y granjas dignos de postal, como Tenuta La Volta y Tenuta Anselma, dos de los productores de vino históricos de *barolo*.

08 La Morra, una localidad de 3000 habitantes con vistas al paisaje vinícola, bien merece un paseo. Al entrar en el centro urbano y llegar a Piazza Martiri, la oficina de turismo ofrece información detallada sobre los puntos de interés de la zona. Hay que dirigirse a la Piazza Castello para subir al campanario del s. XVIII (solo abierto los fines de

Capella del Barolo.

Cappella del Barolo

Unos 20 minutos al norte de Barolo, en un ligero desvío de este itinerario, se encuentra el edificio más colorido de todas las Langhe, conocido como Capella de Barolo (o Cappella delle Brunate). Construida a principios del s. XX como refugio para los trabajadores de la viña, la capilla abandonada fue adquirida por la familia Ceretto en 1970 junto con los campos circundantes. En la década de 1990, los propietarios encargaron su renovación a los artistas Sol LeWitt y David Tremlett, que la transformaron en esta contemporánea obra de arte.

ROSTISLAV GLINSKY/SHUTTERSTOCK ©

Fiera Internazionale del Tartufo Bianco

Cada mes de octubre la ciudad de Alba acoge uno de los festivales gastronómicos más prestigiosos del país dedicado a uno de sus productos más apreciados: la trufa blanca. Este preciado tubérculo que crece en los bosques es el protagonista de la Fiera Internazionale del Tartufo Bianco, un festival que reúne a cazadores de trufas, comerciantes, chefs y restaurantes para degustar y subastar las perlas más frescas de la trufa auténtica de Alba. Suele durar unos dos meses, todos los fines de semana hasta principios de diciembre. Más información en fieradeltartufo.org.

Procesión, Fiera Internazionale del Tartufo Bianco.

semana); ofrece una de las vistas de 360 grados más impresionantes de las Langhe. La contigua Cantina Comunale ofrece la oportunidad de probar y comparar varios de los vinos elaborados en la región, tanto los más reputados como los menos conocidos (no solo *barolo,* también *dolcetto d'Alba, barbera* y otras denominaciones locales).

09 La ruta sigue descendiendo por la SP58 en dirección a Verduno, la siguiente localidad de regreso a Alba. Un par de kilómetros antes de llegar a este pueblo sobre una colina, se ve como emerge entre los árboles que bordean la sinuosa carretera. Verduno tiene un adormilado centro con algunos restaurantes donde almorzar antes de completar la ruta; tras la primera rotonda que se encuentra al llegar a Verduno, se toma Via Vittorio Emanuele II hacia el centro. Si se prefiere seguir pedaleando, hay que tomar la carretera provincial SP358 a la derecha en dirección a Alba.

10 Bajando unos 5 km por la carretera se llega a Roddi. Tras pasar una zona residencial con una serie de casas bajas independientes, en unos minutos debería verse la carretera a la derecha. Un letrero que indica que quedan 4 km hasta Alba señala un cruce en la carretera. Se gira a la derecha y pronto se vuelve a la rotonda que lleva a Corso Barolo, la carretera que conecta con el centro de Alba. Se continúa recto hacia el centro y se llega al punto de partida en un santiamén. Así termina el circuito por las montañas de Barolo y llega el momento de la recompensa con un poco de pasta tradicional *tajarin* en una de las múltiples *osterie,* como la Osteria dell'Arco. Y a brindar por el éxito de la jornada con una copa de *barolo.*

CONSEJO:

Para acometer las colinas de la región del Barolo se requiere cierta energía, sobre todo en verano. Conviene llevar mucha agua y planificar las pausas durante el recorrido. Quien no esté seguro de aguantar los ascensos, puede usar una bicicleta eléctrica.

Una pausa

Al decidir recorrer Barolo, es probable que se quiera probar alguno de los vinos más famosos que se producen en la región. Pero, con tantos nombres donde elegir, ¿cómo saber qué beber? En la **Enoteca Regionale del Barolo,** en el centro de Barolo, los expertos locales guían al visitante a través de los distintos productores y estilos de la región en una sesión de cata durante la cual se pueden comparar distintas variedades de vino. Solo abierta sábado y domingo, esta enoteca regional profundizará en el conocimiento de Barolo con cada sorbo de vino.

08

Ciclovia del Toce

DURACIÓN	DIFICULTAD	DISTANCIA	INICIO/FINAL
3,5 h	Media	49 km	Domodossola/ Fondotoce (Lago Maggiore)

TERRENO	Mixto

AGF/GETTY IMAGES ©

Capilla, Sacro Monte Calvario.

Esta ruta panorámica sigue el curso de río Toce en la región de los lagos del Piamonte, con inicio al pie de los Alpes en la encantadora Domodossola y final a orillas del Lago Maggiore, en la frontera entre el Piamonte, Lombardía y Suiza. Vistas espectaculares de los picos nevados de los Alpes acompañan en este itinerario que atraviesa bosques y pueblos históricos, con varios desvíos para ampliar el trayecto. En Domodossola se puede visitar el Sacro Monte Calvario (Patrimonio Mundial) y luego dirigirse al sur hacia el lago de Mergozzo para sumergirse en esta idílica naturaleza antes de llegar a Fondotoce.

Alquiler

La tienda Bike Motion, cerca de la estación de Domodossola, en Corso Colonnello Attilio Moneta, alquila bicis y ofrece información sobre rutas y desvíos.

Punto de partida

La ruta empieza muy cerca del centro de Domodossola, al final de Via Mizzoccola, que pasa junto a la estación de trenes hacia el río Toce.

01 Se empieza el trayecto en el exterior de la estación de trenes de Domodossola. Hay que tomar Via Bonomelli y girar la primera a la izquierda por Via Mizzoccola, la calle que lleva a orillas del río Toce, donde empieza la vía ciclable. Antes de dejar atrás la ciudad, se puede visitar el Sacro Monte Calvario, en el extremo sur de Domodossola. Declarado Patrimonio Mundial en el 2003 y uno de los sitios religiosos más importantes del norte

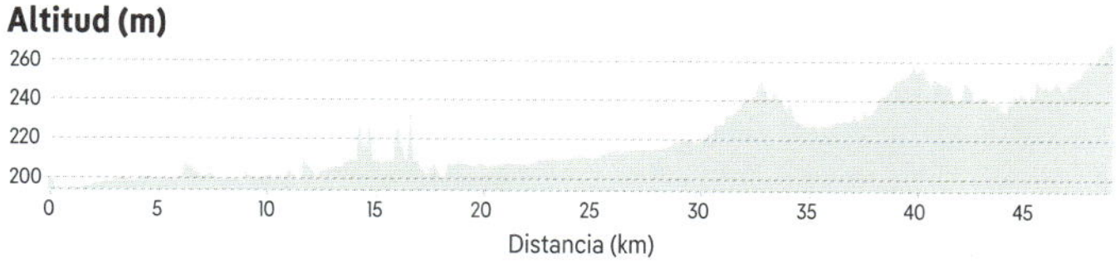

Casa della Resistenza

En Fondotoce, merece la pena visitar la Casa della Resistenza antes de finalizar el trayecto. Este impresionante monumento conmemorativo, diseñado por el arquitecto Cesare Mercandino, rinde homenaje a los 43 partisanos que fueron ejecutados aquí por las tropas fascistas en 1944. Hoy día el espacio está gestionado por el Istituto Storico della Resistenza, una organización que trabaja para mantener vivo el recuerdo del movimiento de la Resistencia italiana. Organizan regularmente exposiciones y actos dedicados a la historia de la II Guerra Mundial; más información en casadellaresistenza.it.

de Italia, se construyó durante el s. XVII entre el verdor de Colle di Mattarella, la colina que domina Domodossola.

02 El tramo inicial cruza un barrio residencial y luego un área industrial que se extiende por debajo de Domodossola, pero al poco se llega a Villadossola y su Collina dello Sport, una gran extensión verde con por senderos peatonales y ciclistas. Se sigue la vía ciclable por todo el centro de Villadossola, se cruza el canal por un pequeño puente y se recupera la ciclovía en la orilla occidental del río Toce. Se atraviesa una sección no asfaltada por debajo de la autopista elevada, y luego se continúa en dirección a Pallanzeno.

03 Unos 5 km después de Pallanzeno, y tras cruzar el río Toce en las cercanías de Pieve Vergonte, se llega al encantador pueblo de Vogogna, un buen lugar para hacer una parada. Este pueblo medieval ha conservado bien su carácter y gran parte de su arquitectura rememora su esplendoroso s. XIV, la época en que la familia Visconti gobernaba la zona. Esta familia fue la que encargó dos de los edificios que más caracterizan la localidad: el Palazzo Pretorio, ahora ayuntamiento, y el Castello di Vogogna, una fortaleza defensiva que permitía a los guardias divisar a los enemigos que se acercaban.

04 Después de un poco de cultura, toca sumergirse en la frondosa vegetación del valle de Ossola; poco después de Vogogna se cruzan los límites de la reserva de WWF Bosco Tenso. Las tierras protegidas de este boscoso tramo del itinerario albergan más de 40 especies de aves, como garzas, golondrinas risqueras y martines pescadores. En el centro del parque hay una cabaña de observación donde esconderse para intentar avistar alguno de los habitantes alados de la reserva.

05 El sendero continúa por los increíbles paisajes naturales a lo largo del Toce hasta Ornavasso. Aquí, una ruta peatonal conocida como Strada Cadorna conduce hasta el Forte di Bara, una fortificación militar construida en la ladera de la montaña que servía de puesto defensivo durante la I Guerra Mundial. Las fortificaciones de la zona quedaron inutilizadas durante la contienda, ya que los enemigos atacaron en otros lugares, pero gran parte de la infraestructura militar todavía se conserva y se puede explorar a pie.

06 Se prosigue hacia el sur por el gran puente hacia Candoglia, luego se continúa entre el Toce y el Lago di Mergozzo hacia Fondotoce, el destino final. La Riserva Naturale del Fondo Toce se extiende al norte del río Toce, cerca de la zona donde confluye con el Lago Maggiore. Al acercarse a este aparecen vistas panorámicas de las montañas que descienden sobre las tranquilas aguas. La llanura aluvial del río Toce también es famosa por su rica biodiversidad; un par de binoculares pueden resultar prácticos en esta zona donde coexisten aves, reptiles y numerosos mamíferos.

07 Fondotoce es el final del itinerario, pero quien quiera puede seguir por la orilla del Lago Maggiore, hay varias opciones. Salvo que se quiera regresar en bicicleta a Domodossola, para volver al punto de partida hay que ir a la estación de ferrocarril Verbania-Pallanza, a unos 2 km al oeste de Fondotoce, y tomar un tren a Domodossola. Los billetes se reservan en trenitalia.com y hay que comprobar que el tren lleve el símbolo de la bicicleta para asegurarse de que hay un vagón apto para bicis.

Una pausa

Qué mejor manera de hacer una pausa en una ruta por la naturaleza en pleno verano que con un refrescante *gelato*. A pocos pasos del puente de Candoglia, la **Gelateria Aurora** es un agradable café que sirve generosas porciones de helado casero en una terraza al aire libre. Es muy popular entre los residentes durante los meses más cálidos, pero la interminable selección de sabores y combinaciones bien merece la posible espera. Si se busca algo más saciante que un helado, hay que seguir hacia el sur hasta **La Fugascina,** un restaurante rústico pero refinado a orillas del lago de Mergozzo.

ALEMASCHE72/SHUTTERSTOCK ©

Lago de Mergozzo.

Lago de Mergozzo

En la antigüedad, esta masa de agua al norte de Fondotoce formaba parte del Lago Maggiore. Hace unos cinco siglos, se formó una franja de tierra, como consecuencia de continuas inundaciones, que dividió el lago en dos. Gracias a la ausencia de fábricas en las orillas y la prohibición de usar lanchas motoras, es uno de los lagos más limpios del norte de Italia; tanto sus playas como los senderos que recorren sus alrededores son populares durante los meses de verano.

09

De Sarre a Fénis

DURACIÓN	DIFICULTAD	DISTANCIA	INICIO/FINAL
1,5 h	Baja	19 km	Aosta/Fénis
TERRENO	Asfaltado		

LUCA SANTILLI/SHUTTERSTOCK ©

Aosta.

Siguiendo el curso del río Dora Baltea, la ruta Sarre-Fénis es un agradable trayecto panorámico que atraviesa el corazón verde del valle de Aosta, pasando por castillos y reservas naturales entre las ciudades de Aosta, Charvensod, Saint-Marcel y Nus. Abierto solo durante los meses más cálidos, este itinerario para ciclistas de todos los niveles constituye una escapada veraniega ideal para descubrir los mejores paisajes alpinos del valle de Aosta sin tener que ascender acusadas pendientes montañosas.

Alquiler

La Bicicletteria di Delfo, situada en pleno centro de Aosta, alquila todo tipo de bicicletas, desde las simples de ciudad a las de montaña y eléctricas.

Punto de partida

La ruta es accesible desde varios puntos cerca de Aosta. Pero, para aprovecharla al máximo, lo mejor es entrar por el Centro Sportivo Montfleury, 2 km al suroeste del centro.

01 El itinerario empieza en Sarre, 5 km al oeste de Aosta, pero la capital de la región del valle de Aosta es el mejor punto de partida para los forasteros. Desde el centro de Aosta, hay que dirigirse al sur hacia el complejo deportivo Montfleury, a orillas del río Dora Baltea, donde se encuentra la entrada a la vía ciclista y peatonal.

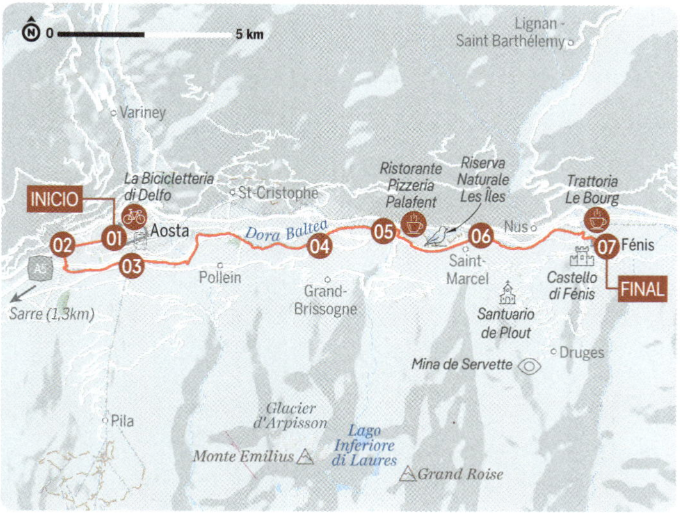

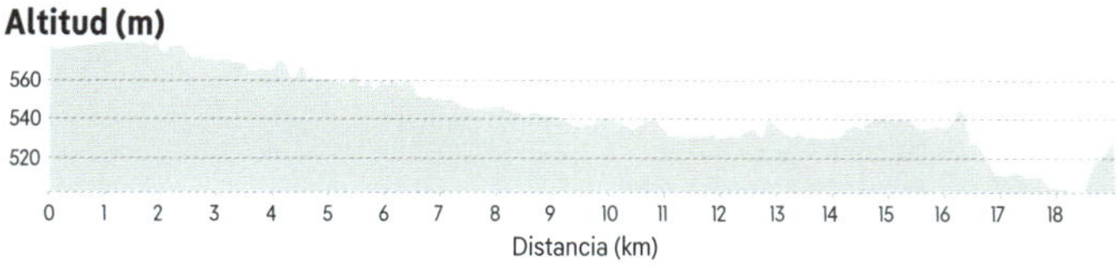

02 En Montfleury se cruza el Dora Baltea hacia la zona de Gressan, donde una pista discurre a lo largo de la orilla sur del río. En Gressan, la ruta atraviesa un gran parque muy popular entre los residentes, con equipos de ejercicio, bancos y un café abierto en verano. Como todo el itinerario está compartido con peatones, conviene no correr demasiado, mejor pedalear sin prisas y seguir hacia Pont Suaz, 3 km más adelante.

03 Después de pasar Pont Suaz, en el municipio de Charvensod, y entrar en Pollein, van desapareciendo gradualmente las edificaciones y aparece un escenario más verde. Los edificios residenciales son cada vez más escasos y las montañas empiezan a dominar las vistas. En Pollein hay que cruzar la zona deportiva verde y seguir pedaleando hacia Brissogne.

04 En Brissogne se pasa junto a un campo de golf y una gran piscina exterior antes de llegar a las instalaciones Palafent, un espacio multiusos dedicado a la práctica de deportes tradicionales. El más conocido del valle de Aosta es el *fiolet*, que suele jugarse en primavera en un campo triangular; los atletas se enfrentan unos a otros lanzando un pequeño balón con un bastón de madera cónico para enviarlo lo más lejos posible. En primavera y verano se organizan en Brissogne torneos de *fiolet* y otros juegos

CONSEJO:

Aunque la ruta en realidad comienza en Sarre, es más fácil acceder desde Aosta, con múltiples tiendas de alquiler de bicicletas y más opciones de alojamiento.

Las minas de Saint-Marcel

En el sitio de Servette en Saint-Marcel se hallan algunas de las minas más altas de Italia, a 1800 m de altitud en la ladera de las montañas. Conocidas desde la época romana por su riqueza de minerales, están formadas por una extensa red de túneles en el interior de la montaña. La extracción de minerales se paralizó en 1957 y más tarde se convirtió en un museo al aire libre gestionado por voluntarios, que se puede visitar en verano. Más información sobre las visitas y horarios en minieresaintmarcel.it.

tradicionales como la *rebatta* y el *palet*.

05 Después de Brissogne, la ruta se adentra en la Riserva Naturale de Les Îles, un humedal protegido alrededor de dos pequeños lagos poblados por una larga lista de aves migratorias que vienen a nidificar en las orillas húmedas del Dora Baltea. Las garzas y grandes garcetas son solo dos de las más de 40 especies de animales que se han avistado en la zona. Para los amantes de la observación de aves, la primavera es el mejor momento para ver aves migratorias. Dentro de la reserva hay cabañas de observación, especialmente construidas para observar la rica fauna de la zona.

06 La ciudad de Saint-Marcel aparece poco después, conocida desde tiempos inmemoriales por sus recursos minerales. La vía ciclable de Saint-Marcel a Fénis se terminó en el 2021 y por primera vez permite a los ciclistas completar todo el itinerario sin tener que pisar la carretera principal. Con tiempo, merece la pena desviarse a Saint-Marcel para explorar las áreas de mayor altitud; cuesta arriba se puede visitar el intrigante santuario Plout, una ermita dedicada a la virgen María construida en la década de 1850 en un sitio de peregrinaje supuestamente venerado desde el s. XIV. Más arriba está la mina de Servette, donde pueden visitarse varias de las galerías usadas por los antiguos mineros para extraer materiales preciosos del vientre de la montaña.

07 La última parada es Fénis, 4 km después de Saint-Marcel, donde un increíble castillo marca el centro de la población. Construido a lo largo de un siglo, entre 1320 y 1421, por miembros de la poderosa familia Challant, el Castello di Fénis es inusual por su ubicación a baja altitud. Conviene dedicar tiempo al patio interior del castillo, con magníficos frescos que adornan los muros de piedra y las escaleras de madera. Para regresar a Aosta se retrocede por la misma ruta o se toma el tren de vuelta en Nus, al otro lado del río desde Fénis.

Una pausa

El ambiente hogareño del **Ristorante Pizzeria Palafent,** una típica pizzería italiana cerca de la Riserva Naturale Les Îles, constituye un lugar ideal para recuperar fuerzas de camino a Fénis o de regreso a Aosta. Con una amplia terraza exterior y un menú de almuerzo fijo que cambia cada día, es popular entre residentes y visitantes. Otra buena opción es la **Trattoria Le Bourg,** situada a pocos pasos del castillo de Fénis, donde se pueden degustar los quesos locales y platos de temporada que conforman el cambiante menú.

Arco de Augusto.

Aosta romana

Aparte del espectacular paisaje circundante, Aosta también alberga una de las colecciones más impresionantes de ruinas romanas del norte de Italia. Conquistada por el emperador Augusto en el año 25 a.C., fue una intersección clave en la Via delle Gallie que conectaba Roma con Francia. Muchos de los monumentos que se construyeron durante esa época todavía siguen en pie en el centro de Aosta, como el imponente arco de Augusto (de hace 2000 años), el puente y el teatro romano. Para saber más sobre la historia antigua de la ciudad, merece la pena visitar el museo arqueológico regional en Piazza Roncas.

10

Ideal para

PAISAJE COSTERO

Riviera dei Fiori

DURACIÓN	DIFICULTAD	DISTANCIA	INICIO/FINAL
2 h	Baja	24 km	San Lorenzo al Mare/ Ospedaletti
TERRENO	Asfaltado		

MARY BOTTACIN/SHUTTERSTOCK ©

Santo Stefano al Mare.

Esta ruta que recorre los 24 km que separan San Lorenzo al Mare y Ospedaletti permite explorar el pintoresco Parco Costiero della Riviera dei Fiori, en el extremo occidental de Liguria, cerca de la frontera francesa. Está construida sobre las vías del antiguo ferrocarril que conectaba Génova con Ventimiglia y discurre paralela a la costa ofreciendo unas de las vistas más espectaculares de la región. Totalmente llana y apta para todos los niveles, algunos tramos están tan cerca del mar que en días ventosos incluso salpican las olas.

Alquiler

Varias tiendas en San Lorenzo al Mare alquilan bicicletas por unos 12 €/día. Nolo Bici, en Piazza della Stazione, y Al 10 Nolo Bici, en la Piazza Giuseppe Garibaldi, son fiables.

Punto de partida

La vía ciclable comienza al final de Via della Stazione y el primer tramo es paralelo a Via degli Orti, pero también se puede acceder desde cualquier sitio cerca de la playa principal de San Lorenzo al Mare.

01 El camino que conecta San Lorenzo al Mare con Ospedaletti sigue la ruta excavada por una vía de ferrocarril del s. XIX. Se puede acceder a esta vía bien mantenida junto al puerto de San Lorenzo al Mare, que también cuenta con algunos servicios de alquiler de bicicletas. Tras recorrer menos de un kilómetro, se entra en el primer túnel que usaban los trenes para atravesar los acantilados costeros. Está bien iluminado, pero es relativamente largo; se extiende 1,5 km a lo largo de todo el pequeño municipio de Costarainera.

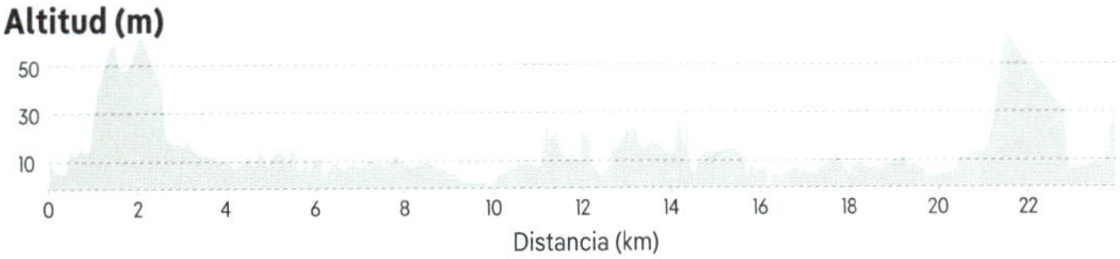

ANDREA RAFFIN/SHUTTERSTOCK ©

02 La vía corre paralela a la carretera SS1, conocida como Aurelia, hasta la ciudad de Aregai y después Santo Stefano al Mare. Desde Aregai, un desvío al interior lleva a la fascinante Villa Biener, un espacio de arte contemporáneo creado por los artistas Judith Török y Carlo Maglitto, donde se puede visitar un parque de esculturas al aire libre poblado por criaturas imaginarias. La ruta pasa por el puerto deportivo de Aregai y luego por Santo Stefano al Mare, reconocible por su campanario de color crema en pleno centro de la ciudad.

03 A lo largo de la costa entre Santo Stefano al Mare y Taggia pueden verse algunas de las torres defensivas construidas en el s. XVI para proteger de ataques piratas las comunidades pesqueras. La Torre dell'Arma domina el promontorio en Arma di Taggia, cerca de la playa de Bussana, con vistas al Mediterráneo desde su posición privilegiada. Por desgracia, en el momento de escribir esta guía no era posible visitar el interior. Aparte de ver arquitectura, aquí también se pueden probar las aceitunas negras *taggiasche,* un fruto preciado y protegido que crece en los olivos que salpican la accidentada costa de la Riviera.

04 La ruta continúa paralela a la costa hasta Bussana. Esta antigua localidad, conocida como Bussana Vecchia

Festival de San Remo

Es el festival musical (en la foto) más importante de Italia y el concurso nacional de la canción más longevo jamás televisado, desde 1951. Se celebra en el Teatro Ariston cada año en febrero durante una semana, donde artistas famosos y consagrados compiten para ganar el León de Oro. Además del premio, los ganadores tienen la oportunidad de representar Italia en el Festival de Eurovisión, inspirado en el de San Remo. En el 2023, el festival fue visto por más de 16 millones en toda Italia.

y situada 2,5 km hacia el interior, fue abandonada a finales del s. XIX cuando un terremoto sacudió la zona; fue repoblada por artistas y *hippies* tras la II Guerra Mundial. Hoy en día, unos 30 residentes permanentes viven en la ruinosa Bussana Vecchia, donde las estructuras residenciales se confunden con la vegetación y exposiciones al aire libre de arte y artesanía.

05 La siguiente parada del trayecto es la ciudad de San Remo, la localidad más famosa del itinerario, 6,5 km al oeste de Bussana. De camino, se pasa cerca de Villa Nobel, una elegante y ecléctica residencia de estilo árabe, terminada a finales del s. XIX, más tarde habitada por el químico sueco Alfred Nobel, fundador de los famosos premios, que vivió en San Remo los últimos años de su vida.

06 Se prosigue por el paseo marítimo de Corso Imperatrice, junto a los lujosos yates amarrados en el puerto deportivo de San Remo, el casino *art nouveau,* uno de los únicos cuatro casinos legales del país, y se sale del centro hacia Ospedaletti. La frontera francesa está cerca. Al dejar atrás San Remo, se entra en el túnel Capo Nero, de 1,75 km de largo, abierto en el 2014. Del techo del túnel cuelgan varias citas e imágenes que relatan hechos de la historia de la carrera ciclista Milán-San Remo (p. 55), que se celebra cada año en marzo desde 1907.

07 Al salir del túnel, se llega a Ospedaletti, donde termina el itinerario. Cuenta la leyenda que esta ciudad se fundó como resultado de un naufragio: una tripulación de caballeros que viajaba en una galera de Palestina a Francia se vio atrapada en una tormenta y consiguió sobrevivir nadando hasta este rincón de Liguria. Aquí fundaron un hospital (*ospedale* en italiano) para los peregrinos que viajaban por la costa hacia Tierra Santa. Desde Ospedaletti se puede regresar al punto de partida retrocediendo por la ruta ciclista.

Una pausa

No faltan cafés y restaurantes en la Riviera dei Fiori, especialmente en verano. Una apuesta segura a medio camino del trayecto es **La Vesca,** un café junto al mar situado entre Arma di Taggia y San Remo, donde se pueden degustar platos frescos, como pasta o una *focaccia* rellena, con el sonido de las olas de fondo antes de continuar hacia Ospedaletti. Menos tradicional pero igualmente delicioso (y lleno de carbohidratos) es **Spaccanapoli,** una pizzería de estilo napolitano en San Remo.

ALESSANDRO0770/GETTY IMAGES ©

Decoraciones *infiorata*.

Infiorata de Santo Stefano a Mare

No es una coincidencia que esta parte de la costa de Liguria sea conocida como la Riviera floreada, donde el afán por adornar las calles con macetas repletas de color es evidente en todo el litoral. Pero es durante la *infiorata* (exhibición floral) de Santo Stefano a Mare cuando las flores se transforman en obras de arte. Este acontecimiento bienal congrega en mayo a artistas procedentes de toda Italia que emplean los pétalos para crear ilustraciones a gran escala en las calles céntricas de la ciudad. Cada artista tiene 20 m^2 en los que trabajar; después de tres días, un jurado anuncia a los ganadores.

Otras propuestas

Vernazza, Cinque Terre.

JANOKA82/GETTY IMAGES ©

Strada Panoramica Cinque Terre

DURACIÓN	DIFICULTAD	DISTANCIA
3,5 h	Alta	41 km

El tramo de costa más famoso de Liguria suele explorarse a pie, pero recorrer la ruta panorámica que pasa por encima de Cinque Terre en bicicleta garantiza vistas espectaculares de los pueblos de este colorido rincón de Italia.

Empezando en Levanto, la carretera va hasta La Spezia pasando por encima de Monterosso, Vernazza, Corniglia, Manarola y Riomaggiore, a lo largo de 40 km. El tramo inicial es el más difícil, con un ascenso que lleva hasta la cima de las montañas que dominan la costa, luego se dirige hacia el sur por una carretera poco transitada. La Strada Panoramica no es apta para todo el mundo y, si se quieren visitar las playas de Cinque Terre, habrá que doblar esfuerzos para bajar al nivel del agua y luego subir de nuevo.

Lagos de Avigliana

DURACIÓN	DIFICULTAD	DISTANCIA
30 min	Media	7 km

Los lagos de Avigliana constituyen un popular destino de fin de semana para muchos turineses, ya que ofrecen la oportunidad de dejar atrás la ciudad y sumergirse en el paisaje natural que rodea las masas de agua.

El Parco Naturale Laghi di Avigliana, situado 30 km al oeste de Turín, ocupa unas 400 Ha y comprende dos lagos: el lago Grande y el lago Piccolo. El más grande, que también es apto para el baño, tiene una ruta ciclista que bordea la orilla; es un itinerario fácil de 30 minutos, unos 7 km, que se puede ampliar en múltiples direcciones si apetece explorar los alrededores de la reserva.

VACLAV VOLRAB/SHUTTERSTOCK ©

Parco Nazionale Gran Paradiso.

Via de Sale

DURACIÓN	DIFICULTAD	DISTANCIA
4 h	Alta	40 km

Una de las aventuras en bicicleta de montaña más fascinantes del Piamonte, esta vía empieza en la pequeña localidad de Limone Piemonte y sigue la antigua ruta que solían usar los comerciantes de sal para llegar al Mediterráneo en Liguria.

El itinerario es relativamente corto, solo 40 km, pero las múltiples pendientes fuertes y los tramos de gran altitud por encima de 1800 m hacen que sea solo apta para ciclistas de montaña experimentados. La ruta cruza fortificaciones militares y bosques silvestres en Liguria occidental, hasta llegar a Ventimiglia, donde el camino desciende al nivel del mar y conecta con la carretera asfaltada.

Valle de Cogne

DURACIÓN	DIFICULTAD	DISTANCIA
3 h	Alta	24 km

El famoso valle del Parco Nazionale Gran Paradiso ofrece oportunidades excepcionales para rutas en bicicleta de carretera a gran altitud en el corazón del montañoso valle de Aosta.

La ruta asfaltada que va de Aymavilles a Lillaz solo tiene 24 km, pero con cerca de 1000 m de desnivel acumulado requiere mucha energía para subir por el paisaje alpino poco a poco. Si se busca un desafío veraniego, pueden abordarse las sinuosas carreteras del valle de Cogne entre cascadas, picos nevados y gamuzas que trepan por las paredes verticales de las majestuosas montañas. Sin embargo, conviene tener en cuenta que esta ruta solo es accesible entre junio y septiembre: la nieve puede cubrir los tramos de mayor altitud durante el resto del año.

0
100 km
SUIZA
ALTO ADIGIO
(SÜDTIROL)
Ortles
Parco Nazionale dello Stelvio
Adigio
Monte Disgrazia
Cima Brenta
Adda
Parco Regionale degli Orobie Valtellinesi
Parco dell'Adamello
Trento
Parco Nazionale Val Grande
Lago de Lugano
Lago de Como
Parco Regionale Bergamasche
Lago Maggiore
Parco Regionale Campo dei Fiori
Rovereto
Lecco
Varese
Como
Lago de Garlate
13
Parco Regionale dell'Alto Garda Bresciano
14
Lago de Iseo
Bérgamo
PIAMONTE
Adda
Busto Arsizio
VÉNETO
Brescia
Lago de Garda
Milán
Novara
Verona
Tesino
11
Crema
Vercelli
Vigevano
12
Lodi
Parco Adda Sud
Oglio
Pavía
Lago Superiore
Mantua
Casale Monferrato
Cremona
Lago Inferiore
Po
Piacenza
Alessandria
Fidenza
PIAMONTE
Parma
Carpi
Reggio Emilia
EMILIA-ROMAÑA
Módena
Génova
Rapallo
Parco Nazionale dell'Appennino Tosco-Emiliano
Savona
Golfo de Génova
Riviera di Levante
Parco Nazionale delle Cinque Terre
Riviera di Ponente
Monte Pisanino
La Spezia
Parco Naturale delle Alpi Apuane
Massa
MAR MEDITERRÁNEO

CLAUDIO GIOVANNI COLOMBO/SHUTTERSTOCK ©

Villa en el Naviglio Grande (p. 84).

Milán y los lagos

Explorar

Milán y los lagos

Situada en el centro del valle de Po, Milán es el punto de partida ideal de varios itinerarios en bicicleta llanos y lineales que siguen el curso de las antiguas vías navegables, antaño parte de una red de canales que conectaban la ciudad con los lagos. Pero, si se prefiere pedalear con vistas de aguas azules rodeadas de montañas, Milán es un gran nodo de transporte y permite acceder fácilmente a los lagos en tren. No hay que quedarse con los más populares; los más pequeños como el Iseo o Varese son ideales para descubrirlos en bici, con interesantes itinerarios que combinan naturaleza e historia.

Milán

Mejora poco a poco, con nuevos carriles bici cada año y sistemas de bicicletas compartidas, pero todavía le falta para ser una auténtica ciudad apta para bicis. Por fortuna para los ciclistas, hay una red de excelentes vías ciclables que discurren por los caminos de sirga de los Navigli, los canales construidos hace siglos para transportar personas y mercancías. El itinerario más famoso es el del Naviglio Grande, la vía navegable que conecta Milán con el río Tesino, pero el Naviglio Pavese hasta la ciudad de Pavía y el Naviglio Martesana, un trayecto de 40 km hasta el río Adda por un área llena en aves, también merecen la pena.

Los lagos

Los más famosos son el de Como, el Maggiore y el de Garda, tres lagos de origen glaciar largos y estrechos, a 1 o 2 horas en coche al norte de Milán. A pesar de las tan anunciadas vías ciclables alrededor de los lagos, los proyectos están lejos de estar terminados; solo hay unos pocos kilómetros de ciclovías aquí y allá, como los 2,5 km panorámicos de Limone sul Garda, suspendidos sobre las aguas del lago. El lago de Iseo es una mejor opción para los ciclistas porque, además de los 5 km de vía ciclable entre Vello y Toline, la carretera por el lado occidental del espejo lacustre es muy panorámica y está poco transitada.

CUÁNDO IR

Primavera y otoño son las mejores épocas para recorrer la región en bici. Los veranos son sofocantes y masificados, sobre todo en torno a los lagos; los inviernos pueden ser fríos, húmedos y neblinosos. Las vías ciclables por los Navigli son populares en fin de semana, en especial con buen tiempo; mejor entre semana.

Mantua y el Mincio

Rodeada por las plácidas aguas de tres lagos, esta ciudad renacentista parece salida de un sueño con sus cúpulas emergiendo entre la niebla y los juncos del valle del Po. Los lagos de Mantua fueron creados con fines defensivos alterando el curso del Mincio, un río que nace en el lago de Garda y desemboca en el Po. Una vía ciclable recorre 40 km entre el lago de Garda y Mantua, y el territorio circundante también ofrece muchos otros itinerarios en bicicleta, en especial en torno a las colinas Morénicas del norte de Mantua.

Varese

Hogar de siete lagos, innumerables ascensos alpinos, patria de grandes ciclistas y escenario de los Tre Valli y de una clásica ciclista centenaria, no sorprende que Varese esté tan comprometida con el ciclismo, y que ofrezca múltiples oportunidades e instalaciones ex profeso. Quienes quieran pasar un día agradable en bici pueden bordear el lago de Varese y el de Comabbio, con algunos ascensos y naturaleza agreste, mientras que los ciclistas más serios pueden acometer ascensos icónicos como Cuvignone y Campo dei Fiori o incluso participar en alguna de las muchas carreras Granfondo que se celebran.

TRANSPORTE

La autopista A8, la Autostrada dei Laghi, conecta Milán con el lago de Como, el Maggiore y el Varese. Para llegar al de Iseo y al de Garda hay que tomar la autopista A4 hacia Venecia.

También es fácil ir a los lagos en tren desde las estaciones Milano Centrale, Cadorna y Porta Garibaldi. En Milán, se puede llevar la bicicleta gratis en el metro, evitando las horas punta y en el último vagón.

EVENTOS

Festival ciclista de Colnago

Festival de tres días que se celebra en abril en Desenzano, junto al lago de Garda, con carreras ciclistas, una exposición y otras actividades sobre el ciclismo.

Semana del diseño de Milán

En el mes de abril, una feria comercial, eventos e instalaciones por toda la ciudad.

SioWeekend

Dos fines de semana de noviembre con actividades y experiencias para promover el turismo lento en cuatro pueblos del lago de Como: Bellagio, Menaggio, Tremezzina y Varenna.

DÓNDE ALOJARSE

Los alojamientos aptos para ciclistas escasean en Milán, pero se puede llamar y preguntar si tienen donde guardar la bici. Es mejor no arriesgarse a dejarla en la calle por la noche. Fuera de la ciudad y en torno a los lagos hay varios hoteles y apartamentos con instalaciones para ciclistas, en especial en las áreas centradas en el ciclismo, como Varese y el lago de Garda al norte. Otros hoteles para ciclistas en los lagos son Dolci Colli Bike Hotel en Peschiera del Garda; Hotel Il Perlo Panorama en Bellagio, en el lago de Como, y el Hotel La Pieve en el lago de Iseo.

Recursos

Varese Do You Lake? (varesedoyoulake.it) Ofrece información sobre eventos relacionados con la bici e itinerarios en Varese y alrededores.

A Ritmo D'Acque (aritmodacque.it) Aplicación y web que recoge itinerarios para todos los gustos y niveles en torno a las vías navegables de Milán.

In Lombardia (in-lombardia.it/es) Información sobre vías ciclables e itinerarios en toda Lombardía.

11

Naviglio Grande

DURACIÓN	DIFICULTAD	DISTANCIA	INICIO/FINAL
3 h	Media	22 km	Milan Darsena/ Abbiategrasso
TERRENO	Asfaltado		

TITO SLACK/SHUTTERSTOCK ©

Naviglio Grande, Milán.

Una ruta para descubrir el pasado de Milán como ciudad de canales por el Naviglio Grande, desde el antiguo puerto en el corazón de la ciudad hasta Abbiategrasso, una ciudad de provincias que antaño fue un puesto de avanzadilla del ducado de Milán. Es el canal más largo de una antigua red de vías navegables que conectaban Milán con el Lago Maggiore para transportar bienes y bloques de mármol para la construcción del Duomo de Milán. El itinerario está totalmente asfaltado y no tiene desnivel, por lo que es apto para todos, incluso familias y principiantes.

Alquiler

Smile & Bike ofrece bicicletas con precios desde 25 €/día, muy bien situado en el Naviglio Grande y en los alrededores de la estación Centrale.

Punto de partida

La ruta empieza en la Dársena, unos 10 minutos en bicicleta desde el Duomo y un paseo de 5 minutos desde la estación de metro de Porta Genova.

01 La ciclovía comienza en la Dársena, la cuenca artificial cerca de la Piazza XXIV Maggio, construida en el s. XVII y activa hasta mediados del s. XX como puerto comercial de Milán. Tras varias décadas de abandono, la zona se renovó para la Expo de Milán en el 2015 y ahora es una agradable área para pasear, con un mercado y varios bares al aire libre. Dos de los canales artificiales que aún existen, el Naviglio Grande y el Naviglio Pavese, desembocan en ella. De espaldas a la Dársena, el Naviglio

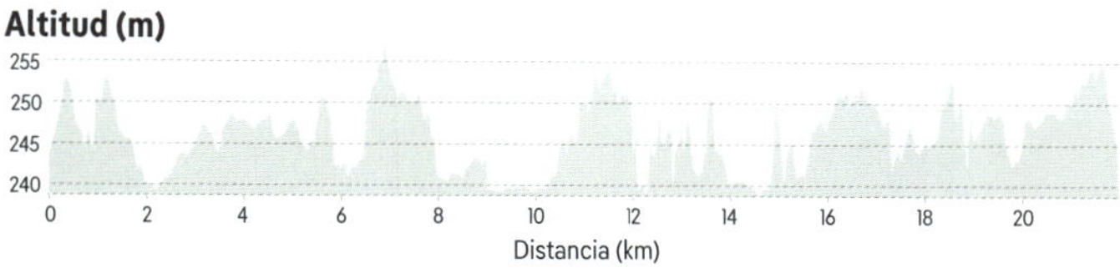

Grande es el más grande a la derecha, que fluye en dirección suroeste.

02 Este canal está bordeado por un *alzaia* (camino de sirga) reservado para bicicletas, peatones y vehículos de mantenimiento; el tráfico regular solo está permitido en algunos tramos cortos y no suelen estar muy transitados. Hay que tener cuidado con los peatones al salir de Milán, ya que hay varias galerías de arte, tiendas y restaurantes por el canal y es un lugar popular para pasear.

03 Se empieza en el lado derecho del canal, avanzando con cuidado por los tramos adoquinados. A unos 200 m del inicio se observa el Vicolo dei Lavandai, un minúsculo canal cubierto por un tejado de azulejos soportado por vigas de madera. Hasta la década de 1950, la gente del barrio solía hacer la colada aquí; cerca del borde del agua, es posible ver las piedras planas usadas como tablas de lavar. Frente al Vicolo dei Lavandai hay un pintoresco puente de piedra dedicado a la poeta milanesa Alda Merini, que vivió la mayor parte de su vida junto al Naviglio. Es un lugar ideal para hacer fotos, en especial al amanecer o al atardecer.

04 Al otro lado del puente se encuentra la iglesia de Santa Maria delle Grazie al Naviglio, con una fachada de ladrillos inacabada. Varias iglesias de la zona de Milán y el valle de Po están construidas de ladrillo;

CONSEJO:

El Naviglio Grande es accesible todo el año, pero entre noviembre y marzo los canales se quedan sin agua debido a la *asciutta,* un mantenimiento bianual de las orillas, esclusas y puentes a lo largo del canal durante el cual se drena toda el agua. Esto no afecta al acceso al camino de sirga.

Leonardo y los Navigli

El Naviglio Grande se excavó por vez primera en el s. XII con fines defensivos, pero la red mejoró enormemente dos siglos más tarde, cuando se amplió para conectar el Lago Maggiore con Milán para transportar el mármol del Duomo. El sistema de esclusas para salvar la distancia entre el lago y Milán se desarrolló gracias al trabajo de Leonardo da Vinci, a quien el Señor de Milán encargó diseñar un sistema para conectar el lago de Como con los canales milaneses. En realidad, Leonardo nunca trabajó en el Naviglio Grande, pero sus estudios y bosquejos fueron usados por los ingenieros hidráulicos en siglos siguientes.

Una pausa

Gaggiano está a medio camino del itinerario y ofrece varias opciones para comer cerca del canal. **Latt Giassà** es una heladería abierta todo el año; en invierno sirven chocolate caliente. Al lado, **Casa delle Chiavi** es un café regentado por una cooperativa centrada en ingredientes de productores locales. Para un almuerzo más copioso, **Trattoria del Gallo** sirve platos lombardos, como una exquisita *cotoletta* (chuleta) en un edificio histórico a 3 km del Naviglio, por una tranquila carretera rural.

el mármol y la piedra se reservaban para las iglesias y catedrales más majestuosas, como el Duomo.

05 Se sigue avanzando, dejando detrás el centro. A 1 km del inicio, hay que tener cuidado con los tranvías al cruzar Via Valenza. Después, hay que mantenerse en el lado derecho del canal y pasar un gran aparcamiento y una cochera, que a veces alberga mercados temporales. A unos 2 km del inicio se pasa la iglesia de San Cristoforo sul Naviglio (dcha.).

06 Junto a la iglesia se halla la casa club de remo Canottieri Olona, cuyos miembros suelen practicar en el Naviglio. Hay que estar atentos al arte callejero (hay varias obras interesantes en los aledaños de Canottieri Olona y otras en torno a Ponte delle Milizie a unos cientos de metros).

07 Tras San Cristoforo, las multitudes se van dispersando y es más fácil circular. Unos 4 km más adelante se llega a Corsico, el primer municipio después de Milán. Al ver la estación de trenes en el lado derecho, hay que tomar la segunda salida en la rotonda y pasar el aparcamiento, todo recto por Via Marconi y Via Nilde Iotti hasta el cruce en T, donde se gira a la izquierda por Via Elsa Morante hasta llegar de nuevo al Naviglio. Este corto desvío es muy recomendable, pues el tramo del Naviglio después de la estación de Corsico es de un solo sentido; también se puede tomar el sendero peatonal y caminar con la bicicleta al lado.

08 Cerca de 1 km después de volver al canal, un parque a la derecha con muchos bancos ofrece un descanso. Si no, se puede seguir 4 km más hasta Trezzano sul Naviglio, la siguiente ciudad de la vía navegable.

09 Hay que pasar por debajo del puente de la *tangenziale* (circunvalación) de Milán durante cerca de 1 km, hasta ver un letrero que recomienda a las bicicletas girar a la derecha por Via Puccini. Si se decide permanecer en el Naviglio, hay que apearse y caminar el siguiente tramo, ya que es muy estrecho y los adoquines dificultan la circulación. También hay un corto pero empinado trecho que lleva a Ponte Gobbo, el puente sobre el canal. Si se prefiere seguir pedaleando, hay que girar a la derecha por Via Puccini, luego a la izquierda por Via Croce, cruzar con cuidado la rotonda y seguir recto, para tomar la segunda a la izquierda por Via Volontari del Sangue hasta llegar de nuevo al Naviglio.

San Cristoforo sul Naviglio.

San Cristoforo sul Naviglio

En realidad es un complejo formado por dos iglesias contiguas. La de la izquierda es la más antigua, de estilo románico, construida sobre un anterior templo pagano, mientras que la de la derecha es gótica, del s. XV. Merece la pena admirar los exquisitos frescos del ábside, que representan a Jesús rodeado de ángeles y los cuatro evangelistas.

Villas de Robecco

Los que quieran seguir más allá de Abbiategrasso pueden continuar otros 7 km hasta Robecco sul Naviglio, un encantador pueblo junto al canal que solía ser destino de vacaciones de las familias milanesas acomodadas. Todavía se pueden ver algunas lujosas villas, como el Palazzo Archinto sobre el Naviglio, que parece un castillo con torres y almenas. Villa Gaia Gandini y Villa Bassana son otros ejemplos exquisitos. Robecco no tiene estación, así que habrá que volver en bicicleta a Abbiategrasso o continuar 5 km más hasta Magenta.

CLAUDIO GIOVANNI COLOMBO/SHUTTERSTOCK ©

Palazzo Archinto.

10 Después de Trezzano, el siguiente pueblo es Gaggiano, a 3 km. Es uno de los pueblos más hermosos de los alrededores de Milán, con coloridas casas pintadas y una iglesia barroca que se refleja en las aguas del canal.

11 En Gaggiano, el camino de sirga continúa por el lado izquierdo del canal. Para cambiar de lado hay dos opciones: apearse y cruzar por el Ponte Gozzadini, aprovechando para tomar una foto, o ir por el puente de coches unos cientos de metros más abajo, con un fuerte giro a la izquierda, tras cruzar, para continuar por la vía navegable.

12 Ya en el lado izquierdo, se pasa una heladería y un café, el último hasta el final del itinerario. Durante el último tramo de 7,5 km hasta Abbiategrasso, la ciudad y los suburbios dejan paso a paisajes agrícolas, especialmente bonitos a finales de la primavera, cuando los campos de arroz están inundados. También hay varias *cascine,* granjas de ladrillo históricas típicas de esta parte de Lombardía. Entre Gaggiano y Abbiategrasso no hay más pueblos ni otros sitios donde detenerse, salvo un banco a un par de kilómetros de Gaggiano y otro unos 5 km más adelante.

13 A unos 5 km de Gaggiano se pasa un pequeño altar dedicado a la virgen María bajo el puente de la SP30 y luego un restaurante al aire libre. En verano, Agrinaviglio, una pequeña tienda al borde del Naviglio, vende zumos frescos y fruta de origen local.

14 El itinerario termina en Abbiategrasso, una ciudad de tamaño medio con un castillo del s. XII rodeado por un jardín, un compacto centro histórico y una pastelería galardonada. Se pasa un cementerio por debajo de un puente y una carretera adoquinada hasta que el Naviglio se divide en dos: un brazo continúa hacia el sur unos 18,5 km hasta Bereguardo y el otro hacia el norte hasta el río Tesino. Para llegar a la estación de Abbiategrasso, hay que tomar el brazo izquierdo hasta un puente triple pasada la antigua fábrica de Mivar. Se gira a la derecha pasado el puente, se toma el paso subterráneo para evitar la concurrida SP494 y se prosigue por Via Amerigo Vespucci, luego a la derecha por Via Grossi y a la izquierda en la rotonda, por Via Mazzini. La estación está al final de la carretera, con trenes cada hora de regreso a Milán.

Una pausa

En pleno centro histórico de Abbiategrasso, merece la pena detenerse en **Besuschio,** una pastelería abierta desde 1845, anterior a la Unificación de Italia. Tiene mesas exteriores en la plaza principal, ideales para degustar los *pasticcini,* unos minúsculos pastelitos deliciosos para acompañar el té o el café. También es famoso su *panettone,* disponible todo el año, y otros pasteles como el *crakelè,* una invención propia que combina *marrons glacés,* vainilla y haba tonka.

12

Pista Ciclabile del Mincio

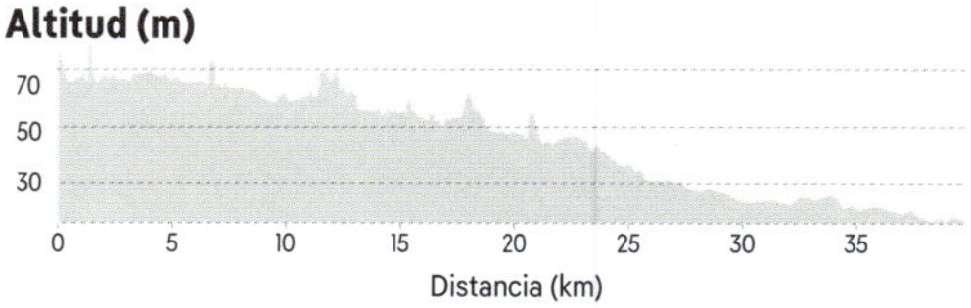

DURACIÓN	DIFICULTAD	DISTANCIA	INICIO/FINAL
4 h	Alta	40 km	Peschiera del Garda/Mantua
TERRENO	Asfaltado		

Desde la orilla del lago de Garda hasta Mantua, la joya renacentista de reminiscencias shakespearianas, esta ruta consta de 40 km de pura belleza, con las aguas color esmeralda y turquesa del Mincio y las colinas Morénicas como telón de fondo. El itinerario empieza justo debajo de los muros fortificados de Peschiera del Garda y sigue el curso del río, pasando pueblos adormecidos, humedales bordeados de juncos y Borghetto sul Mincio, una aldea medieval en la ribera. Es una ruta llana, bien señalizada y casi del todo asfaltada, ideal para una excursión de un día.

Alquiler

Garda South Cycling alquila gran variedad de bicicletas en varios puntos de Peschiera y a lo largo de la ruta desde 10 €/medio día. Ofrece servicio de lanzadera de Mantua a Peschiera.

Punto de partida

La ruta empieza a poca distancia de la estación de Peschiera del Garda, a 1 hora y 20 minutos de Milán. El autobús 46 de Mantua a Peschiera admite bicicletas de abril a octubre pagando un suplemento.

01 Saliendo de la estación de Peschiera del Garda, se baja por Viale Stazione y luego se gira a la izquierda por Via Venezia hasta el curso del río Mincio. Hay que seguir recto al cruzar el puente sobre Parco Catullo y entrar en los muros fortificados del s. XIV, declarados Patrimonio Mundial, en la parte histórica de la ciudad. Con tiempo, vale la pena visitar el centro y recorrer Lungolago Mazzini para admirar el lago de Garda.

Borghetto sul Mincio.

Ideal para

HISTORIA

Los *tortellini* del amor

La especialidad más famosa de Borghetto sul Mincio son los *tortellini*, una pasta rellena generalmente cocida en un caldo y servida con mantequilla y salvia. Son distintos de los tradicionales boloñeses, pues aquí el relleno es una mezcla de carnes con nuez moscada y la forma recuerda a un nudo, motivo por el cual también son conocidos como *nodo d'amore* (nudo de amor). Su origen se remonta a una leyenda local de un comandante militar que se enamoró de una ninfa que vivía en las aguas del Mincio y se fugó con ella dejando atrás un pañuelo con dos nudos para simbolizar su amor.

02 Ya fuera del centro histórico, se sube por Via Campo Sportivo, una pequeña cuesta. El inicio de la vía ciclable está a la izquierda, bien señalizado. Se baja por la calle adoquinada la orilla del río, con cuidado, pues es bastante inclinada. Con niños o bicicleta de carretera, es mejor apearse.

03 La ruta discurre por el antiguo ferrocarril Mantua-Garda, activo hasta 1967. Los primeros 7 km siguen la margen derecha del río, con aguas tranquilas y cipreses en la orilla. El camino pasa por la localidad de Ponti sul Mincio, famosa por el castillo Scaliger y el fuerte militar que data del s. XVIII.

04 Tras pasar la central eléctrica de Mincio, el sendero se traslada a la orilla izquierda del río. Es un tramo muy panorámico, con vistas a las colinas Morénicas al sur del lago de Garda y la ciudad de Monzambano. Si se quiere seguir por aquí, hay que ir al oeste desde Monzambano unos 5 km hasta Castellaro Lagusello, un pueblo fortificado junto a un lago en forma de corazón.

05 Tras unos 12 km, la ruta se aleja del río y sigue un canal, hasta llegar a Valeggio sul Mincio, con un castillo sobre una colina y el Parco Sigurtà, interesante en primavera por sus excelentes exposiciones florales. Es el único tramo no asfaltado de la vía, hay que llevar cuidado.

06 En la otra orilla desde Valeggio, no hay que perderse la pequeña aldea de Borghetto sul Mincio, conocida por sus avenidas, molinos de agua y magníficos *tortellini,* una buena opción para almorzar. Las mejores vistas de Borghetto se ven desde el puente Visconti, en la entrada del pueblo. Es una parada popular y lo más destacado de este itinerario, así que es buena idea aparcar la bicicleta y visitarlo a pie, en especial los fines de semana.

07 El siguiente tramo de la ruta sigue la orilla izquierda del Mincio, por un paisaje agrícola. Aquí se pueden observar aves (son comunes las cigüeñas, garcetas, garzas, cormoranes y otras aves acuáticas) y *nutrie* (nutria roedora, un gran roedor similar al castor).

08 Otro buen lugar para hacer una pausa es Pozzolo sul Mincio, a 6 km de Borghetto, con un área de juegos con bancos y pistas de bochas junto al río. Después de Pozzolo, la ruta se aleja del río y sigue el canal de control de inundaciones. No tiene pérdida y hay pasos subterráneos para evitar cruzar las transitadas intersecciones, como la de Marengo.

09 En Soave, justo después de la confluencia de dos canales, la vía ciclable vuelve de nuevo al lado derecho del río durante 1 km. En este punto, quedan unos 5 km hasta Mantua; hay que ir siguiendo los letreros marrones, ya que

Una pausa

En Valeggio sul Mincio, **Demu's Stube** tiene un amplio espacio exterior al estilo *biergarten* y un menú que incluye *pizzas*, hamburguesas y algunas especialidades locales de pasta. Suele llenarse los fines de semana. Si se busca algo más tranquilo y apartado, la mejor es ir al **Ristorante Gatto Moro** en Borghetto y pedir los icónicos *nodo d'amore* (*tortellini* con mantequilla y salvia). Unos kilómetros más abajo, en Pozzolo sul Mincio, **Ristorante Locanda Vittoria** tiene una terraza exterior y un menú centrado en el pescado de agua dulce local.

BRUNO GIOIA/SHUTTERSTOCK ©

Flores de loto, Mantua.

el itinerario pasa por pequeñas carreteras rurales para evitar el tráfico que entra en la ciudad.

10 Al llegar a Cittadella, hay que estar pendiente de la ruta a la izquierda de Canottieri Mincio, y girar aquí. Se sigue hasta el lago di Mezzo (Lago Medio), uno de los tres creados por los señores de Mantua con fines defensivos, que alteraron el curso del río Mincio para rodear la ciudad de agua por tres lados.

Flores de loto de Mantua

En los meses de julio y agosto se produce un fenómeno único en las plácidas aguas del Mincio: el florecimiento de miles de flores de loto de todos los colores, desde el rosa polvo al amarillo, naranja y rojo. Las flores de loto fueron introducidas en la década de 1920 por una lugareña que quería cosechar sus raíces. Según una leyenda, las flores fueron plantadas por un hombre despechado, en recuerdo de su amada, que lo había abandonado. El mejor lugar para verlas es el lago Superiore de Mantua, un paseo rápido desde el final de la ruta.

11 Se toma Via dei Mulini para cruzar el lago y entrar en Mantua. La ciclovía termina en la estación de trenes, a unos 900 m por la carretera. El centro histórico está a 10 minutos a pie; si se dispone de tiempo, vale la pena visitar el Palazzo Ducale y sus frescos de Mantegna, o el Palazzo Te, una obra maestra del manierismo.

13

Ciclabile Vello-Toline

DURACIÓN	DIFICULTAD	DISTANCIA	INICIO/FINAL
40 min	Baja	5 km	Vello/Toline
TERRENO	Asfaltado		

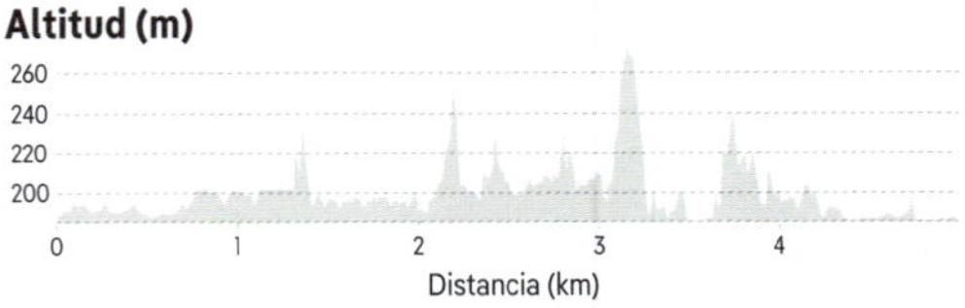

Esta ruta puede parecer muy corta con solo 5 km de longitud, pero no hay que dejarse engañar por la distancia: las vistas sobre el lago de Iseo y los picos nevados de los Alpes Bergamascos son tan pintorescas que no se podrá dejar de hacer fotos. Discurre a lo largo de la antigua carretera a orillas del lago, tallada en la roca caliza junto a las aguas azul turquesa. Es llana y cerrada al tráfico, ideal para familias, pero se comparte con peatones y está muy lleno en fin de semana. Mejor ir por la mañana para evitar multitudes.

Alquiler

Parcheggio/Noleggio dalla Giuly in Vello ofrece aparcamiento y alquiler de bicicletas por 4 €/hora. Una buena opción si se va en coche, ya que en Vello hay pocas plazas de *parking*.

Punto de partida

El ferrocarril Brescia-Edolo para en Vello y en Tolino, además de otras localidades de la ribera oriental del lago de Iseo. Hay trenes cada dos horas, entre semana y el fin de semana.

01 En bicicleta propia, se sale de la estación de Vello y se baja por Via De Gasperi hasta llegar a orillas del lago y luego se gira a la derecha y se sigue la carretera que bordea el espejo lacustre. El inicio de la ciclovía está señalizado con una puerta roja y blanca que bloquea el acceso de vehículos. Si no, se puede alquilar una bicicleta en Vello y dirigirse al sendero, que está a 100 m de la tienda de bicicletas bajando por la carretera.

Lago de Iseo.

Monte Isola

El lago de Iseo quizá sea el más pequeño de los grandes lagos de Italia, pero contiene Monte Isola, la isla lacustre más grande del sur de Europa. Al seguir la vía ciclable Vello-Toline se puede ver el extremo norte del monte Isola, de 4,5 km^2 y un pico de 600 m de altura, una auténtica montaña en medio del lago.

Se puede ir en ferri desde Sale Marasino y Sulzano y es posible recorrer en bicicleta toda la circunferencia de la isla por un sendero de 9 km apto para bicicletas de montaña, con muchas colinas y descensos.

02 Merece la pena visitar Vello antes de empezar el itinerario. Hay un bonito parque junto al lago y un cementerio con una iglesia del s. XIV, abierto en fin de semana. También se pueden comprar unos tentempiés para el camino o tomar un café.

03 La vía ciclable ocupa la antigua carretera a orillas del lago, con los escarpados acantilados de la montaña Corna Trentapassi a un lado y las aguas del lago de Iseo al otro. La carretera quedó demasiado estrecha e inestable para soportar el tráfico creciente y se trasladó un poco más arriba. Al inicio del trayecto hay una inscripción dedicada a los obreros que restauraron la vía tras sufrir daños por un derrumbe en el 2015.

04 Llegan los primeros túneles y se pasa por debajo de voladizos de roca. El sendero serpentea por una serie de curvas panorámicas siguiendo el perfil del lago, ante imponentes rocas calizas, interrumpido ocasionalmente por el ferrocarril que emerge del lado de la montaña antes de adentrarse en otro túnel. En días claros, es posible ver los pueblos de Lovere, Castro y Tavernola en la otra orilla del lago.

05 Hay varias ocasiones para parar y sentarse a admirar el lago, con bancos y mesas de pícnic rodeadas de cipreses. Un buen lugar es la Punta delle Croci Bresciane, a unos 3 km del inicio, el punto más estrecho del lago de Iseo. Con un poco de suerte, se puede ver el promontorio en la ribera opuesta.

06 Se pasa otra serie de túneles panorámicos mientras el sendero serpentea entre montañas. Algunos tienen aberturas laterales, enmarcando las vistas a la otra orilla del lago. A veces también es posible ver Orrido del Bogn, un profundo y estrecho cañón que corta la roca por la ribera occidental.

07 El último tramo del trayecto pasa bajo los arcos de la SP510. Los pilares y arcos están decorados con grafitis de artistas callejeros inspirados en el lago; merecen la pena. El sendero termina al final del pueblo de Toline, señalizado de nuevo con una puerta roja y blanca.

08 Este es el final del itinerario marcado. Se puede regresar en tren o retroceder por el mismo camino para admirar las vistas del lago desde otra perspectiva. Es recomendable en especial durante las tardes veraniegas, a la luz del sol del atardecer. De regreso a Vello, se pueden degustar recetas locales creativas en una excelente *trattoria*.

Los que prefieran seguir explorando pueden dirigirse al sur de Vello hasta Sale Marasino (5 km) o Sulzano (8 km) para admirar el monte Isola, la isla lacustre

MARGHERITA RAGGELLO/LONELY PLANET ©

Lago de Iseo.

Una pausa

Jazz Café en Vello está muy cerca del inicio de la ruta; se pueden comprar tentempiés o sándwiches para comer por el camino. Para una comida más copiosa, la **Trattoria Glisenti** en Vello está especializada en platos a base de pescado del lago, servido en una pintoresca terraza con vistas al lago. Hay que reservar con antelación los fines de semana o en verano, cuando las mesas del exterior se llenan con rapidez. En Toline hay un pequeño quiosco a orillas del lago.

más grande del sur de Europa. El primer tramo tras salir de Vello es por carril bici, luego hay que seguir por la carretera, pero el tráfico no suele ser un problema. En Sale Marasino se ven las ruinas de un horno de ladrillos al lado de la carretera y dos puestos de comida callejera que sirven pescado de agua dulce frito con patatas. Sulzano se hizo famoso por la obra del artista Christo, *The Floating Piers,* realizada en el 2016, que conecta la ciudad con Monte Isola a través de una pasarela flotante de color azafrán sobre el lago. Tanto Sale Marasino como Sulzano están en la línea del ferrocarril y se puede regresar en tren.

Lago de Iseo

También llamado Sebino, es el más pequeño de los grandes lagos de Italia, con solo 25 km de norte a sur. Es un popular destino de fin de semana para los residentes de Bérgamo y Brescia, pero recibe muchos menos turistas internacionales que los de Como y Garda.

Los ciclistas experimentados pueden considerar dar la vuelta entera al lago, que tiene un perímetro de 65 km, en una combinación de carriles bici, paseos lacustres y carreteras secundarias. Aparte de la vía ciclable Vello-Toline, el tramo más panorámico está entre Lovere y Riva di Solto en la orilla occidental del lago; la carretera pasa junto a las aguas en una panorámica sucesión de vueltas y curvas.

14

Ideal para

VIDA SALVAJE

Pista Ciclopedonale del Lago di Varese

DURACIÓN	DIFICULTAD	DISTANCIA	INICIO/FINAL
2,5 h	Media	29 km	Gavirate
TERRENO	Asfaltado		

AGF SRL/ALAMY STOCK PHOTO ©

Lago de Varese.

Varese, la "ciudad de los siete lagos", se encuentra cerca de varios lagos glaciares, desde el majestuoso Lago Maggiore al diminuto lago de Ganna, de tan solo unos centenares de metros. Este itinerario empieza y termina en la cercana Gavirate y pasa por el lago homónimo, un circuito de 28 km que discurre por pintorescos pueblos lacustres, decadentes villas, humedales para observar aves y sitios prehistóricos declarados Patrimonio Mundial. La ruta va por carril bici asfaltado, con mínimas subidas y bajadas. Sin embargo, la superficie puede ser irregular y hay varios puentes: no es apta para bicicletas con remolque.

Alquiler

E-Bike Travel, cerca de la estación de Gavirate, alquila varios tipos de bicis eléctricas desde 30 €/medio día. I Giardini del Lago en Schiranna alquila bicis urbanas por 5 €/h.

Punto de partida

La estación de Gavirate está muy cerca de la vía ciclable. Hay trenes cada hora desde la estación Cadorna de Milán; se pueden llevar bicis por 3,50 €. Hay un gran *parking* en Schiranna.

01 Se sale de la estación de Gavirate y se gira a la derecha por Via Roma y luego a la izquierda por Via Quattro Novembre. Hay que seguir la carretera que gira a la derecha pasando un aparcamiento, luego Via Marconi, la primera la izquierda, y seguir recto hasta llegar a la orilla del lago. El itinerario empieza enfrente del Golden Beach. Hay que ir hacia la izquierda si se quiere dar la vuelta en sentido horario.

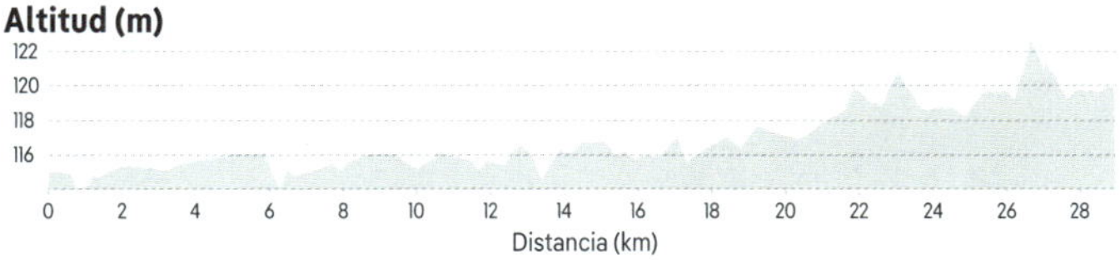

Isolino Virginia

A pesar del nombre, no es una isla, sino una formación sedimentaria surgida de capas de civilización y milenios de historia. Unos 4 m de depósitos arqueológicos se han acumulado a lo largo de 4000 años, desde el Neolítico temprano a la Edad de Bronce, aunque la zona quedó deshabitada desde el Paleolítico. Los primeros habitantes vivían en palafitos, construidos para escapar de los depredadores y estar cerca de su fuente de alimentación, el pescado de agua dulce. Es uno de los sitios prehistóricos más importantes del norte de Italia y ha sido declarado Patrimonio Mundial, junto con otros 111 sitios de palafitos alpinos en Italia, Francia y Suiza.

02 El sendero atraviesa un bosque, alejándose del borde del lago. Hay que seguir los letreros marrones con la indicación "Percorso Cicloturistico", ya que el itinerario hace varios zigzags y curvas para evitar carreteras y pueblos. Tras dejar Gavirate, se cruza Voltorre, donde se puede visitar la iglesia de San Michele, del s. XII, y su claustro.

03 Poco después, el itinerario pasa por algunas granjas del s. XVII, distribuidas en torno a un patio común, dejando entrever el pasado de esta parte de Lombardía. Una de ellas tiene un restaurante y ofrece alojamiento. Unos 2 km más adelante se llega al aeródromo de Calcinate del Pesce.

04 Hay que seguir pedaleando hasta Schiranna, el principal *lido* (playa lacustre) de Varese. El itinerario se desvía de la orilla en este punto, pero, si se quiere hacer una pausa y admirar el lago, se puede girar a la derecha por Via Macchi y seguir más allá del gran aparcamiento. También hay un parque acuático y una piscina exterior junto al lago.

05 La siguiente parte del itinerario se aleja del lago, cruzando áreas de gran belleza. A continuación, se llega a la aldea de Capolago, en el extremo más oriental del espejo lacustre, y luego hasta Azzate, tras pasar el santuario de Madonnina del Lago. En esta parte del itinerario, algunos tramos discurren paralelos a la carretera, pero siempre se encuentran separados físicamente por un carril bici.

06 Siguiendo por la orilla sur del lago, se entra en el municipio de Bodio Lomnago, donde se puede dejar la ruta para visitar la original playa lacustre y los restos de un pueblo de palafitos, declarados Patrimonio Mundial de Lombardía.

07 Se sigue avanzando hasta Cazzago Brabbia, conocido por sus *ghiacciaie,* casas del s. XIX con un tejado cónico donde se almacenaba hielo para refrigerar el pescado del lago. Siguiendo por la vía ciclable, hay que estar atentos a los letreros marrones que indican un paso subterráneo para evitar cruzar la Via Giovanni XXIII. Se recomienda pasarlo bicicleta en mano, pues es muy empinado.

08 Ahora el itinerario entra en Palude Brabbia, unas marismas protegidas muy interesantes para los observadores de aves, ya que es zona de nidificación de acuáticas y parada de migratorias que viajan de los Alpes al Mediterráneo. Aquí se han registrado unas 200 especies de aves y mamíferos, como musarañas, mofetas y aves acuáticas como el somormujo y el rascón europeo, símbolo del lugar.

09 Tras dejar el área protegida, hay un desvío de la ruta de 12 km que bordea el cercano lago de Comabbio, con casi toda la superficie de tierra, es apta solo para bicis *gravel* y BTT.

10 Se sigue por el sendero bordeado de árboles hasta Biandronno. Entre abril y octubre, se puede dejar la bicicleta y tomar un ferri a Isolino Virginia, el asentamiento de palafitos prehistóricos más grande de la zona. Hay un museo y un sendero de naturaleza con una réplica de un palafito prehistórico.

11 El último tramo entre Biandronno y Gavirate es el más pintoresco; bordea el lago y pasa por extraordinarias villas. En un día despejado se pueden ver los Prealpes y el monte Rosa, imponentes sobre el lago de Varese y los pueblos cercanos. Antes de llegar de nuevo a Gavirate, se pasa por el lago Biandronno, un cenagal solo alimentado por agua de lluvia, en vías de desaparición por la escasez de precipitaciones en el norte de Italia. Hay que cruzar con cuidado el puente de madera y, tras unos cientos de metros, se llega de nuevo a Gavirate, punto de inicio del trayecto.

Una pausa

Antes o después de la ruta, se recomienda parar a probar las *brutti ma buoni,* unas galletas quebradizas de almendras y clara de huevo. La receta se creó en 1878 en la **Pasticceria Veniani,** aún en funcionamiento. Un lugar agradable para un almuerzo para llevar o tomarse un tentempié en un jardín es **I Giardini del Lago** en Schiranna. Para una comida más copiosa, una buena opción es **Village Grill & Kitchen,** 2 km después de Schiranna por la vía ciclable.

SANTIAGO URQUIJO/GETTY IMAGES ©

Lago de Varese.

Planear sobre el lago de Varese

En un día soleado, es muy probable ver planeadores surfeando los vientos sobre el lago, y aterrizando en la pista al borde del lago. En Calcinate del Pesce está el Aero Club Adele Orsi, el aeródromo de planeadores más grande de Italia, dedicado a la emprendedora local y pionera de planeadores Adele Orsi, que superó muchos récords de velocidad en planeador individual y doble. Organizan clases de planeador y vuelos sobre el lago, con maravillosas vistas a los macizos de Campo dei Fiori y el monte Rosa.

Otras propuestas

Naviglio Pavese.

ALEXANDRE ROTENBERG/SHUTTERSTOCK ©

Naviglio Pavese

DURACIÓN	DIFICULTAD	DISTANCIA
3 h	Baja	30 km

Es otra de las vías navegables de Milán que enlaza la Dársena de Milán con el río Tesino en Pavía. Se construyó en el s. XIX durante el dominio de Napoleón, con el doble propósito de irrigar los campos al sur de la ciudad y conectar Milán con el Po.

Al igual que el Naviglio Grande, este canal tiene una vía ciclable por el camino de sirga. La ruta empieza en la Dársena, pero en los primeros 5 km, se comparte la carretera con coches. Una vez fuera de Milán, el ciclista se ve inmerso en los paisajes agrícolas del sur de Lombardía. Unos 8 km antes de llegar a Pavía se puede parar en Certosa, un complejo monumental de estilo gótico-renacentista con una iglesia y un monasterio.

AbbracciaMI

DURACIÓN	DIFICULTAD	DISTANCIA
5 h	Alta	68 km

También conocida como la "línea circular de Milán", la ruta bordea el municipio de Milán enlazando vías ciclables con carreteras secundarias y senderos que cruzan los parques de la ciudad. Fue creada durante el confinamiento del 2020 por un grupo de ciclistas entusiastas, cuando las leyes prohibían salir de los límites de la urbe.

El circuito entero tiene 68 km de longitud y pasa por barrios poco visitados, junto a ríos y vías navegables, y cruza más de 20 parques. Por el camino también hay varias estaciones de metro y tren para acortar el recorrido. Está señalizado con letreros rojos y blancos y un logotipo circular. Se puede descargar el archivo GPX en bici.milano.it/abbracciami.

RESTUCCIA GIANCARLO/SHUTTERSTOCK ©

Santuario de la Madonna del Ghisallo.

Bellagio-Ghisallo

DURACIÓN	DIFICULTAD	DISTANCIA
2 h	Alta	10 km

Uno de los ascensos icónicos de Lombardía, sube a un lugar al que todos los ciclistas italianos han peregrinado, el Santuario de la Madonna del Ghisallo, santa patrona de los ciclistas.

Varias rutas llevan a Ghisallo, pero el itinerario "clásico" empieza en Bellagio y recorre unos 10 km para ascender 600 m, con una pendiente del 6%. Salvo los ciclistas de carretera experimentados y los buenos escaladores, se recomienda subir en bicicleta eléctrica. En la cima, el santuario exhibe una colección de bicicletas *vintage* y maillots dejados por los ciclistas a lo largo de décadas, y el Museo del Ciclismo de Ghisallo (abierto de marzo a noviembre) ofrece exposiciones sobre la historia del ciclismo en Italia.

Lago de Comabbio

DURACIÓN	DIFICULTAD	DISTANCIA
1 h	Media	12 km

Si se quiere ampliar el circuito alrededor del lago de Varese, hay una conexión de 4 km por Palude Brabbia que enlaza con una vía ciclable de 12,5 km alrededor del cercano lago de Comabbio, uno de los siete lagos de Varese.

Desde el lago de Varese, la conexión con el lago de Comabbio está bien señalizada, justo después del pueblo de Cazzago Brabbia. La ciclovía y la conexión son principalmente de tierra, aptas para bicicletas *gravel* y de montaña. El itinerario discurre entre las aguas plácidas de este pequeño lago y el bosque circundante, con cortos pero frecuentes ascensos y descensos que disuaden a muchos visitantes, por lo que es probable encontrarse solo.

0
100 km
AUSTRIA
ALTO ADIGIO (SÜDTIROL)
Merano
Bolzano
Parco Nazionale dello Stelvio
Ortles
Parco Naturale Fancs-Sennes-Braies
Monte Cristallo
Parco Naturale delle Dolomiti di Sesto
Cortina d'Ampezzo
Marmolada
Alpes Julianos
Tarvisio
Parco Naturale Regionale delle Prealpi
Parco Nazionale delle Dolomiti Bellunesi
Dolomitas
Belluno
FRIUL-VENECIA JULIA
Udine
ESLOVENIA
Cima Brenta
Trento
Borgo Valsugana
20
19
Rovereto
Pordenone
Gorizia
Conegliano
Monfalcone
Parco Regionale dell'Alto Garda Bresciano
Parco Nazionale Regionale della Lessinia
Laguna de Marano
Trieste
VÉNETO
Treviso
18
17
Lago de Garda
Vicenza
Mestre
Lido di Jesolo
Punta Sabbioni
Verona
Padua
Venecia
CROACIA
Parco Regionale dei Colli Euganei
Chioggia
Mincio
Mantua
Lago Superior (Lago Superiore)
Adigio
Rovigo
Valle Berluzzi
Po
Delta del Po
Mirandola
Ferrara
Carpi
15
Reggio Emilia
Módena
San Giovanni in Persiceto
Valle de Comacchio
Mar Adriático
Bolonia
EMILIA-ROMAÑA
Rávena
Imola
Faenza
Forlì
Cesena
Parco Nazionale dell'Appennino Tosco Emiliano
Rímini
Riccione
SAN MARINO
Cattolica
Pésaro
SAN MARINO
16
Pistoia
Parco Nazionale delle Foreste Casentinesi, Monte Falterona e Campigna
Prato
Lucca
Montecatini Terme
Florencia
Urbino
Senigallia
Ancona
Arno
LAS MARCAS
San Gimignano
Arezzo
UMBRÍA
Macerata

Lio Piccolo (p. 122), laguna de Venecia.

Noreste de Italia

Explorar

Noreste de Italia

Es una región amplia y diversa, azotada por el viento desde la ciudad limítrofe de Trieste, que abarca desde los Dolomitas que separan Italia de Austria y Eslovenia, hacia el sur, hasta Emilia-Romaña, por la parte oriental del valle del Po. Esta diversidad se traduce en una gran variedad de rutas: desde escapadas en *gravel* por las colinas de Romaña a vías ciclables aptas para familias por valles alpinos e itinerarios por las islas más remotas de la laguna de Venecia, lejos de la ciudad masificada. El compromiso por la sostenibilidad y las buenas instalaciones ciclistas hacen que el noreste de Italia sea uno de los mejores destinos del país para los amantes de la bicicleta.

Trentino-Alto Adigio/ Tirol del Sur

Es la región más septentrional del país, compuesta por las ciudades de Trento y Bolzano, los valles circundantes y las montañas. Es el destino ideal para quienes buscan recorrer praderas alpinas cubiertas de flores, lagos brillantes y las agujas rocosas de los Dolomitas. Además, Trentino-Alto Adigio tiene una excelente red de vías ciclables, así como un sistema de autobuses y trenes para ciclistas, e incluso Bicigrill, áreas de descanso para ciclistas. Se recomienda planificar el viaje a la región en verano, pues las mejores ciclovías se encuentran a gran altitud y están cubiertas de nieve durante los meses de invierno.

Trieste

Situada en una estrecha franja de tierra entre los Alpes Dináricos y el mar Adriático, es una de las ciudades más fascinantes de Italia, donde las influencias italianas, austriacas y balcánicas se entremezclan para crear un ambiente internacional y único a la vez. En ningún otro sitio de Italia el mar y las montañas están tan cerca y los alrededores de Trieste están plagados de rutas en bicicleta que conectan la ciudad con bosques, viñedos, montañas y castillos de la era de los Habsburgo. Hay que fijarse en la *bora,* el viento del noreste que suele azotar la ciudad, pero los que se atrevan a salir en un día ventoso, probablemente estarán solos.

CUÁNDO IR

El verano es la mejor época para viajar a Trentino-Alto Adigio, ya que las vías ciclables a gran altitud están cerradas en invierno. Pero también es el período de mayor afluencia, así que mejor visitarla en mayo o septiembre. El resto de la región se puede recorrer todo el año, evitando quizá el frío y la lluvia de los meses de invierno.

Laguna de Venecia

Una forma de escapar del sobreturismo es explorar el peculiar ecosistema de la laguna de Venecia, formada por islas bajas, zonas costeras y canales. Un sistema de vías ciclables y ecoferris conecta distintas islas de la laguna, lo que hace de él un lugar fantástico de recorrer en bicicleta, visitando pueblos históricos y miradores desde donde divisar los campanarios y las cúpulas de Venecia. Los entusiastas de la historia también disfrutarán por los ríos Piave y Sile, emplazamiento de batallas decisivas de la Gran Guerra, mientras que las familias pueden optar por recorrer Jesolo, una ciudad turística adriática, con excelentes instalaciones.

Emilia-Romaña

Feudo de los amantes de la buena comida, esta es la tierra de productos y recetas icónicos como los *tagliatelle alla bolognese* y el *parmigiano reggiano*. La mitad norte de la región está ocupada por la llanura del valle del Po, donde los residentes usan la bicicleta para circular desde hace casi un siglo, y nuevas vías ciclables como la Ciclovia del Sole facilitan viajar entre ciudades. La mitad sur comprende las estribaciones y montañas de los Apeninos, con itinerarios ciclistas por valles remotos, siguiendo caminos de piedra a orillas de ríos con paradas gastronómicas.

TRANSPORTE

Las principales autopistas de esta parte de Italia son la A4, que conecta Turín y Milán con Venecia y Trieste, y la A1 entre Milán y Roma pasando por Emilia-Romaña. Todos los itinerarios descritos son accesibles en transporte público; se puede subir la bici en los trenes regionales pagando unos 3,50 €, y en los interurbanos, con reserva. En los trenes de alta velocidad, la bici debe viajar en una funda.

EVENTOS

Carnaval de Venecia

Festival anual celebrado en febrero con desfiles de máscaras por las calles y bailes exclusivos en los *palazzi*.

Sonidos de los Dolomitas

Conciertos estivales al aire libre en varias ubicaciones naturales solo accesibles a pie.

Festival italiano de la bicicleta

Tres días festivos en septiembre dedicados al mundo de la bici en Misano Adriatico (Romaña), incluida una carrera ciclista Granfondo.

DÓNDE ALOJARSE

Los hoteles y casas de huéspedes de la región suelen aceptar ciclistas, pero conviene llamar antes si se viaja con la bicicleta. Hay algunos hoteles para ciclistas, con excelentes instalaciones como garajes para bicis, talleres e información específica sobre bicicletas. Dos ejemplos son el Hotel Germania en Jesolo (laguna de Venecia) y el Hotel Dory in Riccione (Romaña). Muchos hoteles en Trentino-Alto Adigio y por la costa adriática ofrecen paquetes de pensión completa y media pensión a precios favorables, en especial si se viaja en familia. Si se prefiere alojamiento sin pensión, hay apartamentos en alquiler por todo el noreste, aunque suelen estar llenos en los meses de verano.

Recursos

Emilia-Romaña Turismo (emiliaromagnaturismo.it) Información sobre ciclismo y rutas por toda la región.

Visit Trentino (visittrentino.info/it/guida/sport-estate/ciclabili) Mapas e información sobre las vías ciclables de Trentino.

Venezia e Lagune Bike (veneziaelagunebike.it/en/routes) Mapas e itinerarios de rutas en bici por la laguna de Venecia.

15

Ciclovia del Sole

DURACIÓN	DIFICULTAD	DISTANCIA	INICIO/FINAL
4 h	Media	40 km	Mirandola/ Osteria Nuova
TERRENO	Asfaltado		

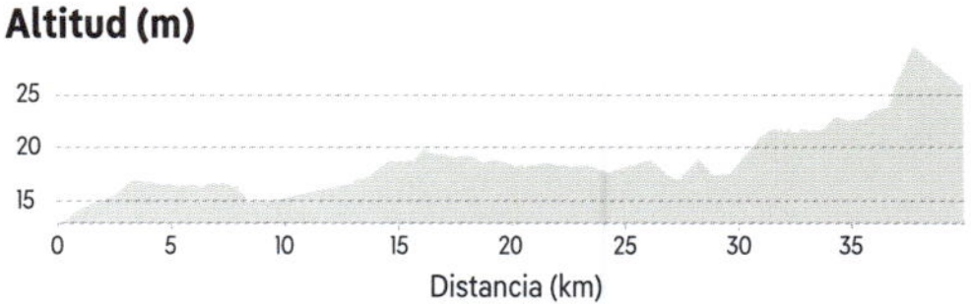

La Ciclovia del Sole entre Mirandola y Bolonia recorre 40 km por una antigua vía de ferrocarril, cruzando las llanuras de la Emilia rural, un territorio hogar de artistas, cantautores y amantes de la comida tan icónicos que la llaman "Italia en miniatura". La ciclovía pasa por pueblos locales poco visitados, algunos todavía con las cicatrices del terremoto del 2012, paisajes agrícolas e interesantes reservas naturales. El itinerario es llano y casi todo asfaltado, con algunos tramos cortos por calles de pueblos y panorámicas carreteras rurales.

Alquiler

eXtraBO, un centro de información turística en Piazza del Nettuno de Bolonia, alquila bicicletas. Hay información y asistencia sobre trenes y se pueden comprar mapas.

Punto de partida

La ruta empieza en la estación de Mirandola, a 40 minutos en tren desde Bologna Centrale y termina en la estación de Osteria Nuova, a 15 minutos de Bolonia. Los trenes admiten bicis por 3,50 € extras.

01 La Ciclovia del Sole se creó sobre el antiguo trazado de la vía férrea Bolonia-Verona. Tiene tramos largos y rectilíneos que discurren paralelos al ferrocarril y otros por ciclovías cuando cruza pueblos y ciudades. El inicio de la vía está al final de un callejón a la derecha de la estación de Mirandola. El lema de la Ciclovia del Sole es "Sigue el sol"; el itinerario está indicado con un gran sol amarillo, que guía en el camino. El centro histórico de Mirandola está bastante alejado de la estación; para visitarlo

Ciclovia del Sole.

Ideal para

ARTE Y CULTURA

EuroVelo 7

La Ciclovia del Sole forma parte de la EuroVelo 7, una ruta ciclista transeuropea que conecta el cabo Norte (Noruega) con Malta. Toda la ruta tiene 7400 km de largo y pasa por nueve países distintos; el itinerario incluye una combinación de vías ciclables y carreteras secundarias, pero siguen las obras para abrir más carriles bici. En Italia se puede circular por carriles bici en tres tramos de la EuroVelo 7, desde el paso del Brennero a Verona por el río Adigio; de Peschiera del Garda a Mantua (p. 90); y por la Ciclovia del Sole.

hay que ir al oeste unos 5 km desde la estación por Via Gramsci hasta alcanzar el castillo del Pico, antes hogar de un famoso filósofo renacentista, Giovanni Pico della Mirandola.

02 Antes de entrar en San Felice sul Panaro hay que seguir los letreros hacia la derecha y luego a la izquierda por Via Canalino, y después continuar de nuevo por la vía férrea hasta llegar a un paso subterráneo. Se cruza al otro lado para entrar en San Felice. Los viernes hay un mercado ideal para comprar el pícnic.

03 Frente a la estación de San Felice sul Panaro se gira a la izquierda siguiendo los soles pintados en el pavimento de la ciclovía hasta llegar de nuevo al carril bici. Se continúa por un tramo de 4,5 km hasta el siguiente pueblo.

04 Los amantes del arte callejero deberían reservar tiempo para visitar Camposanto, 30 murales a gran escala pintados por artistas locales durante el festival de arte Quadricromie. Algunos están en los pilares que soportan la estación, uno de ellos dedicado a Santo Pedaleone y Santa Pedaleona, protectores de los ciclistas.

05 Después de Camposanto, la ruta continúa hasta la orilla del Panaro, el único tramo cuesta arriba de todo el trayecto, muy breve. Se baja y se continúa por otro tramo recto. A lo largo de la vía, se han convertido las antiguas estaciones en "paradas para ciclistas", con aparcabicis, mesas de pícnic, fuente de agua y un caballete con herramientas. Uno de los más agradables está en Bolognina, a unos 3 km de Camposanto.

06 Poco después de Bolognina, el itinerario abandona el ferrocarril y sigue a la izquierda por un tramo no asfaltado de 1 km. Cuando acaba, hay que girar a la derecha por Via del Papa y seguir la ciclovía a mano izquierda hasta Crevalcore. Es recomendable parar aquí para visitar el minúsculo Museo Leo Preti, el más pequeño de Italia, con una colección de títeres y teatros de títeres.

07 Hay que circular con cuidado en torno a Crevalcore siguiendo los soles amarillos hasta salir de la ciudad, cruzar otro paso subterráneo y seguir de nuevo por la vía. El siguiente tramo del itinerario discurre entre el ferrocarril y el canal unos 7 km, hasta un giro a la izquierda frente a la "parada de bicicletas".

08 El itinerario rodea el centro de San Giovanni in Persiceto, uno de los pueblos más hermosos de la ruta. Merece la pena aparcar la bicicleta en la estación de trenes y dar un paseo, sin olvidar la Piazzetta Betlemme, cubierta de murales inspirados en el cine de Gino Pellegrini, oriundo de San Giovanni, que trabajó en Hollywood como escenógrafo.

Una pausa

Antica Osteria Mirasole en San Giovanni in Persiceto recibió el título de mejor *trattoria* de Italia en 2020 y 2021. Sirven cocina boloñesa tradicional y es especialmente famosa por su pasta casera y charcutería local. Otra buena opción en verano es **Azienda Agricola Valle Torretta,** un restaurante "de la granja a la mesa" con creativos platos vegetarianos. Se encuentra 3,5 km al este de Crevalcore y también es hogar de un colectivo de artistas. Por la ciclovía hay varias áreas de descanso con bancos, mesas de pícnic y fuentes.

MICHELE D'AMICO SUPERSKY77/GETTY IMAGES ©

Espátula, Area di Riequilibrio Ecologico "La Bora".

09 Después de San Giovanni, la ruta serpentea cuesta abajo por carreteras secundarias y caminos. Aquí se encuentra la entrada a la reserva natural de "La Bora", un centro de rescate de tortugas autóctonas. Poco después el camino se une al ferrocarril de nuevo los últimos 4 km del tramo hasta Osteria Nuova, con un panorámico puente cubierto.

Area di Riequilibrio Ecologico "La Bora"

En las afueras de San Giovanni in Persiceto, la Ciclovia del Sole pasa por la entrada de La Bora, una reserva natural dedicada a la protección del ecosistema del valle del Po y su fauna nativa. Hay un pequeño centro de visitantes con un sendero (a pie) que ofrece vistas a dos lagos y un área de bosques de tierras bajas, casi totalmente destruido durante la industrialización del valle del Po. También hay un proyecto de rehabilitación para repoblar la tortuga de pantano, una especie autóctona casi desplazada por otras especies de tortuga.

10 La vía verde termina en la estación de trenes de Osteria Nuova, desde donde hay dos trenes cada hora de regreso a Bolonia. Quienes quieran seguir avanzando, pueden seguir los soles otros 10 km hasta el centro de Bolonia, pero algunos tramos pasan por carreteras muy transitadas. La conversión del último tramo de vía férrea está en marcha, prevista para el 2026.

16

Ideal para

VIDA SALVAJE

Ciclabile del Conca

DURACIÓN	DIFICULTAD	DISTANCIA	INICIO/FINAL
3 h	Media	25 km	Cattolica/ Misano Adriatico
TERRENO	Tierra		

LUKASZ SZWAJ/SHUTTERSTOCK ©

Uvas sangiovese.

Esta panorámica ruta no asfaltada de 25 km es ideal para quienes se inician en la bicicleta *gravel* y quienes desean alejarse del bullicio de la Riviera, para descubrir las colinas y los pueblos de Romaña. Recorre las márgenes del río del mismo nombre, en la frontera entre los municipios de Misano Adriatico y Cattolica, y llega hasta el peculiar pueblo de Morciano di Romagna. La ciclovía cruza un oasis natural con excelentes opciones de observación de aves, viñedos y tierras de cultivo, antes de llegar a las playas doradas del Adriático.

Alquiler

Via Panoramica en Gabicce Monte tiene una excelente selección de bicis ideales para este itinerario. Está a 5 km de Cattolica pero se puede pedir que entreguen las bicicletas al inicio de la ciclovía.

Punto de partida

La ruta empieza en Cattolica, a 3 km de la estación de trenes Cattolica-San Giovanni-Gabicce y a 2 km de la estación de Misano Adriatico, ambas en la línea Bolonia-Ancona.

01 Este itinerario discurre por las orillas del río Conca, desde su desembocadura en el mar Adriático hasta las montañas de Romaña. Empieza en Cattolica y sigue la margen izquierda del río, en dirección a las montañas con el río en el lado derecho. También se puede recorrer en sentido inverso, empezando en Misano Adriatico.

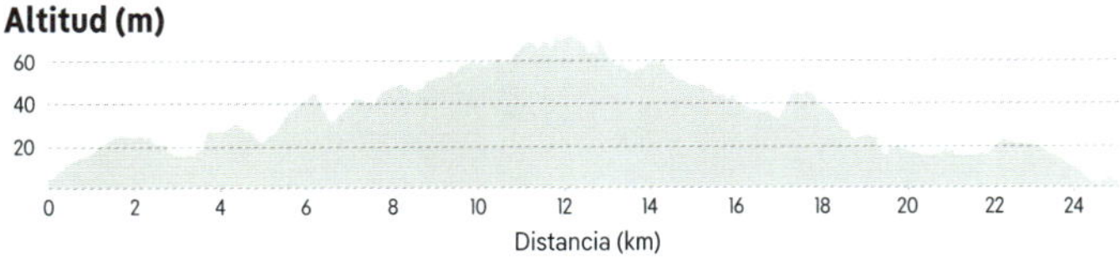

Romaña y sangiovese

Probablemente el mejor momento para recorrer esta ruta sea a finales del verano, cuando los días todavía son cálidos. Septiembre es muy buena época, cuando vendimian los viñedos que rodean la ruta. La mayor parte de las uvas son sangiovese, una de las variedades más populares de Italia, y el principal ingrediente para elaborar el *chianti*. Romaña es la región donde la sangiovese mejor se disfruta como vino monovarietal. Gracias a su acidez y cuerpo medio, es el acompañante ideal de la *piadina*, un pan plano muy popular en Romaña, o de pasta fresca, carnes asadas y otras especialidades.

02 Se baja por Corso Italia hasta el Cattolica Aquarium. El camino empieza en el parque Foce del Conca; desde aquí hay que bajar hasta la orilla del río y girar a la izquierda. La primera parte tiene algo de barro, pero al cabo de unos cientos de metros se puede subir a un terraplén con un sendero de tierra llano.

03 Tras un kilómetro, la vía deja atrás el terraplén y da un rodeo alejándose del río cuesta arriba. Un sitio para sentarse, con vistas al Parco di Montalbano, resultará ideal para recuperar el aliento tras las cuestas. Luego hay que tomar la bifurcación a la izquierda y seguir por un buen sendero de tierra hasta la presa de Conca. Por debajo del paso subterráneo, se gira a la derecha por Via Frassineto, unos cientos de metros tras pasar la depuradora, siguiendo los letreros y la curva a la derecha para regresar a la vía ciclable.

04 Aquí se pasa por el embalse Bacino del Conca, excelente para ver aves. Hay un pequeño *hide* para los entusiastas; algunas especies visitantes son la cigüeña negra, la gran garza blanca, el pelícano y a veces hasta flamencos.

05 Se continúa por el embalse hasta que el camino se aleja un poco de las márgenes del río para evitar un club de golf. Hay que seguir los letreros para regresar a la ciclovía, por un excelente camino de tierra sombreado. Tras un par de kilómetros hay otra opción para hacer una pausa, con una pequeña área de juegos y un chiringuito.

06 Unos 3 km más adelante por la orilla bordeada de juncos, las aguas se vuelven más pálidas y rápidas, señal de que las montañas están cerca. En Morciano di Romagna, un *borgo* histórico, merece la pena visitar su plaza de estilo futurista y las calles adoquinadas con sus casas de colores. Este es el punto de retorno del itinerario; desde aquí se empieza el trayecto de vuelta por el otro lado del río Conca.

07 Por Via Matteotti in Morciano se cruza el puente sobre el Conca, manteniéndose en el carril derecho reservado para ciclistas y peatones, ya que el tráfico puede ser intenso. Al otro lado se toma el sendero que lleva a la ribera del río, avanzando con cuidado por la pendiente inclinada.

08 En este lado del Conca, la primera parte puede estar embarrada y quizá sea necesario empujar la bici para evitar quedarse atascado. Tras 3,5 km, hay que estar atentos a los letreros que indican la bodega Enio Ottaviani, que invita a los ciclistas cansados a tomar una copa de vino. No conviene caer en la tentación de tomar demasiadas copas de sangiovese, ¡todavía quedan 9 km!

09 En este lado el camino está en mejores condiciones y es más fácil de seguir, pero hay que tener cuidado, pues es muy popular entre practicantes de marcha nórdica, en especial en fin de semana. Antes de llegar a la presa de Conca se pasa por un club de pesca deportiva y el pueblo de Santa Monica-Cella, muy cerca del circuito de MotoGP de Misano, dedicado al difunto piloto Marco Simoncelli. Sí, esos extraños sonidos que quizá se oigan son los rugidos de las motos.

10 La ciclovía termina justo enfrente de donde empezó, en la desembocadura del río Conca. Antes de regresar, se puede visitar Portoverde, un panorámico puerto deportivo y área residencial de lujo donde se puede degustar un *spritz* como recompensa tras ir y volver del Adriático a las montañas de Romaña.

Una pausa

El punto de retorno de la ruta es Morciano di Romagna, que ofrece buenas opciones para probar especialidades locales como los *cappelletti in brodo* rellenos de queso. **Trattoria Adriana** es muy recomendable, pero en temporada baja suele cerrar los fines de semana. Otra opción es la **bodega Enio Ottaviani,** ideal para tomar una copa rápida de vino de cultivo ecológico o una completa experiencia de cata de vinos, incluyendo una selección de carnes curadas y queso de productores locales.

DOCTOR_J/SHUTTERSTOCK ©

Morciano.

Morciano, cuna de artistas

Cuesta creer que en la adormecida Morciano nacieran dos de los grandes escultores de Italia. Uno es Umberto Boccioni (1882-1916), creador de la icónica escultura futurista *Formas únicas de continuidad en el espacio*, que figura en el reverso de la moneda italiana de 20 céntimos y en el Museo Metropolitano de Nueva York. El otro es Arnaldo Pomodoro (n. 1926), escultor posmoderno conocido por sus obras de arte hechas con esferas de metal. En la plaza mayor de Morciano se puede ver su *Colpo d'Ala*, una escultura de bronce que recuerda a un pájaro que emprende el vuelo, dedicada a Boccioni.

17

Ciclopedonale Giordano Cottur

DURACIÓN	DIFICULTAD	DISTANCIA	INICIO/FINAL
2 h	Alta	13km	Trieste/Mihele (Eslovenia)

TERRENO	
	Casi todo de tierra, algunos tramos asfaltados

SOPOTNICKI/SHUTTERSTOCK ©

Trieste.

Desde el centro de Trieste hasta los páramos kársticos de Eslovenia, este itinerario (también llamado Ciclabile Val Rosandra) va del Mediterráneo a los Alpes en tan solo 13 km, siguiendo la ruta del antiguo ferrocarril austrohúngaro, pasando por túneles y viaductos panorámicos. La vía ciclable fue restaurada y dedicada al ciclista de Trieste Giordano Cottur en el 2010; está asfaltada los primeros 4,5 km desde Trieste y es de tierra el resto del camino. Es toda cuesta arriba, así que es mejor ir en bicicleta de montaña en vez con una *gravel,* ya que hay tramos de piedras sueltas.

Alquiler

Trieste Green Tour alquila bicicletas normales, de montaña y eléctricas, desde 30 €/día. Algunos hoteles de Trieste alquilan bicis; solo valen para el tramo inicial asfaltado.

Punto de partida

La vía ciclable empieza en el aparcamiento de Gramsci, a 2 km del centro de Trieste. El tramo de Via del Molino a Vento es bastante empinado y quizá haya que empujar la bici.

01 El camino sigue el curso de un antiguo ferrocarril construido en época austrohúngara para conectar la costa adriática con la línea de ferrocarril existente entre Istria y el corazón del imperio. Debido a la naturaleza kárstica del territorio, que se hace visible al acercarse a la frontera eslovena, la línea férrea jamás funcionó a pleno rendimiento y fue abandonada en 1959. La ruta empieza en el aparcamiento de Via Gramsci, en Rione San Giacomo. Lejos de los presuntuosos cafés del centro, San

Altitud (m)

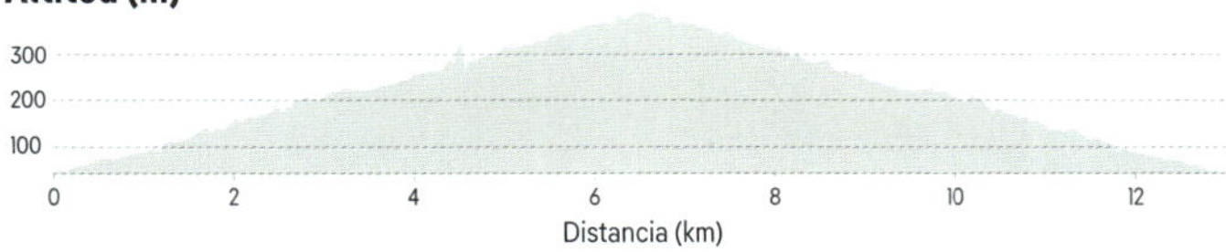

Giacomo es un barrio muy "local", donde hay más tiendas familiares que supermercados. Tras pasar la iglesia de San Giacomo, se avanza dos manzanas hasta ver un aparcamiento a mano derecha. Bajando la colina se llega al inicio del itinerario.

02 La ruta es toda cuesta arriba, un ascenso lento pero constante, con un desnivel aproximado de 400 m a lo largo de 14 km. El ascenso empieza tras pasar el puesto de control abandonado al principio. Conviene asegurarse de llevar una marcha fácil que permita pedalear sin agotarse demasiado. Los primeros 4,5 km están asfaltados, ascendiendo constantemente a través de los distritos residenciales de las afueras de Trieste. La ruta es compartida con corredores, familias y personas paseando al perro, así que hay que circular con cuidado. El itinerario también cruza algunos puentes, con vistas panorámicas de Istria y las aguas del Adriático.

03 Unos 3 km más adelante, se pasa un letrero que indica una tienda de bicicletas, útil en caso de necesidad. Se cruza el puente con unas vistas espectaculares, con el puerto de Trieste a un lado y el Carso con huertos en la ladera al otro.

04 Finalmente se tendrá la sensación de dejar atrás Trieste y el Mediterráneo al pasar por debajo de la autopista y empezar la tierra. Se desciende para recuperar la

CONSEJO:

Al pasar por los túneles de la ruta, hay que ir con cuidado; los más largos están iluminados, pero los más cortos suelen estar oscuros, así que conviene avanzar con precaución aunque se lleven luces.

La 'bora'

No se puede hablar de Trieste sin mencionar la *bora,* un viento del nordeste muy común en invierno, con ráfagas que suelen superar los 120 km/h. Según cuenta la leyenda, Bora era la hija más hermosa de Eolo. Se enamoró del guerrero Tergesteo, pero fue asesinado por su celoso padre. Conmovido por la tristeza de su hija, Eolo permitió que los amantes se reunieran unos días cada año; esos días sopla la *bora.* La *bora* ha inspirado a generaciones de escritores, poetas y artistas triestinos, incluso hay un museo dedicado a ella, el Museo della Bora, que ofrece talleres y actividades para niños.

ruta que pasa por Val Rosandra, bordeada de árboles seculares, que va revelando gradualmente su belleza prístina y salvaje.

05 La ruta no tiene pérdida, es ancha y muy fácil de seguir. A menos de un kilómetro desde el final del asfalto llega el primer túnel, que se excavó hace unos 200 años en tiempo récord, seguido de un panorámico viaducto curvado soportado por piedra caliza, también de la época austrohúngara. La vía verde es una forma excelente de explorar las características kársticas de este territorio. Se pasa por cañones y cuevas, bajo voladizos de roca y se atraviesan túneles que lanzan una oleada de *bora*.

06 Pasado el viaducto, la vía pasa por el pueblo de San Giuseppe della Chiusa; 1 km más adelante se llega a la estación abandonada de Sant'Antonio Moccò, con mesas y sillas ideales para una pausa.

07 Unos 2 km más abajo por la carretera hay que estar atentos a la diminuta iglesia de Santa Maria in Siaris, una minúscula construcción de piedra rodeada de rocas y bosque, solo accesible a pie. La iglesia está aquí desde el s. XIV y todavía recibe anualmente la visita de peregrinos en mayo y agosto.

08 Poco después se observa un letrero que marca la frontera entre Italia y Eslovenia. El camino entra en este país balcánico unos cientos de metros y luego vuelve atrás a Italia en dirección del pueblo fronterizo de Draga Sant'Elia, un antiguo puesto fronterizo austrohúngaro y ahora una base para explorar los senderos que se dirigen al corazón de Val Rosandra.

09 La ruta entra de nuevo en Eslovenia unos 2 km después de Draga Sant'Elia. El final oficial del itinerario es Erpelle-Cosina (Hrpelje-Kozina), unos 5 km más allá de la frontera eslovena, donde estaba la terminal del ferrocarril. Sin embargo, la vía ciclable termina en la aldea de Mihele. Para regresar a Trieste, solo hay que girar la bici y deshacer la ruta cuesta abajo, prestando atención a las rocas sueltas por el camino.

Una pausa

Locanda Mario en Draga Sant'Elia, el último pueblo antes de la frontera eslovena, es un restaurante sencillo que ofrece especialidades locales como *ljubljanska* (escalope con jamón y queso), ancas de rana fritas y *gnocchi* de venado, regados con vinos del Carso. Hay un par de sitios también en Mihele, el pueblo esloveno al final de la ruta.

Otra opción es ir a un **restaurante bufé** de Trieste y llevarse un sándwich de jamón casero cortado a mano para comerlo en las mesas frente a la estación abandonada de Sant'Antonio Moccò.

MASSIMO BARBO/ALAMY STOCK PHOTO ©

Túnel kárstico cerca de Trieste.

Giordano Cottur

Esta ruta lleva el nombre de Giordano Cottur (1914-2006), ciclista y director deportivo de Trieste. Estuvo muy activo en la década de 1940 y quedó tercero tres veces en el Giro d'Italia por detrás de los grandes Coppi y Bartali. Es famoso en especial por la victoria en su Trieste natal en 1946, cuando la ciudad todavía estaba en disputa entre Italia y Yugoslavia después de la II Guerra Mundial. Un grupo de disidentes yugoslavos lanzó piedras al pelotón y muchos ciclistas se retiraron, salvo un grupo en el que estaba Cottur. Tras retirarse, abrió una tienda de ciclismo en Trieste, Cicli Cottur, abierta todavía.

18

Ideal para

VIDA SALVAJE

Giro Laguna

DURACIÓN	DIFICULTAD	DISTANCIA	INICIO/FINAL
4 h	Media	40 km	Lido di Jesolo

TERRENO	Mayormente asfaltado, algunos tramos de tierra

TANJA VIGANO/SHUTTERSTOCK ©

Garza blanca, laguna de Venecia.

Esta ruta circular de 40 km ofrece una alternativa a las bulliciosas *calli* de Venecia para adentrarse en la naturaleza y el ecosistema único de la laguna de Venecia, conectando la turística ciudad Lido di Jesolo con los pueblos de Cavallino y Treporti, y luego Lio Piccolo y Lio Maggiore, una serie de islotes y bancos de arena. De abril a octubre se puede hacer el circuito completo, cuando operan los ecoferris; en caso contrario, se recorren los 27 km hasta Lio Piccolo y se da la vuelta o se pide una lanzadera de bicicletas.

Alquiler

Hotel Germania en Jesolo es el mejor hotel para ciclistas de la zona, abierto de febrero a noviembre, con un local para bicis y servicios para ciclistas. Ofrece una lanzadera para bicletas y alquiler de bicis.

Punto de partida

La ruta empieza en Lido di Jesolo, donde se concentran la mayoría de los alojamientos. Desde Venecia, se puede tomar un ferri a Punta Sabbioni, a 3 km del inicio de la ruta.

01 Esta confortable vía ciclable se dirige hacia el oeste por Via Dante Alighieri y Via Bafile, bordeada de tiendas y restaurantes, en el lado izquierdo de la carretera. Hay que seguir recto hasta que la calle cambia de nombre a Via Giuseppe Verdi. Se gira a la izquierda por Via Pigafetta hasta la bifurcación en Viale Padania y se gira a la izquierda. Pronto se deja atrás el ajetreo de Lido di Jesolo y se entra en la laguna de Venecia, un espacio liminal donde a menudo se confunden los límites entre la tierra y el mar.

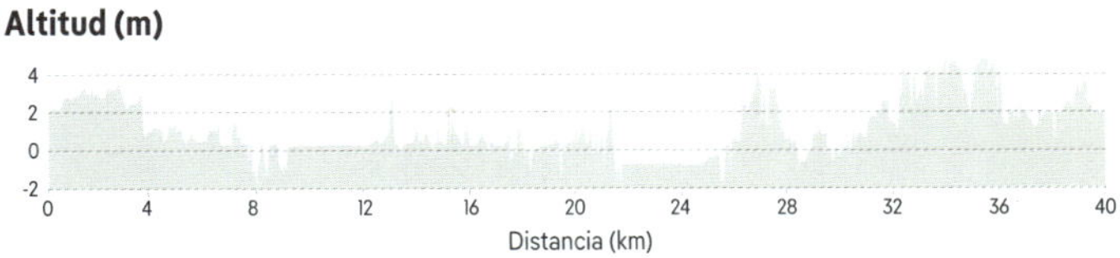

LUANA77/SHUTTERSTOCK ©

02 La ruta sigue por el puente que cruza el río Sile, un buen lugar para detenerse y tomar unas fotos del puerto de Jesolo con los icónicos *bilance,* antiguas máquinas de pescar conectadas a palafitos. Tras una curva cerrada a la izquierda, se pasa bajo el puente para incorporarse a la ciclovía junto al Canale Casson.

03 Este canal fue construido en el s. XVII por la República de Venecia para conectar la laguna con el río Sile; era navegable hasta Treviso. Se discurre junto al canal unos 2 km, viendo garzas y garcetas brincando entre los juncos y las aguas de color esmeralda. La vía termina en Cavallino, donde se puede hacer una pausa y visitar la minúscula iglesia de Santa Maria Elisabetta.

04 Se prosigue por el borde de la laguna por Via Pordelio y Via della Marinona unos 6 km. Hay un nuevo carril bici sobre la laguna que se extiende hasta Treporti, pero en el momento de escribir esta guía había dos tramos cerrados por mantenimiento y era necesario pasar por la carretera. Este tramo es espectacular al atardecer, cuando las luces doradas iluminan las tranquilas aguas transformándolas en un espejo gigante.

Sant'Erasmo

¿Quién no se ha preguntado alguna vez de dónde proceden las frutas y verduras que sirven en los restaurantes de Venecia? La respuesta está justo enfrente desde Punta Sabbioni: de Sant'Erasmo, una isla de la laguna conocida como "el jardín de Venecia" desde los tiempos de la Serenísima República. Es especialmente famoso por sus alcachofas (foto superior) y espárragos, así como por su apacible atmósfera lejos del bullicio de la ciudad. Cada hora salen ferris a Sant'Erasmo desde Punta Sabbioni y se puede rodear la isla en un circuito de 9 km.

05 Al llegar al puente sobre el Canale Saccagnana en Treporti existe la opción de tomar un corto desvío. Hay que bajar a Punta Sabbioni, donde se puede ver el campanario de San Marco en la distancia y luego continuar hasta el faro, que marca la entrada al puerto de Venecia. Luego se vuelve atrás hacia Via degli Armeni, pasando Forte Treporti, una fortaleza militar del s. XIX. Son unos 6 km más en el itinerario.

06 Se cruza el Canale Saccagnana y se sigue recto. Luego a la derecha por Via Saccagnana junto al cementerio y después todo recto siguiendo los letreros que indican Lio Piccolo. Este es el corazón de la laguna de Venecia y se pasa por una sucesión de islotes separados por juncos, canales y huertos que abastecen los múltiples restaurantes de lujo de la ciudad.

07 Hay un pequeño mirador a mano izquierda, unos 3 km antes de llegar a Lio Piccolo. A la izquierda, se pueden ver las casas de vistosos colores de Burano, el campanario bizantino de Torcello y los jardines de Sant'Erasmo; a la derecha, Lio Piccolo, rodeado de una interminable expansión de juncos y agua.

08 Lio Piccolo es ahora un adormecido pueblo de solo 22 habitantes, pero llegó a ser un puerto muy activo en tiempos de los romanos; bajo el agua se han encontrado mosaicos que se remontan a la Roma imperial. Actualmente hay unas 10 casas que dan a una plaza de tierra, con el elegante Palazzo Boldù del s. XVIII, la iglesia de Santa Maria della Neve y el campanario (abierto los fines de semana).

09 Más adelante, pasado Lio Piccolo, se llega a Il Notturno, un restaurante que sirve especialidades de pescado. Aquí termina la carretera asfaltada; si se ha reservado un ferri para cruzar a Lio Maggiore, aquí es donde espera el barco.

10 Para cerrar el círculo, se continúa por Via Lio Maggiore unos 8 km hasta Jesolo, desde donde se puede regresar a Lido di Jesolo siguiendo el carril bici por Via Roma Destra.

Una pausa

Entre abril y octubre, un lugar ideal para comer es **Agriturismo La Barena** en Lio Maggiore, que sirve platos elaborados con verduras de cultivo local y pescado de la laguna en una terraza con vistas al canal. Otra opción popular es **Il Notturno** en Lio Piccolo, regentado por un carismático restaurador, especializado en anguila y otros pescados asados. En temporada baja, hay menos opciones; lo mejor es llevarse la comida o dirigirse a **Ristorante Trattoria Gino,** a orillas del canal Pordelio en Cavallino-Treporti.

Lio Piccolo.

Lio Maggiore y Lio Piccolo

No son islas independientes, sino archipiélagos hechos de islotes en la laguna separados por canales y cubiertos de huertos, árboles y arbustos. Lio Piccolo es el asentamiento más antiguo de la laguna de Venecia y está rodeado de marismas y *valli di pesca*, áreas de la laguna donde se cría pescado desde la Edad Media. El canal entre Lio Maggiore y Lio Piccolo no tiene puentes, así que para cruzar y completar el círculo de la laguna es necesario subirse al ecoferri Blue Dream, activo de abril a octubre de miércoles a domingo. Más información en bluedreamcavallino.com.

19

Ciclabile Valsugana

DURACIÓN	DIFICULTAD	DISTANCIA	INICIO/FINAL
3 h	Media	40 km	San Cristoforo/Grigno
TERRENO	Asfaltado		

LORENZA62/SHUTTERSTOCK ©

Valle del Fersina.

Una ruta para cruzar el Valsugana siguiendo el curso del río Brenta, desde las aguas azul oscuro del lago de Caldonazzo a Grigno, el último pueblo en Trentino antes del Véneto. Gran parte del itinerario es ligeramente cuesta abajo, ideal para ir admirando la belleza circundante: manzanares y viñedos, pueblos históricos y lagos alpinos, con los imponentes picos de los Dolomitas. Está todo asfaltado, generalmente por carriles bici, y pasa muy cerca del ferrocarril del Valsugana que conecta Trento con Bassano del Grappa, con muchas opciones para acortar el trayecto si fuera necesario.

Alquiler

Valsugana Rent Bike alquila bicicletas en siete puntos por la Ciclabile Valsugana, lo que facilita coger la bici en un punto y dejarla en otro.

Punto de partida

La ruta empieza en la estación de San Cristoforo al Lago, a unos 30 minutos de Trento. Se puede subir la bicicleta en el tren, pero hay poco espacio fuera de la temporada alta.

01 La ruta empieza en Valcanover, cerca de la estación de trenes de San Cristoforo al Lago. Al bajar del tren la ciclovía está justo al otro lado de las vías. Hay que cruzar con cuidado, subirse a la bici y girar a la izquierda, siguiendo los letreros de la vía ciclable y peatonal.

02 Unos cientos de metros más abajo se ve el primer punto de interés del trayecto, el lago de Caldonazzo, rodeado por los picos de

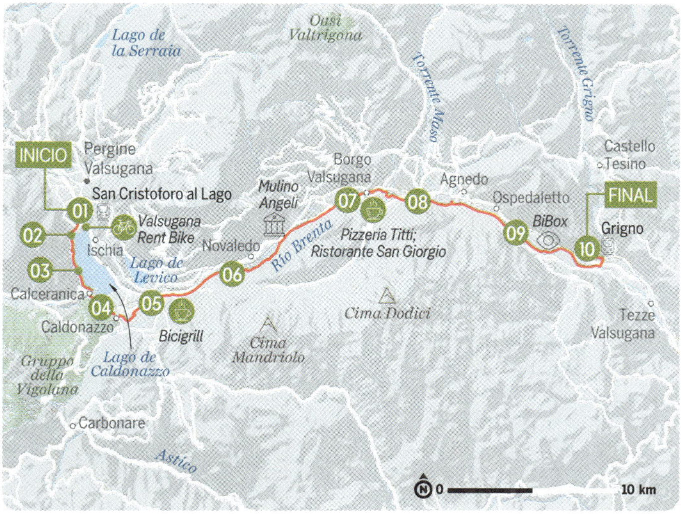

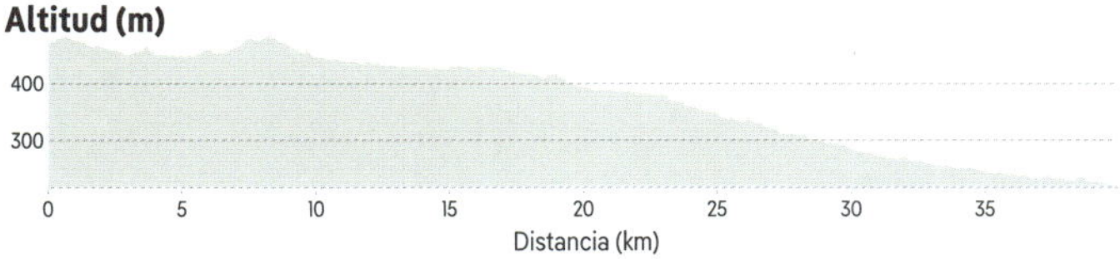

la sierra de Lagorai. La ciclovía prosigue en un corto tramo por un puente de madera, suspendido sobre las aguas del lago. Es el lugar ideal para detenerse y admirar sus aguas azules, los pueblos lacustres de Ischia y Calceranica y los imponentes Dolomitas detrás.

03 Se bordea el lago de Caldonazzo hasta Calceranica. Dejando atrás el lago se sube por el camino y por el paso subterráneo con arte callejero de temática ciclista hasta el pueblo. El carril bici termina antes de una rotonda; hay que seguir las señales de bicicleta en la carretera o los símbolos de bicicleta marrones por el pueblo. Al pasar el puente sobre el río Mandola, en verano es posible visitar la antigua mina de pirita de Calceranica.

04 El itinerario continúa hacia Caldonazzo, 2 km al sur. La ciclovía va por un carril separado a lo largo de la SP1, hasta llegar a la iglesia de San Sisto y Castel Trapp, una mansión medieval convertida en escuela de equitación, y se gira a la izquierda por Via del Capitel, una minúscula carretera rural rodeada de manzanares.

05 Se gira por Via Zaffo y se continúa por la primera carretera a la derecha hasta el río Brenta. A partir de aquí, la vía ciclable discurre a lo largo de la orilla, cambiando frecuentemente de lado. Aquí también se puede optar por seguir un kilómetro más para visitar Levico, famoso por su lago y sus aguas termales.

CONSEJO:

Las áreas de descanso Bicigrill (p. 129) tienen una práctica mesa para pequeñas reparaciones de bicicleta e información.

La lengua móchena

El valle del Mòcheni o del Fersina está al norte del lago de Caldonazzo y, aparte de ser una zona de gran belleza natural, también es el hogar de una pequeña lengua minoritaria, el mòcheni. Deriva del alto germano y la trajeron aquí los emigrantes bávaros que se asentaron en este valle en el s. XII. La lengua sobrevivió casi intacta durante siglos y todavía tiene unos 1400 hablantes en el valle y el pueblo de Pergine Valsugana. Estuvo prohibida durante la época fascista y casi desapareció, pero ahora experimenta un cierto resurgimiento gracias a los cursos gratuitos que organizan los municipios y grupos culturales de la zona para los residentes.

06 A lo largo del Brenta, se pasa por el pueblo de Novaledo y Marter, donde en verano se puede visitar el singular Museo degli Spaventapasseri (museo de los espantapájaros), situado en Mulino Angeli, un antiguo molino de harina que abastecía todo el Valsugana.

07 Siguiendo el curso del Brenta se llega a Borgo Valsugana, el *borgo* más hermoso de este itinerario. Merece la pena apearse y visitar el centro histórico, el *borgo vècio,* en el lado izquierdo del río, que quedó intacto durante la II Guerra Mundial, mientras que la otra mitad del pueblo fue reconstruida después de la contienda. Las dos partes de la ciudad están conectadas por el Ponte Veneziano, del s. xv. Con tiempo, hay una interesante exposición permanente sobre la Gran Guerra, cuando esta zona estaba en la frontera entre Italia y el Imperio austrohúngaro. La vía ciclable continúa por el Brenta y al salir del pueblo existe la opción de continuar 10 km más cuesta arriba hasta Arte Sella, una exposición de *land art* abierta en verano.

08 Después de Borgo Valsugana, el itinerario sigue unos 4 km por la margen derecha del Brenta y suele estar sombreado en invierno o principios de la primavera. Después de Castelnuovo, la vía se traslada de nuevo a la orilla izquierda. La última parte del trayecto es la más estrecha del valle y hay que estar atentos, pues aún puede quedar hielo hasta bien entrada la primavera. Se pasan los pueblos de Agnedo y Ospedaletto; el camino aquí desciende un poco y es fácil coger velocidad.

09 Unos 5 km más adelante, en Tollo di Grigno, se puede descansar y leer sobre el Valsugana en BiBox, dos cajas de madera con asientos para resguardarse de la lluvia y el calor del verano.

10 El itinerario termina en la estación de Grigno. Desde la ciclovía, se gira a la izquierda siguiendo los letreros de Grigno, a unos 4 km del BiBox. Se pasa por debajo del paso subterráneo y una rotonda, luego se gira a la izquierda por Via Trento y Via Stazione. Hay salidas diarias a Trento y Bassano del Grappa.

Una pausa

Del 1 de abril al 30 de octubre es posible parar en las **Bicigrill,** áreas de descanso con comida y bebida, a menudo con especialidades locales. Las dos más populares de esta ruta son **Big Fish** en Levico, especializada en pescado de agua dulce, y **Bicigrill Castelnuovo,** famosa por sus sándwiches.

Fuera de primavera y verano, la mejor opción es detenerse en Borgo Valsugana con dos opciones fiables: **Pizzeria Titti** y **Ristorante San Giorgio.**

Lago de Caldonazzo.

Lago de Caldonazzo

Es el lago más grande totalmente dentro de los límites de Trentino, con una superficie de poco más de 5 km². Está a 450 m sobre el nivel del mar, más alto que Trento y las demás ciudades del valle del Adigio; por este motivo, es un destino popular en verano, para escapar del calor de las ciudades. El lago recibió la bandera azul por la excelente calidad de sus aguas y por los compromisos de sus municipios por la sostenibilidad. Es un destino ideal para los amantes de los deportes acuáticos: es el único lago en Trentino donde se puede practicar esquí acuático y otras actividades como vela, kayak y surf de remo.

20

Ciclabile dell'Adige

DURACIÓN	DIFICULTAD	DISTANCIA	INICIO/FINAL
2 h	Baja	25 km	Trento/ Rovereto
TERRENO	Asfaltado		

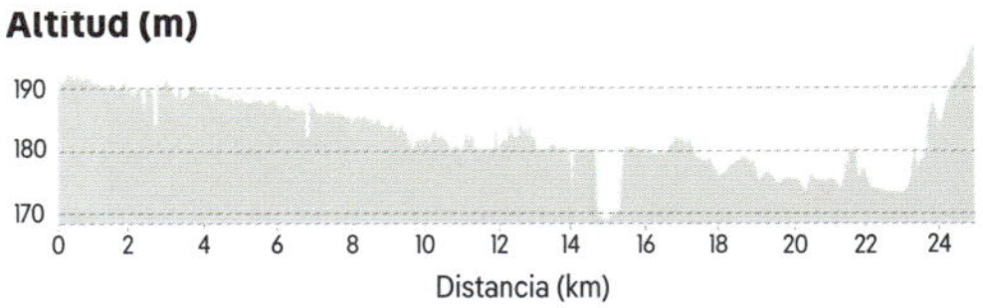

Esta ruta sigue el valle creado por el río Adigio, desde la frontera austriaca en Reschensee hasta Verona. Está asfaltada y bien mantenida y se puede dividir en varios sectores; este itinerario en concreto se centra en el tramo Trento-Rovereto y termina en el MART, una de las galerías de arte contemporáneo más importantes de Italia. Junto con la Ciclabile del Mincio (p. 90) y la Ciclovia del Sole (p. 108), forma parte de la EuroVelo 7, una ruta ciclable transeuropea que conecta el cabo Norte de Noruega con Malta.

Alquiler

Dos buenas opciones en Trento son Presta Bici, con modelos de bicis urbanas sencillas y de carretera, y Free Wheels, con excelentes bicis de montaña eléctricas.

Punto de partida

La vía ciclable está a poca distancia de la estación de trenes de Trento y el centro histórico. Hay trenes frecuentes entre Trento y Rovereto, que tardan unos 20 minutos.

01 Este itinerario empieza en Piazza Duomo, el corazón de Trento. Se deja atrás esta elegante plaza y se baja por Via Verdi hasta encontrar el río Adigio. La ciclovía está en la margen izquierda del cauce, en el mismo lado del que se viene.

02 Desde la estación, hay que girar a la derecha al salir y bajar por Piazza Dante, torcer a la derecha de nuevo pasada la estación de autobuses y cruzar el paso elevado sobre las vías

Río Adigio, Trento.

Ideal para

ARTE Y CULTURA

Bicigrill

Circulando en bici por Trentino, es habitual ver letreros que indican Bicigrill, áreas de descanso para ciclistas con comida y bebida, así como talleres y herramientas para hacer pequeñas reparaciones. El nombre se inspira en Autogrill, las áreas de descanso que hay en las autopistas de toda Italia. Sin embargo, a diferencia de Autogrill, todos propiedad de la misma compañía y con productos similares, los Bicigrill son independientes y muestran la personalidad de cada propietario y los productos de la zona. El primero fue el de Nomi, abierto desde el 2003 y uno de los pocos que abre todo el año.

del ferrocarril. La ciclovía está al otro lado de la rotonda, junto al Bar Funivia 2.0.

03 Se pedalea hacia el sur, dejando lentamente Trento atrás. A la derecha se observa el teleférico que sube a Sardagna, un pueblo que forma parte del municipio de Trento. Después, la ruta pasa por el Palazzo delle Albere, edificio del s. XVI antaño propiedad de los príncipes-obispos de Trento, ahora un espacio de exposición compartido entre el MUSE (Museo de la Ciencia de Trento) y el MART (Museo de Arte Moderno y Contemporáneo de Trento y Rovereto). Al lado también se ve la estructura de cristal y acero del MUSE, con un gran parque público enfrente muy popular para ir de pícnic.

04 Hay que seguir cuesta arriba por el terraplén hasta el puente del Ravina y cruzar al lado derecho del Adigio. A partir de aquí, Trento queda atrás y se entra en el paisaje de viñedos y manzanares, especialmente hermoso en primavera y verano.

05 El sendero cruza de nuevo a la orilla izquierda al llegar a la rotonda con tres pirámides, una instalación dedicada a la ciudad de Trento del artista contemporáneo Stefano Cagol. Poco después de cruzar, se pasa por el Avio Club Trento, una pequeña pista de aterrizaje que también alberga el museo aeronáutico Gianni Caproni.

06 Si se ha pasado por alto el desvío anterior, se puede cruzar de nuevo el Adigio en Mattarello, una aldea frente a la sierra de Vigolana. Cuando la ciclovía queda en la margen izquierda, discurre paralela a la carretera nacional que conecta los pueblos del valle del Adigio. La vía férrea Verona-Brennero también está cerca.

07 Poco después de entrar en Besenello, la vía ciclable cruza al lado derecho de nuevo y discurre junto a la transitada autopista de Brennero. En lo alto de Besenello puede verse la silueta medieval del castillo de Beseno del s. XII.

08 El castillo está abierto y se puede visitar; hay que salir de la ciclovía en Besenello y subir 1,5 km hasta la entrada. Los que prefieran ver un castillo sin tener que subir pueden ir a Castel Pietra, una fortaleza medieval que se erigía en la frontera entre el Tirol y la República Veneciana, conquistada solo una vez en la historia, por Napoleón. Está a solo 1,5 km de la ruta, en el pueblo de Calliano.

09 Poco después se llega al pueblo de Nomi, reconocible por su futurista puente sobre el Adigio. Se puede cruzar para seguir hasta Rovereto por la izquierda del Adigio o permanecer en el lado derecho si se tiene hambre, pues hay un Bicigrill a unos cientos de metros por la carretera.

Una pausa

En este tramo de la ciclovía del valle de Adigio hay dos **Bicigrill,** uno al sur de Trento, conocido por sus hamburguesas caseras (también tiene opciones vegetarianas) y uno en Nomi, de temática vikinga y con especialidades bávaras. El de Nomi está abierto todo el año, mientras que el de Trento cierra de octubre a abril. En otoño, la mejor opción es detenerse en Besenello, a medio camino de la ruta; la **Pizzeria Il Viandante** tiene buenas ofertas de menú fijo y *pizzas,* con terraza exterior.

Viñedos de Trento.

10 Los siguientes pueblos serán Volano y Villa Lagarina, donde la ruta deja brevemente las márgenes del Adigio y atraviesa los viñedos. Pronto, las casas y edificios industriales anuncian la entrada a Rovereto, la segunda ciudad más grande de Trentino.

11 Para llegar al MART, se gira a la izquierda por la rotonda en Via Valdiriva, siguiendo las indicaciones hacia el estadio. Se rodea el estadio por Via Magazol hasta Viale Trento y se prosigue hasta la entrada de la galería de arte. Se puede dejar la bicicleta en el aparcamiento junto a la entrada o en el gran *parking* contiguo. Para regresar a la estación de trenes tras la visita, se gira a la izquierda por Corso Bettini y luego a la derecha por Corso Rosmini.

Trentodoc

Todo el mundo ha oído hablar del *prosecco*, pero ¿el *trentodoc?* Muchas de las bodegas de la zona de Trentino producen este vino espumoso (rosado o blanco) y elaborado únicamente con uvas de una región específica de la provincia de Trento. El *trentodoc* es la segunda denominación de origen de vino espumoso más antigua después del *champagne* y los caldos que llevan la etiqueta *trentodoc* se producen según unas normas muy estrictas. Las uvas se cultivan en pérgolas especiales y se cosechan a mano, y solo se permiten cuatro variedades: pinot blanc, pinot noir, pinot meunier y chardonnay. Un buen lugar para catar *trentodoc* es Pedrotti Spumanti, cerca de esta ruta.

Otras propuestas

Lago de Garda.

GORILLAIMAGES/SHUTTERSTOCK ©

Strada del Ponale

DURACIÓN	DIFICULTAD	DISTANCIA
2 h	Media	10 km

Esta ruta se construyó a mediados del s. XIX para conectar Riva del Garda con el valle de Ledro, aislado del resto de la región hasta entonces. La carretera se excavó en la ladera de la montaña para cubrir los 10 km de distancia y 600 m de desnivel entre el lago de Garda y Ledro por una serie de espectaculares de curvas cerradas.

La carretera sirvió hasta el 2004, luego se retiró el asfalto y ahora es una ruta de senderismo y ciclismo. Los primeros 5 km son los más espectaculares y aptos para todos los ciclistas, de suave pendiente, pero mejor ir con BTT o *gravel,* ya que la superficie es de tierra. El tramo final hasta Ledro es un poco más empinado; quizá interese una bici eléctrica.

Pista Ciclabile dell'Oltradige

DURACIÓN	DIFICULTAD	DISTANCIA
2 h	Media	22 km

Esta ruta conecta Bolzano con el lago de Caldaro, un lago alpino en el centro de la principal región vinícola del sur del Tirol. Está totalmente asfaltada y atraviesa bosques, viñedos y manzanares, con un par de túneles bien iluminados.

El itinerario empieza en Piazza Walther en el centro de Bolzano y discurre junto al río Isarco, luego se incorpora a la Ciclabile dell'Adige hasta Castel Firmiano, hogar del Museo Messner de Montaña. Luego la ruta sigue la antigua vía de Oltradige, en un ascenso lento y constante, antes de descender hasta el lago de Caldaro y terminar en Campi al Lago. Se pueden probar los vinos locales en Cantina Produttori San Michele Appiano, bodega social que congrega varios productores locales, a mitad de ruta.

REDA&CO/GETTY IMAGES ©

Valle de Fiemme.

Ciclabile del Navile

DURACIÓN	DIFICULTAD	DISTANCIA
1 h	Baja	9 km

La ruta Navile recorre 9 km desde el centro de Bolonia a lo largo del canal del mismo nombre, antes parte del intricado sistema de vías navegables y canales que conectaban la ciudad de Venecia con el mar Adriático.

El itinerario empieza en Porta Lame, al suroeste de la estación del ferrocarril, y se incorpora al canal Navile en los aledaños de Sostegno della Bova, la primera de una serie de esclusas para regular el nivel del agua y permitir el paso de los barcos. Tras atravesar el parque Villa Angeletti, la ruta pasa por el Museo del Patrimonio Industrial, con exposiciones de la historia industrial de Bolonia. La ciclovía continúa por varias *sostegni* (esclusas) de los ss. XV y XVI y termina en Castel Maggiore.

Ciclabile Fiemme-Fassa

DURACIÓN	DIFICULTAD	DISTANCIA
4 h	Alta	42 km

En la región de Trentino no faltan los paisajes espectaculares, pero es difícil superar la belleza de los valles de Fiemme y Fassa. La Ciclabile Fiemme-Fassa conecta los dos valles a través de pueblos históricos, riachuelos de montaña y praderas alpinas, con vistas a los Dolomitas.

El itinerario pasa entre Canazei y Molina di Fiemme, con 700 m de desnivel. Puede hacerse en ambas direcciones, pero se recomienda empezar en Canazei e ir cuesta abajo. Toda la ruta está asfaltada, bien señalizada y tiene mojones, así como fuentes y Bicigrill. En verano, un autobús lanzadera acepta bicicletas de regreso al punto de partida. La ruta está abierta de abril a octubre.

Alpes Apuanos
Monte Pisanino
Parco Regionale delle Alpi Apuane
Parco Nazionale dell'Appennino Tosco Emiliano
Porreta Terme
Popiglio
Marradi
EMILIA-ROMAÑA
Premilcuore
Seravezza
Borgo a Mozzano
Forte dei Marmi
Pistoia
Borgo San Lorenzo
22
Viareggio
Lucca
Montecatini Terme
23
Parco Nazionale delle Foreste Casentinesi, Monte Falterona e Campigna
Bagno di Romagna
Florencia
Signa
Riserva Naturale Vallombrosa
Parco Regionale Migliarino San Rossore Massaciuccoli
Arno
24
Pisa
Montopoli
Pieve di Santo Stefano
Marina di Pisa
Ponsacco
Arno
25
Sansepolcro
San Giovanni Valdarno
Tiber
Montevarchi
Arezzo
Poggibonsi
Città di Castello
Quercianella
Colle di Val d'Elsa
Volterra
Monteriggioni
27
Saline
Castiglion Fiorentino
Monte San Savino
Cecina
21
Riserva Naturale Alto Merse
Marina di Bibbona
Larderello
Monteroni d'Arbia
Passignano
Donoratico
TOSCANA
Lago Trasimeno
San Vincenzo
Bagni di Petriolo
Massa Marittima
San Quirico d'Orcia
Golfo de Baratti
Civitella Marittima
Parco Regionale del Pausillo
Golfo de Follonica
UMBRÍA
Elba
Portoferraio
Grosseto
Riserva Naturale Provinciale Diaccia Botrona
Orvieto
Lente
Parco Regionale della Maremma
Pitigliano
Bolsena
Lago de Bolsena
Pianosa
Mar Tirreno
Orbetello
Orbetello Scalo
Viterbo
MAR MEDITERRÁNEO
Promontorio dell'Argentario
Giglio
LACIO
26
Vetralla
Lago de Vico
Montecristo
Tarquinia
Giannutri
N
0
50 km

STEPNIAK/SHUTTERSTOCK ©

Catedral de San Martín (p. 142), Lucca.

Florencia y la Toscana

Explorar

Florencia y la Toscana

Los toscanos suelen bromear con que aprenden a ir en bici antes que a andar. Quizá sea un tópico, pero, de todas las regiones italianas, la Toscana es quizá la más entregada a su entusiasmo por el ciclismo, con itinerarios para todas las edades y habilidades. Florencia tiene una excelente red de carriles bici, igual que Pisa, y en toda la región se hacen esfuerzos para promover el cicloturismo. De norte a sur, desde las zonas costeras a su corazón montañoso, se convierten antiguas vías férreas y senderos en rutas de senderismo y ciclismo, conectadas a una red oficial de rutas ciclistas por carretera.

Florencia y Pisa

Dos de los destinos más populares de la Toscana, ambas ciudades tienen buenas infraestructuras para el ciclismo. Cuentan con muchos carriles bici, muy usados por los residentes en sus desplazamientos, y tienen vías ciclables que salen del centro urbano, ideales para visitar los puntos de interés en bicicleta y explorar los alrededores en excursiones de un día. Ambas cuentan con muchas tiendas de alquiler de bicicletas, así como con su propio sistema de bicis compartidas para ciclistas ocasionales que solo quieran ir del hotel al museo o a una *piazza* para ver a un amigo.

Lucca

Célebre por ser la cuna del famoso compositor Giacomo Puccini, omnipresente en esta ciudad amurallada, incluso en la recién creada vía ciclable, Ciclopedonale Puccini. El ciclismo está muy integrado en el alma de Lucca, hogar de varios ciclistas profesionales que entrenan en las montañas circundantes. Esto allana el camino a un tráfico apto para ciclistas de placer que desean ir más allá de las murallas, pasear por el río y visitar las hermosas villas que antaño pertenecían a las ricas e influyentes familias de mercaderes de la zona.

CUÁNDO IR

Primavera y otoño son las mejores épocas para recorrer la Toscana en bicicleta: las carreteras están más tranquilas y se puede disfrutar de animados festivales culturales. Las rutas cobran vida con la explosión primaveral, mientras que en otoño el paisaje adquiere tonos amarillos y rojos. El verano garantiza buen tiempo, ideal para recorrer la costa y combinarlo con baños de mar. Hay que salir pronto y llevar mucha agua para evitar los golpes de calor.

La costa toscana

Aunque la región es famosa por sus onduladas colinas con carreteras rurales bordeadas de cipreses, las zonas costeras también son muy hermosas. A lo largo de 230 km de litoral, muchas localidades han creado vías ciclables junto a playas de arena. La costa etrusca en particular es famosa por su historia prerromana, y sus dunas naturales y pinares. Desde las ciudades turísticas a los bosques litorales protegidos y santuarios de vida salvaje hay rutas en bicicleta para todos los niveles e intereses.

Sur de la Toscana

Cuanto más al sur de la Toscana, más agreste y salvaje es el paisaje. Desde las tierras entre Arezzo y Chiusi hasta las áreas de fuentes sulfurosas en torno a las montañas más meridionales, este es el telón de fondo inesperado de la imagen de postal de la Toscana. El excelente Sentiero della Bonifica (sendero de la recuperación) es una tranquila ruta en bicicleta de larga distancia y sin tráfico apta para todo el mundo; las áreas en torno al monte Amiata son para BTT.

TRANSPORTE

Una buena red de ferrocarril conecta las ciudades y pueblos de la Toscana, y es la mejor forma de recorrer la región si se viaja en bicicleta. Al comprar los billetes, hay que comunicar que se lleva bici, pues solo la admiten en servicios regionales.

EVENTOS

Se celebran múltiples eventos relacionados con el ciclismo durante todo el año, como la icónica **Strade Bianche,** una carrera profesional por pistas en torno a Siena, que tiene lugar en marzo, o ***L'Eroica*** en septiembre/octubre, una carrera *amateur* con bicicletas *vintage*. El interés por el cicloturismo va en aumento y el anual **Tuscany Trail** es el acontecimiento cicloturista más importante del mundo, con 3000 participantes de todas partes del globo.

DÓNDE ALOJARSE

Los hoteles no escasean aquí, incluso en el entorno rural. Si se busca un poco de privacidad y disfrutar de la serenidad del paisaje toscano, una buena opción es alojarse en una villa lejos del bullicio urbano. Para los interesados en la *slow food* y la buena gastronomía, una selección de *agriturismi* (alojamientos en granjas) ofrecen estancias con catas de vino y comida centradas en los productos locales de temporada. Estas ubicaciones fuera de los caminos trillados también son bases ideales para rutas en bicicleta por las célebres colinas de la Toscana.

Recursos

Visit Tuscany (visittuscany.com/en/theme/cycling) Web oficial de turismo con información sobre rutas en bici por la región, tanto excursiones de un día como itinerarios de varios días.

Luxury Bike Hotels (luxurybikehotels.com) Sugerencias de itinerarios con alojamiento apto para ciclistas.

Italy Bike Hotels (italybikehotels.com) Más inspiración de itinerarios y alojamiento.

21

Costa degli Etruschi

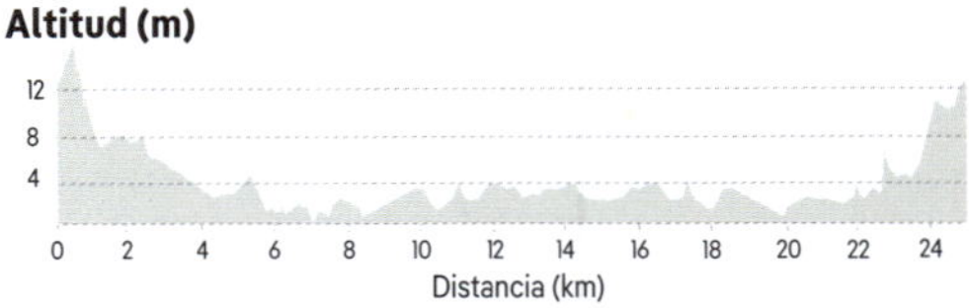

DURACIÓN	DIFICULTAD	DISTANCIA	INICIO/FINAL
2 h	Baja	25 km	Estación de trenes de Cecina

TERRENO	Vía ciclable asfaltada, pista forestal, carretera compartida

Esta ruta familiar constituye una agradable introducción a la costa toscana que recorre los alrededores de Cecina, ciudad turística con cafés y restaurantes frente al mar y sugerentes senderos forestales con olor a tierra fresca. Los excelentes carriles bici de la localidad, junto a las calles principales y el río, son ideales para explorarla en bicicleta. La reserva forestal es el lugar perfecto para refrescarse en un caluroso día de verano.

Alquiler

SDBike, en el frente marítimo de Cecina, alquila bicicletas turísticas desde 2 €/hora.

Punto de partida

La estación de trenes de Cecina está en línea Pisa-Livorno-Grosetto. El billete de Pisa Central a Cecina cuesta desde 6,60 €/ida, y de Livorno, desde 4,80 €/ida.

01 Al salir del vestíbulo de la estación de trenes de Cecina hay que dirigirse a la calle de sentido único Piazza Antonio Gransci para admirar la plaza mayor de Cecina, Piazza Francesco Domenico Guerrazzi, con una hermosa fuente y el Duomo. Se gira a la izquierda en la plaza y se toma la calle que sigue recto hasta el río Cecina; ojo, pues se vuelve de sentido único y se circula en dirección contraria al tráfico. Hay que mantenerse a un lado y avanzar.

Costa etrusca.

GRAZZIELA/SHUTTERSTOCK ©

Ideal para

PAISAJE COSTERO

La civilización etrusca

Este tramo de costa debe su nombre a la civilización que habitó aquí desde el principio del s. IX a.C. Conocida como superpotencia original del Mediterráneo occidental, que gobernó gran parte de la Italia actual, los etruscos tenían un profundo conocimiento del arte, la agricultura y la metalurgia, y estaban mucho más avanzados que otras sociedades de la Edad de Hierro. Sus obras tuvieron gran influencia en las culturas griega y romana posteriores. Durante la ruta se puede visitar el Museo Arqueológico de Cecina, con mucha información.

02 Se cruza el puente sobre el río, siguiendo el carril bici todo recto, y luego a la izquierda por Via Francesco Domenico Guerrazzi en la rotonda; con las parcelas de cultivo a mano izquierda, unos 500 m después de girar a la izquierda en la rotonda, se llega a una puerta de hierro enfrente, donde el carril gira a la izquierda. Se puede cruzar la verja con la bici, es un pequeño complejo museístico que alberga el Museo Arqueológico de Cecina y el Museo del Trabajo y la Vida del Norte de la Maremma. Resulta interesante para los amantes de la historia y la cultura regional.

03 Se puede regresar a la verja para reincorporarse al carril bici o salir del museo por la otra puerta, donde un pequeño aparcamiento a la izquierda tiene una entrada no oficial a la ruta. De nuevo, el camino está bordeado de granjas en ambos lados; en la siguiente rotonda, se gira a la izquierda.

04 Se continúa recto hacia el puente sobre el río. La vía ciclable termina en el puente, así que conviene cruzar al lado correcto de la carretera para continuar. Al final del puente se gira a la derecha en un carril que discurre paralelo al río. Cuando termina, hay que girar a la izquierda.

05 Hay que circular con cautela, ya que se comparte la carretera con tráfico. Se gira a la derecha al final del acceso de piedras y se sigue el giro natural de la carretera a la izquierda hasta ver el mar. Se tuerce de nuevo a la derecha por Via della Fortezza. Al final hay un pequeño muelle sobre el mar, al que se puede acceder para ver la playa.

06 De nuevo en Viale della Vittoria, el paseo marítimo, se sigue esta bulliciosa carretera compartida con coches y peatones hasta el final. Está repleta de restaurantes, cafés y tiendas de recuerdos.

07 Al final de la calle hay un aparcamiento y se observa un cambio en el paisaje. Enfrente está el pinar protegido de Cecina, la Riserva Naturale Tomboli di Cecina, que se puede explorar en bicicleta. Se entra por la puerta de madera, al otro lado del aparcamiento.

08 En el bosque se puede circular por las amplias pistas de tierra, evitando los más estrechos, reservados para peatones. Con un total de 15 km, este pinar mediterráneo junto al mar se considera el gran pulmón verde de la zona. Donde el bosque llega a la playa hay dunas salvajes formadas por el viento y el rompiente de las olas. Un buen lugar para admirar las vistas y la serenidad antes de seguir en dirección a Marina di Bibbona.

Una pausa

Si se viaja sin prisas, se puede parar en uno de los cafés o restaurantes del paseo marítimo de Cecina o esperar hasta medio camino, en Marina di Bibbona, tras atravesar el bosque. Junto a un aparcamiento de bicicletas, la **Pasticceria Gelateria Il Ghiottone** ofrece una tentadora selección de sabores de helados, deliciosos pasteles y bollería, así como una agradable terraza exterior para vigilar la bicicleta mientras se disfruta de la pausa.

SILVIA.COZZI/SHUTTERSTOCK ©

Bosque, Marina di Bibbona.

09 Al salir del bosque está Marina di Bibbona. Aquí se puede descansar con un almuerzo o un *gelato* antes de dar la vuelta y regresar por el mismo camino por el bosque hasta Cecina. La ruta marcada pasa a través del pueblo; sin embargo, se puede regresar por el litoral pasando por la calle mayor hasta el carril bici junto al río.

Riserva Naturale Tomboli di Cecina

El maravilloso pinar protegido que bordea la costa etrusca es en realidad el resultado de la planificación urbana. En 1839 el gran duque de la Toscana, Leopoldo, quería proteger los cultivos locales del viento salado del mar e introdujo la política agrícola de bordear la costa con pinares, visible en distintos tramos de la costa toscana. Esta reserva está habitada por aves y animales salvajes, así como el arbusto autóctono *Limonium etruscum*, exclusivo de esta parte de la Toscana. Las dunas de arena que forman parte de la reserva natural albergan lirios y amapolas marinas.

10 Por el carril bici se observa que la orilla empieza a elevarse, formando una barrera entre el río y el pueblo. Es la defensa contra inundaciones de Cecina. Se puede disfrutar de esta agradable ruta hasta el primer puente que se cruzó al inicio de la ruta, antes de regresar de nuevo a la estación.

22

Ideal para

ARTE Y CULTURA

STEVE LOVEGROVE/SHUTTERSTOCK ©

Duomo di San Martino.

Ciclopedonale Puccini

DURACIÓN	DIFICULTAD	DISTANCIA	INICIO/FINAL
2,5 h	Baja	30 km	Lucca

TERRENO	Carril bici asfaltado, carreteras compartidas, camino de tierra

Esta popular ruta sigue la orilla del río Serchio unos 40 km antes de desviarse hacia el lago de Massaciuccoli. En este particular tramo del itinerario, primero se circula por la ciclovía que lleva el nombre del hijo más famoso de Lucca, el compositor de ópera Giacomo Puccini, luego se pasa por carreteras rurales y pueblos cercanos, antes de regresar a Lucca para recorrer la ruta circular por las murallas y tener una visión diferente de esta hermosa pero modesta ciudad. Prácticamente sin tránsito, es ideal para familias.

Alquiler

Hay varias opciones en Lucca. La céntrica Ciclismoplus alquila bicis de carretera y eléctricas bien mantenidas desde 40 €/día. Conviene reservar con antelación.

Punto de partida

Se empieza al pie de la catedral de San Martín, uno de los principales monumentos de Lucca, en un tranquilo rincón del casco antiguo, identificable por la torre del reloj del s. XIII.

01 Desde la catedral, se toma la pequeña calle lateral hacia el sur hasta Corso Garibaldi. Se gira a la derecha por esta calle bordeada de magnolias compartida con el tráfico rodado.

02 Se sigue el Corso hasta la intersección con Via V Veneto y se gira a la izquierda, siguiendo esta carretera hasta el final y luego un camino hasta lo alto de las murallas. Se gira a la izquierda por el camino de la muralla y se reco-

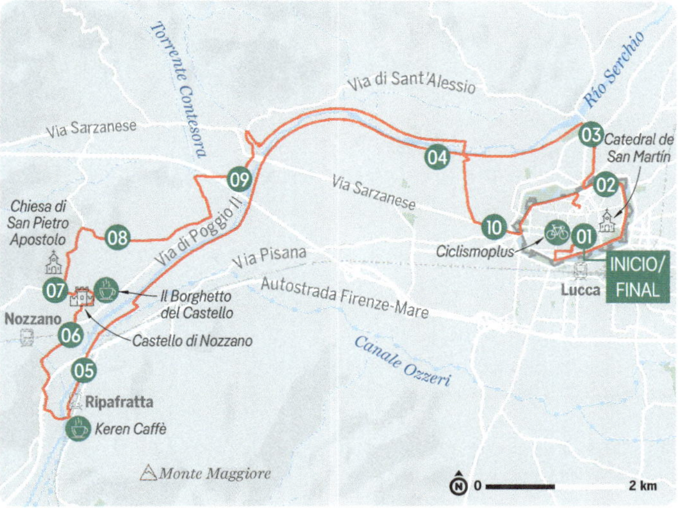

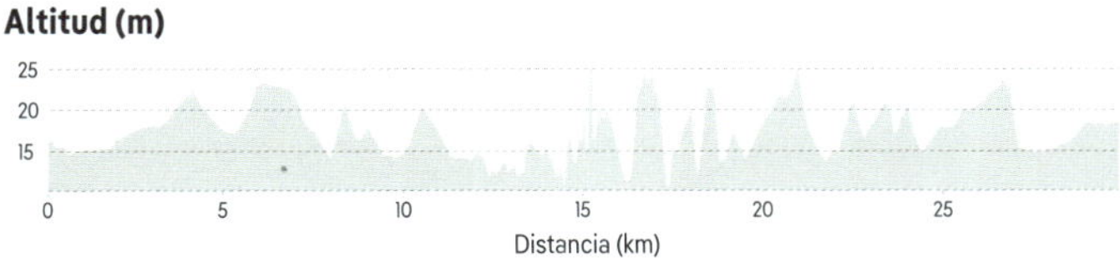

rre en sentido antihorario unos 2 km hasta llegar a Porta Santa Maria. Se toma el camino junto a la puerta y se desciende hasta la carretera. Hay que incorporarse al tráfico para salir por las estrechas verjas. Se gira a la derecha por el carril bici justo después de la verja. Se sigue la vía ciclable y se tuerce a la derecha de la gran rotonda.

03 Antes de la siguiente rotonda, hay que apearse para cruzar el paso de cebra y luego retomar la ruta por Via Matteo Civitali (SS12). El carril bici termina en la intersección con Via del Brennero. Se cruza la carretera para continuar por Via Matteo Civitali (ya no es la SS12) hasta el final, se gira a la izquierda, siguiendo con cuidado el tráfico que vira a la derecha, y de nuevo a la izquierda por un camino hasta el río.

04 Esta pequeña carretera pronto tuerce a la izquierda. Hay que seguirla. Parece un carril bici, pero todavía es un tramo de carretera compartido con tráfico ocasional unos 2 km hasta el puente peatonal y ciclable, donde se transforma en un camino sin tráfico. Durante los siguientes 6 km se circula por un camino compartido con peatones, excepto un cruce de carretera en Via Sarzanese.

Giacomo Puccini

Giacomo Puccini (1858-1924) fue un compositor italiano famoso por sus óperas. Nacido en el norte de Lucca (en la foto), vivió gran parte de su vida en la ciudad y alrededores. Los fans de la ópera pueden hacer coincidir la visita con el festival anual Puccini en julio/agosto, con pequeños conciertos en la ciudad histórica y grandes actuaciones en un teatro al aire libre, el Teatro dei Quattromila en Torre del Lago, con el hermoso telón de fondo del lago de Massaciuccoli. En otras épocas, se puede visitar Villa Puccini (por desgracia, no forma parte de esta ruta), donde vivió y trabajó el compositor hasta que la contaminación del lago lo obligó a trasladarse a la costa.

05 Se prosigue hasta el pueblo de Ripafratta, donde la vía termina en un pequeño aparcamiento. Hay un puente justo a la derecha. Tras cruzarlo, se gira a la izquierda para atravesar el siguiente puente sobre el río. Al final de la carretera, se tuerce a la derecha.

06 Se llega al final de la Via di Filettole al pie de la montaña donde empieza el pueblo de Nozzano con el Castello di Nozzano en lo alto; se gira a la derecha por Via di Nozzano y al final se tuerce a la derecha por Via di Balbano, saliendo del pueblo. A partir de aquí, se circula por una carretera con tráfico.

07 Al acercarse a la Chiesa di San Pietro Apostolo a la izquierda, se puede parar a un lado en la hierba y darse la vuelta para obtener una vista espectacular de Nozzano. Se sigue con el flujo de tráfico por Via del Bordogna.

08 Se gira a la derecha en el cruce por Via Vecchia di Nozzano. Inicialmente bordeada de granjas, cambia de nombre a Via dei Bollori al inicio de las casas residenciales. Se sigue hasta el cruce con Via Panchina, una vía asfaltada peatonal y ciclable por el canal de Contesora. Se gira a la izquierda por este camino y se sigue hasta el final y luego a la derecha por Via della Chiesa XXIV.

09 En el cruce con Via di Poggio Seconda, se gira a la izquierda. La calle es de sentido único después de una intersección y termina en Via di Sant'Alessio. Se tuerce a la derecha en esta esquina. Tras 30 m se gira a la derecha por un sendero que lleva al otro lado del río desde la vía ciclable recorrida antes. Con el río a mano derecha, se sigue durante 3 km hasta llegar al puente peatonal y ciclable de antes. Se atraviesa y se sigue la carretera en la misma dirección hasta Via G Puccini; luego se tuerce a la izquierda.

10 La vía ciclable lleva a Porta Sant'Anna. Se atraviesa la puerta, se sube la rampa por la muralla y esta vez se sigue el camino en sentido horario. Después de la escultura de Bruno Catalano se baja la rampa y se callejea hasta Piazza dell'Anfiteatro.

Una pausa

Keren Caffè es una parada ideal para tomarse un *espresso* junto a la carretera en Ripafratta, más o menos a medio camino antes de girar a la derecha hacia Nozzano. Según el momento del día, el café también sirve una selección de platos de pasta para los "poco hambrientos", como dicen en Italia.

Si no, se puede esperar hasta Nozzano. El restaurante **Il Borghetto del Castello** tiene un menú de *pizza*, pasta y platos de marisco, con terraza exterior para vigilar la bicicleta y admirar al castillo en la colina.

MARCO ROSARIO VENTURINI AUTIERI/GETTY IMAGES ©

Castello di Nozzano.

Castello di Nozzano

Este castillo del s. XII era un puesto avanzado fortificado para defender la ciudad de Nozzano a sus pies. Tenía una posición estratégica, situado en la disputada frontera entre Pisa y Lucca. Dentro del castillo hay una pequeña aldea histórica, donde cada mes de septiembre se celebra un festival dedicado a recrear la vida durante la Edad Media. En esos días hay procesiones de residentes vestidos con trajes históricos, gastronomía tradicional y mercados de artesanía medieval (¡sin olvidar cambiar euros a la moneda oficial medieval en la puerta!).

23

Ciclopista dell'Arno

DURACIÓN	DIFICULTAD	DISTANCIA	INICIO/FINAL
1 h	Baja	15 km	Centro de Florencia/ Signa

TERRENO	Principalmente vía ciclable de tierra

PETR POHUDKA/SHUTTERSTOCK ©

Ponte Vecchio, Florencia.

El río Arno recorre 241 km desde su nacimiento cerca del monte Falterona hasta el mar cerca de Pisa. Desde Florencia, este itinerario por las márgenes de este apacible río es la escapada perfecta del bullicio de la ciudad. No tiene tráfico, es llano, y constituye una pequeña parte de un proyecto más amplio para desplegar el resto de la Ciclopista dell'Arno por la Toscana. Un agradable trayecto por una vía panorámica hasta Signa, donde se puede tomar el tren de vuelta a Florencia o regresar por el mismo sitio.

Alquiler

Florence by Bike (florencebybike.it) alquila bicicletas urbanas, de carretera o eléctricas para adultos o niños. Precios desde 15 €/día.

Punto de partida

Se puede entrar en la ruta en cualquier parte de la orilla en Florencia. Sin embargo, el inicio simbólico está en la ribera norte del famoso Ponte Vecchio.

01 Desde el Ponte Vecchio, el venerado puente medieval de mercaderes, hay que ir al oeste por la orilla del río y circular con tráfico por Lungarno degli Acciaiuoli, siguiendo el carril bici tras un pequeño tramo en Ponte Santa Trinita. Se sigue recto, pasando dos puentes, Ponte alla Carraia y Ponte Amerigo Vespucci, a la izquierda, hasta llegar al Ponte alla Vittoria, donde el carril tuerce a la derecha. Hay que seguir a la derecha y luego a la izquierda por una plaza con el monumento a Víctor Manuel II. Se tuerce de nuevo

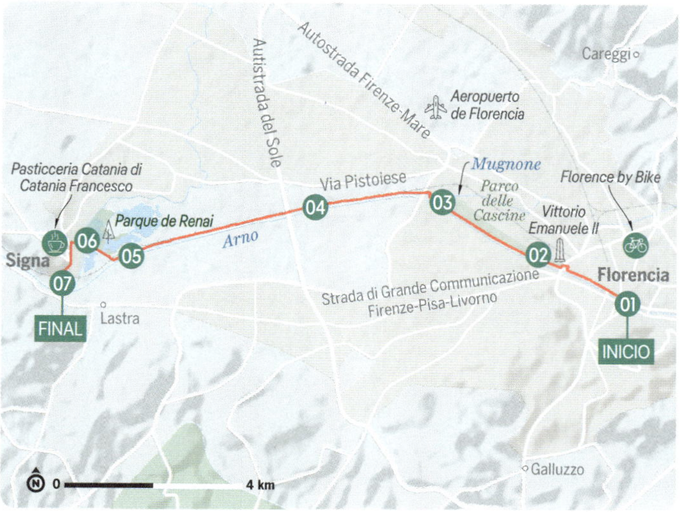

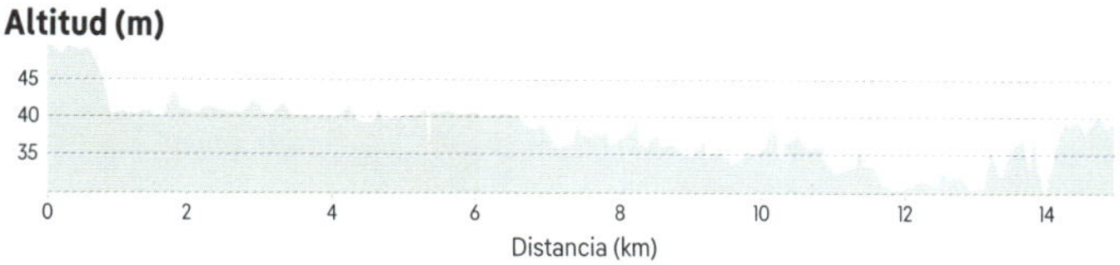

a la izquierda hacia el río y se retoma el carril bici para seguir junto al río.

02 Con el río a mano izquierda y la gran explanada verde de Parco delle Cascine, el monumental e histórico pulmón verde de Florencia, a mano derecha, es un tramo especialmente agradable de la ciudad para recorrer en bicicleta. Como alternativa, se puede entrar en el parque y seguir los múltiples senderos en la misma dirección; hay fuentes, monumentos y un anfiteatro. O cruzar el puente peatonal/ciclable Passerella dell'Isolotto en Piazza JF Kennedy y recorrer la otra orilla del río para cambiar de perspectiva. En este caso, habrá que cruzar en el siguiente puente para proseguir el itinerario.

03 Sea cual sea la ruta elegida, se termina al final del Parco delle Cascine. Se cruza un pequeño puente cerca del monumento a un príncipe indio y detrás de un café en la confluencia de los ríos Arno y Mugnone. Al final del puente, se gira a la izquierda, dejando a mano derecha un elegante restaurante.

04 Se sigue esta carretera, poco transitada, que pasa por debajo de la autopista. Poco después, se agradece el camino de tierra sin tráfico encajado entre la línea

BRUNO BOTTICELLI ©

El príncipe indio

Al final del Parco delle Cascine hay un curioso monumento (en la foto) dedicado a un príncipe indio. Se trata de Rajaram Chhatrapati, maharajá de Kolhapur, que murió en Florencia en 1870 tras caer enfermo. Su muerte causó un dilema diplomático en el recién creado reino de Italia. Se discutió la importancia de organizar un funeral digno de la realeza; sin embargo, sus sirvientes insistieron en que tuviera un funeral hindú tradicional con incineración junto al río. A pesar de esta práctica contraria a la fe católica y la prohibición de incinerar en la ciudad de Florencia, el príncipe tuvo su final deseado. El monumento marca el lugar de la incineración.

del ferrocarril y el río durante los siguientes 8 km. Aparte del ruido de los trenes, este es el tramo más tranquilo y verde del trayecto y el principal rasgo distintivo de esta ruta.

05 Hay un pequeño afluente al acercarse a Signa, una localidad que forma parte del área metropolitana de Florencia, donde el camino gira a la derecha alejándose del río y pasa bajo las vías férreas para unirse a una carretera. A la derecha, está el espacio verde del parque Renai, con lagos aptos para el baño en verano y muchos carriles bici para explorar, con energía y tiempo. Se toma el camino de tierra que discurre junto a la carretera hasta pasar la entrada al parque de atracciones Happy Park y se gira a la izquierda por el puente de Via dei Renai sobre el río Bisenzio.

06 Tras cruzar el puente, hay que apearse en el paso de cebra y tomar el estrecho camino (todavía Via dei Renai) al otro lado. Se sigue hasta el cruce con Via Roma. Si se pasa por alto el pequeño camino cerca del paso de cebra, se puede seguir la carretera principal hacia el sur, que termina en Via Roma tras una curva natural a la derecha de la carretera. Se gira a la izquierda por Via Roma.

07 Este es el centro de Signa, una típica ciudad dormitorio con una modesta iglesia y casas descoloridas por el sol. Se toma Via Roma hasta llegar a la bifurcación, donde se toma a la izquierda por Via della Stazione, hacia la estación del tren de regreso. En este punto, también se puede optar por volver por donde se ha venido. Los más aventureros pueden cruzar el río por el puente al otro lado de la estación y regresar a Florencia por la otra orilla, desviándose para visitar el hermoso jardín de Villa Caruso allí cerca. Sin embargo, no forma parte del itinerario marcado.

Una pausa

No hay tiendas por el camino, pero se puede hacer un desvío al llegar a la estación de trenes de Le Piagge, donde hay un bar justo frente a la estación, o en S Donnino, que tiene un restaurante. También se puede comprar unos sándwiches y comerlos en el tren de vuelta tras la excursión. En Signa, mientras se espera el tren, se puede pasar por la **Pasticceria Catania di Catania Francesco** para tomar un café y una pasta.

PEL_1971/GETTY IMAGES ©

Carril bici por el río Arno.

El Arno y Florencia

Con 241 km de longitud y 8228 km^2, el Arno es el segundo río más importante de Italia central, tras el Tíber, y está muy vinculado a la historia de Florencia. El río era una importante ruta de transporte entre el mar y los Apeninos, y Florencia era un punto de tránsito clave. Esto proporcionó mucho comercio y trabajo a sus habitantes hasta 1333, cuando el río dejó de ser navegable por falta de caudal. No obstante, se ha desbordado varias veces, con la mayor inundación en 1966, una de las peores de la historia. Por la orilla de Florencia hay placas que marcan el nivel de esta crecida.

24

Ideal para

ARTE Y CULTURA

Florencia: parques, Miguel Ángel y fútbol

BAHDANOVICH ALENA/SHUTTERSTOCK ©

Piazza della Repubblica.

DURACIÓN	DIFICULTAD	DISTANCIA	INICIO/FINAL
1,5 h	Baja	16 km	Piazza di Santa Maria Novella

TERRENO	Carreteras compartidas, calles peatonales, carriles bici en carretera

Florencia se considera la cuna del Renacimiento y donde la presencia del gran artista italiano Miguel Ángel es más prominente. Esta ruta recorre distintos monumentos renacentistas, como la Gallerie dell'Accademia, donde se exhibe la estatua de *David,* pero también algo totalmente distinto, como conocer la pasión italiana por el fútbol en el Museo del Fútbol. Es una ruta en bicicleta inigualable por Florencia. El recorrido utiliza gran parte de la excelente red de carriles bici de la ciudad y revela zonas de Florencia que no siempre se exploran a pie.

Alquiler

Florence by Bike y Tuscany Cycle tienen muchas opciones. El programa Mobike ofrece la libertad de tarifas por hora.

Punto de partida

La Piazza di Santa Maria Novella es un punto de encuentro cerca de la estación homónima. El itinerario comienza en el sur de la plaza, cerca de la parada de taxis.

01 Se sale de Piazza di Santa Maria Novella por Via del Sole, siguiendo el sistema de sentido único que desemboca en Via degli Strozzi, pasando por dos antiguos palacios ahora reconvertidos en hoteles y galerías de arte. Manteniéndose a la derecha para dejar pasar los coches por estas calles estrechas, finalmente se entra en Piazza della Repubblica por debajo del arco de triunfo.

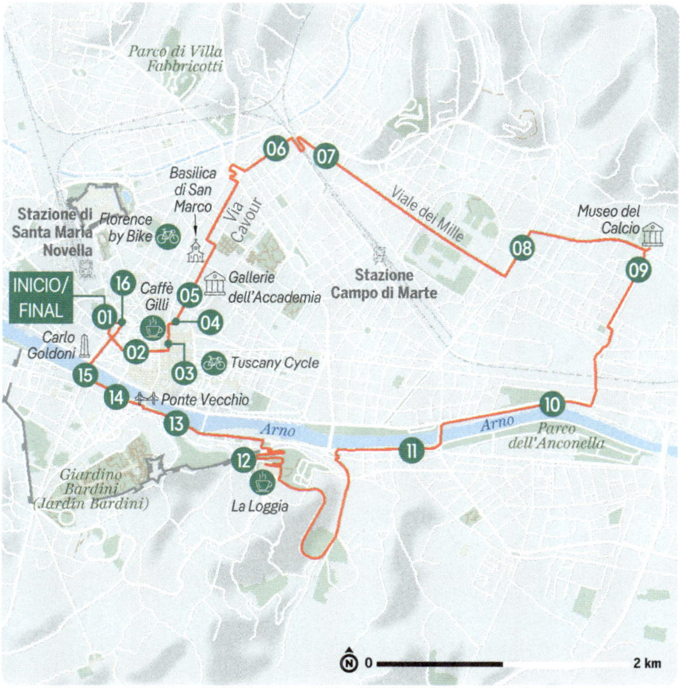

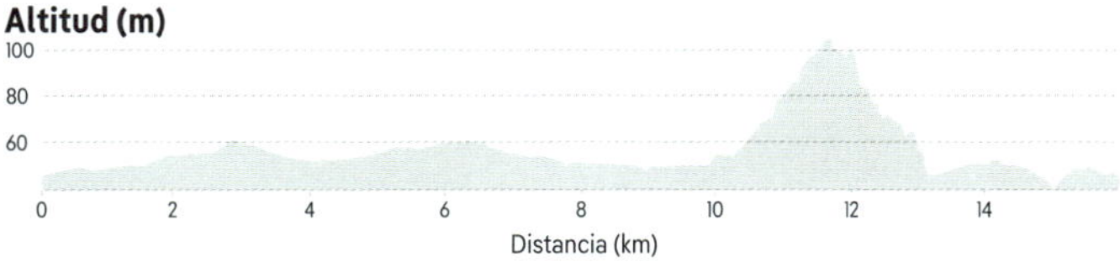

02 Se puede explorar la plaza, considerada el centro de Florencia desde tiempos de los romanos y emplazamiento de animados mercados en épocas medievales. La columna de la Abundancia señala el lugar donde se erigía el foro romano. Hoy en día artistas y músicos callejeros mantienen la plaza animada y vibrante, y los cafés históricos se animan en especial al anochecer. Se deja la plaza por Via degli Speziali, justo enfrente del arco de triunfo.

03 Esta es la Via dei Calzaiuoli, la calle peatonal mayor de la ciudad. Es una de las calles más elegantes del centro histórico y un paraíso para las compras. Se gira a la izquierda. Los peatones tienen preferencia, hay que circular con cuidado.

04 Al final de la calle mayor se llega a Piazza del Duomo. A la derecha está la monumental catedral de Florencia del s. XIII, Santa Maria del Fiore, y a la izquierda, el icónico Battistero di San Giovanni octogonal, ambos con fachadas de mármol similares. Se pueden explorar a voluntad y luego dejar atrás las multitudes por la estrecha calleja Via Ricasoli, pasando por las Gallerie dell'Accademia, donde se exhibe el *David* original de Miguel Ángel. Justo detrás está Piazza San Marco.

05 Se gira a la izquierda y se cruza Piazza San Marco, luego a la derecha hacia la basílica de San Marco y por el carril bici de Via Camillo Cavour. Hay que recorrerlo toda, con cuidado en los cruces y con los coches que cruzan. Se llega a Piazza della Libertà, con un arco de triunfo del s. XVIII y la Porta San Gallo del s. XIII. Se continúa adelante, siguiendo las curvas del carril bici por Viale Don Giovanni Minzoni.

06 Hay que seguir el carril bici por esta carretera principal hasta el final, en las líneas del ferrocarril. Para cruzar al otro lado, hay un paso subterráneo lleno de *graffiti*. Conocido localmente como "the Cure", está compartido con peatones y es obligatorio apearse de la bicicleta, un buen motivo para examinar las obras de arte.

07 Al salir del paso subterráneo, se cruza la carretera y se entra en el carril bici en Viale dei Mille. Se cruza esta área suburbana hacia el complejo deportivo de Florencia, con un estadio y varias pistas exteriores. El fútbol es algo importante en la ciudad y puede haber gran alboroto por aquí en días de partido. Se puede rodear el estadio, o seguir la ruta hasta el final de la carretera y girar a la izquierda

Una pausa

Piazza della Repubblica tiene un par de notables cafés históricos que vale la pena visitar. Incluso sin hambre, es recomendable tomar un café y una deliciosa pasta para admirar el elegante interior del **Caffè Gilli.** Con más de 270 años, es el café más antiguo de Florencia, y los siglos de continuo comercio le han dado un cierto estatus de realeza en la escena de los cafés florentinos.

en la vía de tres carriles encajada entre dos calles, con cuidado con los coches en los cambios de sentido.

08 En la rotonda, se gira a la derecha. Todavía por el carril bici, se baja por Viale Giovanni Verga hasta otro complejo deportivo donde se encuentra el Museo del Calcio, imprescindible para los fans del fútbol. Hay un aparcabicis delante de la entrada; no hay que olvidar el candado.

09 Desde el museo, se sigue la vía por la calle principal, Via del Gignoro, hacia el río. Hay un par de cruces confusos con múltiples desvíos, pero, si se siguen los carriles pintados de rojo en la dirección general, no habrá ningún problema. Tras cruzar de nuevo la vía férrea, se llega a una pequeña rotonda con una fuente. Se gira a la derecha.

10 El carril bici pasa por la carretera principal; se ve la orilla del río tras el pequeño *parking* del Tuscany Hall. Es más tranquilo y verde por los senderos del jardín, pero no hay que dejarse llevar e ir demasiado lejos, ya que habrá que cruzar el Ponte Giovanni da Verrazzano poco después de pasar el encantador hotel Ville Sull'Arno junto al río. Se gira a la derecha al final del puente, en la rotonda.

11 Se sigue por el carril bici hasta casi llegar al siguiente puente, se tuerce a la izquierda y se baja de la bici para cruzar varios pasos peatonales hasta llegar a Viale Michelangiolo. La carretera asciende poco a poco y gira hacia Piazzale Michelangelo, donde las mejores vistas de Florencia recompensan el esfuerzo. Se puede hacer una pausa en Piazzale Michelangelo, compartiendo las vistas panorámicas con una réplica de bronce del *David*. Suele haber mercados donde se pueden comprar recuerdos y una cafetería en el edificio La Loggia para tomar un café y un pastel. En cada lado de la *piazza* hay un jardín de lirios y una rosaleda, así como una fuente de agua potable en el lado este del aparcamiento.

12 Se toma la empinada carretera sinuosa compartida con coches para bajar de nuevo a la calle. Por el camino hay una fuente de varios niveles a la izquierda y, al final del zigzag, una imponente puerta del s. XII, Porta San Niccolò. Tras pasar estos puntos de interés en la carretera principal, se gira a la izquierda por el carril bici junto al río, que termina en Ponte alle Grazie, pero la pequeña carretera que sigue adelante, con coches aparcados en ambos lados, es apta para ciclistas y los conductores llevan cuidado.

Piazzale Michelangelo.

Nota sobre el ciclismo urbano

Hay cerca de 100 km de carriles bici en Florencia, aunque la mayoría están fuera del centro o junto al río, usados por residentes que van de un sitio a otro. En el centro histórico, las calles estrechas y las plazas concurridas dificultan la creación de más infraestructuras para bicicletas, pero los conductores están acostumbrados a ellas y para circular seguro solo hay que tener un poco de sentido común sobre seguridad vial. Hay que seguir el flujo de tráfico (no ir en contra) para disfrutar de un día en bici; de ir en dirección contraria al tráfico, mejor apearse.

MISTERVLAD/SHUTTERSTOCK ©

Museo del fútbol italiano

Un edificio aparentemente modesto en una ubicación icónica para el fútbol italiano, el famoso Coverciano en las afueras de Florencia, alberga el Museo del Fútbol, un homenaje a la relación italiana histórica y actual con el balompié, desde 1922 hasta hoy. Abierto en 2000, las exposiciones multimedia trazan la historia de los equipos nacionales masculinos y femeninos a través de su desarrollo, sus lágrimas y triunfos. Está lleno de recuerdos, desde camisetas de jugadores y guantes de porteros a trofeos. También hay una sección dedicada al fútbol internacional.

Basílica de Santa Maria Novella.

13 Hay que continuar; a la derecha se divisa el famoso Ponte Vecchio. Si se desea parar para una foto, hay que indicarlo y detenerse en el arcén. Si no, se sigue bajando por la carretera, que gira hacia un callejón más pequeño bordeado de tiendas. Se pasa bajo un arco al acercarse al Ponte Vecchio y se sigue por Borgo San Jacopo hasta un grupo de semáforos donde hay que girar a la derecha hacia Ponte Santa Trinita.

14 Aún no hay que cruzar el puente. Se sigue junto al río por Lungarno Guicciardini, de nuevo con un poco de tráfico, hasta Ponte alla Carraia, donde se querrá cruzar el río. Pero antes se puede seguir un poco más allá del puente hasta una plataforma sobre el río donde hay un bonito mirador de la pequeña cascada de barrera. Se regresa a Ponte alla Carraia tras una breve parada y se cruza el río por el carril bici.

15 El monumento a Carlo Goldoni, dramaturgo y escritor veneciano, considerado el padre de la comedia italiana, saluda al ciclista al otro lado al final del puente. Se querrá ir recto en esta dirección, pero es un cruce muy concurrido con coches y autobuses que giran, así que hay que prestar atención. Se cruza la carretera a pie hacia Piazza Goldoni detrás del monumento, luego por la estrecha calle de sentido único de Via del Moro, mirando bien los coches.

CONSEJO:

"Mille e una bici" (en.comune.fi.it) es un sistema de bicis compartidas con tarifas desde 2 €/h, ideal para pedalear por una pequeña parte de este itinerario durante un par de horas. Las bicicletas están en la estación central de trenes y en Piazza Ghiberti.

16 Siguiendo el flujo de tráfico, se va viendo la Piazza Santa Maria Novella a la izquierda por una serie de calles de sentido único. Desde aquí se puede retroceder al punto de partida, o bien seguir hasta un cruce con una columna de la cruz, donde hay que girar por Via dei Banchi a la izquierda de la columna; el tráfico finalmente avanza en el buen sentido. Se gira a la izquierda a la *piazza*, frente a la basílica de Santa Maria Novella.

Una pausa

Hacia el final de la ruta, **La Loggia** en Piazzale Michelangelo es un restaurante con terraza que sirve comidas de estilo toscano y un menú *aperitivo* de vino y cócteles y platillos. También ofrece un delicioso menú de postres con platos dulces, desde quesos a helados y, por supuesto, el icónico tiramisú. Es el lugar perfecto para un tentempié o una comida admirando Florencia desde las alturas.

25

Ideal para

GASTRONOMÍA

Ciclopista del Trammino

DURACIÓN	DIFICULTAD	DISTANCIA	INICIO/FINAL
1,5 h	Baja	26 km	Torre Inclinada de Pisa
TERRENO	Asfaltado		

DELPIXART/GETTY IMAGES ©

Torre Inclinada, Pisa.

Esta ruta permite salir del bullicioso centro de Pisa y pasar un día pedaleando hasta la costa por una antigua vía férrea y una de las vías ciclables más recientes de la Toscana: la Ciclopista del Trammino. Prácticamente sin tráfico, sigue la excelente red de carriles bici de Pisa para salir del centro, antes de recorrer la pintoresca campiña junto al Arno. En Marina di Pisa es el momento de disfrutar con un poco de marisco y un *gelato*. Es ideal para familias y si se busca un ritmo más pausado.

Alquiler

Smile & Ride ofrece una selección de bicicletas, desde urbanas básicas a bicis de carretera. Tarifas desde 7,50 €/hora o 17 €/día.

Punto de partida

El inicio oficial está en la antigua estación de Marina Trammino, cerca de la estación de trenes Pisa Centrale. Pero este itinerario empieza en la Torre Inclinada de Pisa.

01 Se empieza en el lugar más famoso de la ciudad, al pie de la Torre Inclinada de Pisa. Desde aquí, se sigue la pequeña Via Santa Maria hacia el sur hasta el río. La primera mitad de esta calle es principalmente para peatones y bicicletas, mientras que la segunda es una carretera con coches aparcados en ambos lados. Aquí no se circulará solo y los italianos están acostumbrados a compartir las carreteras con ciclistas, pero hay que tener cuidado igualmente. Se gira a la derecha al llegar al río.

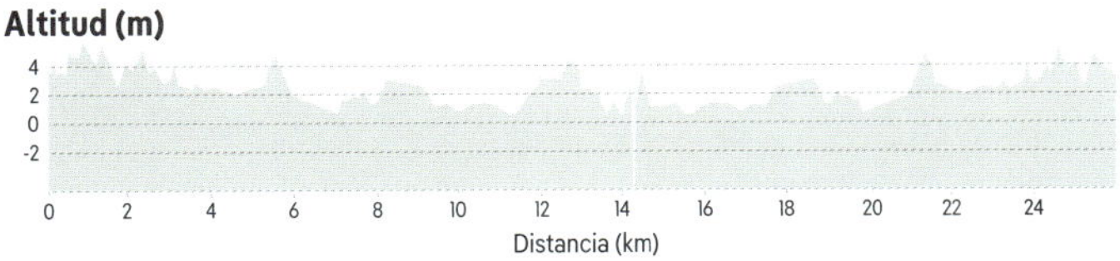

DEA/R. CARNOVALINI/GETTY IMAGES ©

02 Se tuerce a la izquierda para cruzar el Ponte Solferino e inmediatamente a la derecha tras el puente para unirse a un agradable tramo de la ruta que sigue el río, con vistas a la parte histórica de Pisa.

03 La vía gira en un cruce donde se ven las dos puertas antiguas que quedan de Pisa, con el hotel Torre Guelfa al otro lado del río y las ruinas de la Porta della Degazia inmediatamente a la derecha. Se sigue la vía ciclable que bordea el antiguo muro del bastión hasta una pequeña rotonda.

04 Por el segundo paso peatonal tras la rotonda se cruza a un carril bici entre dos edificios. Ahora ya se circula oficialmente por la Ciclopista del Trammino. Se sigue adelante pasando por el puente del ferrocarril.

05 Esto es todavía el centro urbano. Hay que seguir por la vía ciclable. Se atraviesan varios cruces marcados con líneas de cebra. Hay que recordar cruzarlos apeándose de la bicicleta conforme a la ley italiana.

06 Un pequeño tramo de la vía ciclable que se acerca al canal Navicelli está pintado de rojo, ya que se comparte con peatones; hay que reducir y ceder el paso si fuera necesario.

Acerca de la Ciclopista del Trammino

Esta ruta se inauguró en el 2020 tras varios años planificando una vía ciclable que conectara Pisa con su puerto deportivo. La antigua línea de ferrocarril abrió en 1892, desde la estación de Marina Trammino a la estación de Marina di Pisa (en la foto). El tren, llamado *Stràsciapoveri,* hacía un trayecto de 14 km ¡en 42 minutos vertiginosos! En la estación de Marina di Pisa se puede ver el antiguo andén y las vías. La línea cerró en 1932 por poca demanda. Hay restos del antiguo ferrocarril a lo largo de la ruta.

07 Se sigue por Via Livornese. Es la carretera principal de Pisa a Livorno. Según el momento del día, puede haber tráfico; pero no hay que preocuparse, pronto queda atrás.

08 Tras un giro final a la derecha desde Via Livornese en las afueras de Pisa, se entra en una vía ciclable de tres carriles sin tráfico. Ya se puede respirar tranquilo. El centro de Pisa ha quedado atrás.

09 Los siguientes 8 km son la parte más hermosa de esta ruta. Tras un tramo inicial paralelo a la carretera principal, el resto del itinerario es más tranquilo y se pedalea entre arbustos y cultivos en ambos lados, pasando un par de localidades por el camino. Hay algunos puntos donde la vía ciclable cruza una carretera rural con coches ocasionales, atención. En los fines de semana soleados y durante las vacaciones escolares italianas puede estar muy concurrido, pero aun así suele haber momentos tranquilos.

10 Al acercarse al puerto deportivo de Pisa, la vía gira a la izquierda por un pinar. Se sigue por ahí hasta que termina en la antigua estación de trenes de Marina di Pisa, el final oficial de la vía ciclable.

11 Desde aquí, se sigue el itinerario marcado para regresar a Pisa. Sin embargo, se recomienda tomarse un tiempo para explorar tranquilamente la zona del puerto deportivo antes de regresar. Desde la estación de trenes en desuso, el mar está bajando recto por Via Cagliaritana (compartida con coches). Un encantador camino ciclable por la playa es una buena forma de regresar a la parte principal de la Ciclopista del Trammino, pasando por el puerto y con vistas al antiguo palafito pesquero en la desembocadura del río Arno. Se puede volver a la ciclovía principal, que lleva a la estación central de Pisa hasta la antigua estación de Marina Trammino, técnicamente el inicio oficial de la Ciclopista del Trammino.

Una pausa

En la esquina de Piazza Gorgona en la zona litoral de Marina di Pisa se encuentra el agradable **Bar Il Piccinino,** donde sirven comidas ligeras como sándwiches, ensaladas y tentempiés, con vistas al mar. Es un popular lugar para un *aperitivo* y puede llenarse por la tarde. Para una comida más copiosa, **La Rustica,** un poco más lejos hacia el puerto deportivo, ofrece un menú de pasta, *pizzas* y platos de marisco fresco. Hay que probar el *fritto misto di mare* (pescado mixto frito), hecho al estilo local.

San Piero a Grado.

San Piero a Grado

Con tiempo, se recomienda desviarse al pueblo de San Piero a Grado para visitar la iglesia del s. XI, reconocida como "monumento mensajero de la paz" por la Unesco.

Particularmente interesantes son las tallas de piedra de rostros y patrones en los muros y marcos de las puertas; algunos parecen grafitis medievales. El antiguo campanario fue destruido al final de la II Guerra Mundial por las tropas alemanas en retirada; tras algunos proyectos interrumpidos, la reconstrucción se reinició en el 2019.

26

Ideal para

VIDA SALVAJE

Laguna de Orbetello y flamencos

DURACIÓN	DIFICULTAD	DISTANCIA	INICIO/FINAL
1,5 h	Baja	19 km	Orbetello

TERRENO	Carril asfaltado en carretera, tranquilas carreteras rurales

LUCIANO SALVATORE/SHUTTERSTOCK ©

Flamencos, laguna de Orbetello.

La Toscana en general es ideal para recorrerla en bicicleta, pero el litoral es particularmente interesante por su biodiversidad, y más si hay flamencos por el camino. Se empieza en la pequeña localidad de Orbetello, un antiguo asentamiento etrusco que ocupa una de las geolocalizaciones más singulares de la Toscana, un pequeño tramo de tierra que atraviesa la laguna de Orbetello. A lo largo de la ruta se encuentran aves salvajes y naturaleza, en general por caminos sin tráfico. Las bandadas de flamencos rosas se ven entre otoño y primavera.

Alquiler

El negocio familiar La Casa del Ciclo, cerca de Piazza Mario Cortesini, punto de partida en el centro de Orbetello, alquila y repara bicicletas desde 1937. Alquiler desde 10 €/día.

Punto de partida

Se empieza en el centro de Orbetello, en Piazza Mario Cortesini. Si no se pernocta aquí y se llega en tren, la estación de Orbetello Monte Argentario está a unos 3,5 km.

01 Esto es el centro de Orbetello, en la laguna conocida por las bandadas de flamencos blancos y rosas que nidifican en otoño e invierno. Desde la fuente en medio de la Piazza Mario Cortesini hay que pasar bajo los arcos de la histórica Porta Nuova, luego girar inmediatamente a la izquierda por un aparcamiento por Via Giamcomo Leopardi. Al final, se llega a un cruce perpendicular a una vía ciclable. Se gira a la izquierda por ella.

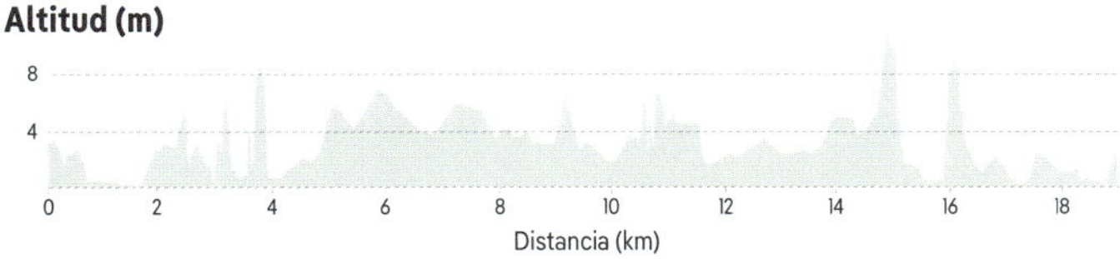

FOOTTOO/SHUTTERSTOCK ©

02 Tras unos 100 m aparecen magníficas vistas de la laguna a la derecha. Con suerte, podrán verse algunos flamencos y aves acuáticas. Se sigue abajo por este agradable tramo de la ciclovía, que lleva a la carretera elevada que cruza la laguna. Hay un antiguo molino de viento en la laguna a la derecha.

03 Rodeados por agua en ambos lados, circular tan cerca de la superficie del agua siempre es una aventura. Cerca del final de la carretera elevada, la vía ciclable gira a la derecha dentro de un parque. No hay que seguirlo; en vez de ello, hay que unirse con cuidado al tráfico en la carretera y hacer un giro a la izquierda por Strada Provinciale Porto Ercole. A partir de aquí se circula con tráfico rodado. Aunque resulte muy tentador, las bicicletas no pueden entrar en el sendero peatonal a la izquierda: hay que seguir la carretera y relajarse; los conductores suelen ser respetuosos con los ciclistas.

04 Se sigue la carretera de tres carriles que discurre junto a la laguna en el lado izquierdo. Se pasa el pequeño pueblo de Le Miniere antes de llegar a la siguiente intersección. Se sigue en dirección al tráfico y se gira a la izquierda, con la laguna a la izquierda y un *camping* a la derecha.

El molino español

El viejo molino de viento (en la foto) en el centro de la laguna es el único superviviente de una antigua serie de nueve. Fueron construidos en la laguna por los sieneses en torno al s. XV con fines defensivos; más tarde durante el dominio español fueron restaurados y reconvertidos en molinos de trigo y maíz, usando la fuerza del viento y las corrientes de agua. Los productos resultantes se mandaban a tierra en pequeños barcos llamados *barchini*. En los últimos años, el molino que queda se ha convertido en un símbolo de Orbetello.

05 Aquí el entorno empieza a ser más verde. Enfrente está la Riserva Naturale Duna Feniglia, un largo tramo de pinares flanqueado por la laguna y el Mediterráneo. Se puede explorar la red de senderos ciclables a placer, admirar las torres de observación de aves en la laguna o las playas que se extienden por el bosque.

06 Al salir del bosque hay un puente al otro lado: se cruza y se sigue la carretera que gira a la izquierda rodeando un aparcamiento con una valla a la izquierda. Al llegar al cruce con una señal de stop, se gira a la izquierda. Aunque sea estrecha, es una de las carreteras principales de la zona, así que hay que tener cuidado con los coches. Pero no hay que preocuparse, en breve se sale de ella.

07 Tras 150 m, antes de un puente de ferrocarril elevado, hay que buscar el sendero vallado con una señal azul de peatones y ciclistas a la izquierda. Se gira a la izquierda por él. Es un camino sin tráfico que sigue la vía férrea de regreso a Orbetello.

08 Al acercarse a la ciudad, el sendero se convierte de nuevo en una carretera con tráfico, que termina en una discoteca con un gran aparcamiento a la derecha. Enfrente hay una carretera principal; se cruza con atención, por las líneas de tráfico en el suelo, y se gira a la izquierda. Solo se recorre esta carretera 20 m antes de torcer a la derecha en la pequeña Chiesa di San Giuseppe Benedetto Cottolengo.

09 Se cruza de nuevo la carretera en el siguiente cruce donde hay un pequeño centro comercial con un aparcamiento. En este punto se sigue el flujo de tráfico a la derecha por Via Franco Baghini, luego a la izquierda por Via della Stazione para entrar en el inicio de la vía ciclable a la izquierda justo antes de la zona de aparcamiento.

10 En el siguiente cruce se gira a la derecha, siempre por la vía ciclable. Una vez más, se ve la magnífica laguna a la izquierda donde se puede intentar ver aves acuáticas. Se sigue bajando por esta vía hasta volver al centro.

Una pausa

Antes de salir se pueden comprar provisiones para un pícnic en la **Antica Pasticceria Ferrini,** una agradable panadería, o en **Maremma Pane,** una pequeña charcutería local, para disfrutar en las mesas de pícnic del bosque, o en la playa, ya que no hay tiendas en la reserva natural. También hay un restaurante frente al aparcamiento de Feniglia, al otro lado del bosque, donde se puede parar a comer o tomar un café con *brownie*. Mejor comprobar si está abierto el día de la visita.

Laguna de Orbetello.

Riserva Naturale Laguna di Orbetello

Aunque los flamencos son las estrellas inequívocas de la laguna de Orbetello, en realidad debe atribuirse la creación de la reserva a las cigüeñuelas comunes. Un proyecto de WWF, la reserva nació en 1971 tras el descubrimiento de una pequeña colonia de cigüeñuelas comunes en la laguna, una especie que se creía extinta en Italia.

Como reserva de humedales, es un paraíso para la observación de aves. Las torres de observación en su interior, así como en los alrededores del lago, permiten a los visitantes observar la vida de las aves acuáticas.

27

Sentiero della Bonifica

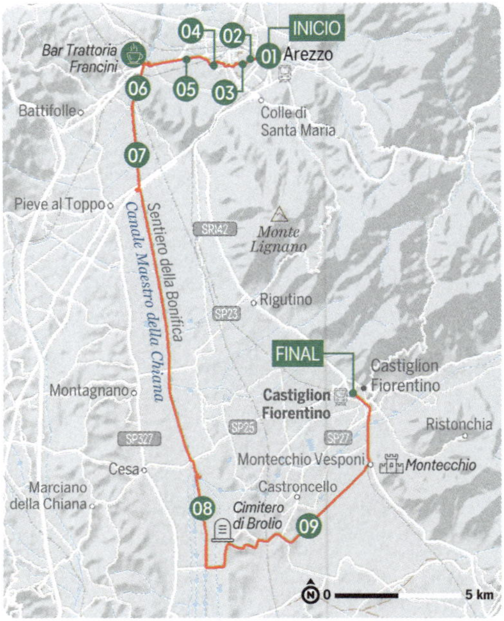

DURACIÓN	DIFICULTAD	DISTANCIA	INICIO/FINAL
4 h	Media	40 km	Arezzo/ Castiglion Fiorentino

TERRENO	Carril asfaltado en carretera, carreteras compartidas, camino de tierra

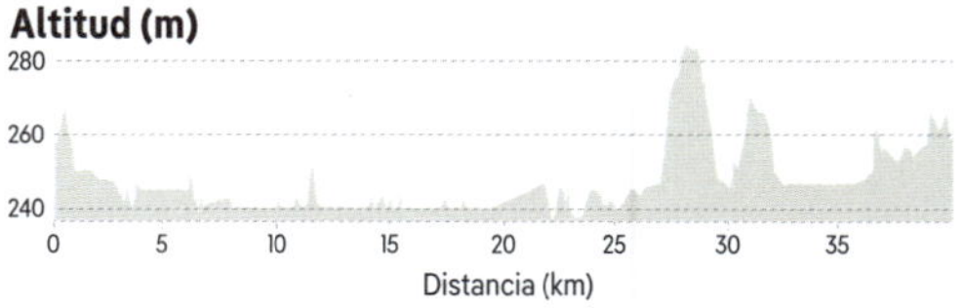

El "sendero de la Recuperación" atraviesa un valle por una antigua carretera usada para el mantenimiento del canal histórico entre Arezzo y Chiusi. El itinerario completo tiene 60 km, con puntos de acceso por todo el camino, facilitando a los ciclistas elegir los tramos que quieren hacer. También hay prácticos paneles informativos con historias, así como grifos para llenar las botellas. Desde Arezzo se utiliza la excelente red de vías ciclables para llegar a la ruta oficial antes de desviarse por carreteras secundarias hasta Castiglion Fiorentino, desde donde se puede volver al punto de partida en tren.

Alquiler

Epic Bike (epicbike.it) es un servicio de entrega y recogida de bicis de alquiler en la zona de Arezzo. Precios desde 45 €/60 € al día bicicleta normal/eléctrica.

Punto de partida

Se empieza en el borde de un pequeño parque al sur de la estación de trenes de Arezzo, accesible por un túnel bajo las vías desde el lado histórico de Arezzo.

01 Desde la estación de trenes de Arezzo se sigue la vía ciclable a la derecha hasta el cruce. Hay que cruzar la carretera a pie para unirse a la vía junto a un pequeño restaurante en Via del Duomo Vecchio, que termina al cabo de 60 m. Se sigue por el sendero de tierra con el letrero "Sentiero della Bonifica".

Olivar cerca de Arezzo.

Ideal para

HISTORIA

La Recuperación

Hasta la década de 1800, la zona entre Arezzo y Chiusi era un barrizal o estaba inundada debido a los movimientos tectónicos que desplazaban el flujo de dos ríos que inundaban el valle entre Arezzo y Chiusi. Un proyecto de recuperación fue la solución del ingeniero hidráulico Vittorio Fossombroni. Primero se construyó un canal para verter el exceso de agua en el Arno cerca de Arezzo. Luego se elevó la tierra y se recuperó; el resultado es una tierra altamente fértil con buen acceso al agua para el cultivo de hortalizas, manzanas, peras, uvas y aceitunas, entre otros.

02 Se llega a un pequeño cruce con un tramo de escaleras enfrente y un bar; se entra por las puertas a la izquierda y se sigue la bifurcación a la izquierda hasta la carretera. Se sigue bajando y se tuerce a la derecha para unirse al tráfico en Via Paolo Toscanelli.

03 Al llegar a un cruce donde termina la carretera, se gira a la derecha por la concurrida Via Alcide De Gasperi. Pero no hay problema, pronto se sale. Un carril bici espera en el siguiente cruce, donde se tuerce a la izquierda. Hay que seguir este carril, que gira a la izquierda, en la siguiente curva en un cruce, vira de nuevo a la carretera y luego desciende bajo un gran cruce circular. Se sigue adelante hasta que el carril bici cruza al otro lado de la carretera. Luego se va por el sendero con un parque a la izquierda y viviendas y un aparcamiento a la derecha.

04 El carril bici termina cuando llega a la carretera. Se gira a la izquierda para unirse al tráfico. Pasando una manzana de espacio verde a la derecha, es solo un tramo hasta llegar a otro carril para peatones y ciclistas por Via Caduti di Cefalonia e Corfù; esta vez se gira a la derecha. Se sigue hasta que pasa por debajo de la carretera elevada y queda interrumpido antes de volver a cogerlo al otro lado a la derecha. Hay que seguir pedaleando hasta llegar a Via Piero Calamandrei.

05 Esta es una de las principales carreteras de entrada y salida de Arezzo. Se gira a la izquierda por el carril bici del mismo lado de la carretera. Al cabo de 2 km se llega a una rotonda. Hay que seguir el carril que la rodea en dirección del tráfico, y tomar la breve pista de tierra a la entrada del puente, donde hay que unirse con cuidado al tráfico. Al final del puente se cruza el paso de cebra hacia el Bar Trattoria Francini.

06 A continuación se pasan los edificios y se toma la pequeña calle a la izquierda. El sendero de tierra al final de la calle es el sendero de la Recuperación, por donde discurre la mayor parte del resto de la ruta. Hay que girar a la derecha para unirse a él.

07 El primer tramo todavía está abierto al tráfico de las granjas locales, aunque se convierte en un sendero compartido entre ciclistas y peatones. Se avanza unos 20 km por el sendero, la mayor parte sin tráfico. Sin embargo, hay puntos en que se cruza con una carretera o requiere pasar al otro lado del canal, ojo a los coches.

08 Al llegar a la intersección con la Strada Provinciale 27, se gira a la izquierda. La SP27 pasa por Brolio, uno de los pueblos agrícolas de esta ruta. En el pequeño cementerio, Cimitero di Brolio, a la izquierda, se gira a la derecha después del paso

Una pausa

Se recomienda llevar un almuerzo ligero, algunos tentempiés y una botella llena de agua, ya que no hay tiendas por el camino. También se puede parar en el **Bar Trattoria Francini** antes de entrar en el Sendero de la Recuperación, para tomar un café y una pasta. Hay varias fuentes por el camino, así que ¡a hidratarse!

Castillo Montecchio.

de cebra, por Via della Chiesa Brolio. Termina en el cruce con la SP27. Hay que girar a la derecha.

09 Al llegar a la rotonda, se sigue recto (primera salida) por una carretera sin nombre, cuyo asfalto se disuelve en un camino de tierra tras un par de casas. Al final del camino emerge el castillo de Montecchio en lo alto de una colina a la derecha. Al llegar a la carretera principal por debajo del castillo, se gira a la izquierda. Este último tramo del trayecto es por una carretera muy transitada; hay que ir con mucho cuidado. Se sigue el flujo de tráfico para entrar en el pueblo de Castiglion Fiorentino. De la estación de trenes parte el tren de regreso a Arezzo.

Personajes interesantes de Arezzo

Al principio de la ruta hay dos estatuas de bronce dedicadas a dos ciudadanos especiales de Arezzo, a la derecha frente a una hermosa mansión. La señora es Angiolina Cipollini. Nacida en 1888, solía pedir limosna por las calles de Arezzo. Incordiada a menudo por los chicos de la ciudad, nunca perdía su buen humor. El hombre a la izquierda representa a un padre que perdió a su hijo durante la guerra en Rusia. Solía vestir de color dorado y permanecer de pie en silencio con su bici, esperando el regreso de su hijo.

Otras propuestas

Elba.

UMOMOS/SHUTTERSTOCK ©

El sendero de la Recuperación completo

DURACIÓN	DIFICULTAD	DISTANCIA
7 h	Alta	60 km

Los que tengan ambición y energía pueden optar por recorrer todo el Sentiero della Bonifica, desde Arezzo a Chiusi (o a la inversa).

Es una buena ocasión para conocer mejor los atractivos del paisaje restaurado de este valle. No solo el área se transformó por los drenajes de agua, sino que además fue un campo de batalla entre varios poderes de la Toscana. Aquí hay de todo, desde torres defensivas construidas por las reclamaciones de tierras políticas a extraordinarios puentes y túneles para manipular las corrientes. Cerca de Chiusi, la Riserva Naturale Lago di Montepulciano muestra lo que queda del barrizal prehistórico de la zona; es un buen lugar para la observación de aves.

Vuelta a la isla de Elba

DURACIÓN	DIFICULTAD	DISTANCIA
5 h	Media	40 km

Tierra de exilio de Napoleón Bonaparte, es accesible en ferri desde Piombino. Con fantásticas vistas al mar y algunas de las mejores playas del país, la isla es lo bastante grande para un día entero de exploración en bicicleta.

Desde el puerto principal de Portoferraio se pueden explorar varios rincones de la isla. Por carreteras tranquilas, es fácil elegir una dirección y crear una ruta en un circuito de ida y vuelta. Algunas partes de la isla pueden ser difíciles debido al accidentado terreno, pero no hay nada demasiado extenuante o que requiera un fuerte entrenamiento. Si no, se puede alquilar una bicicleta eléctrica para acceder mejor a los miradores en la cima de las montañas que ofrecen vistas de las playas.

WOJCIECH TCHORZEWSKI/SHUTTERSTOCK ©

Puertas históricas, Siena.

El volcán de la Toscana

DURACIÓN	DIFICULTAD	DISTANCIA
6 h	Alta	40 km

En el lado sur de la Toscana se encuentra el volcán durmiente del monte Amiata, de 1736 m. Una forma diferente de explorar la Toscana en bicicleta.

El territorio es sobre todo para bicis de montaña, pero las carreteras tranquilas también permiten explorar la zona en calma. Las frondosas pendientes de Amiata son deliciosas en otoño cuando los residentes vuelven a casa con las cestas llenas de castañas recogidas en castañares. Quien quiera saber cómo convivía la gente con los volcanes debería visitar la ciudad minera de Abbadia San Salvatore. Al final del día, nada mejor que un chapuzón en los baños sulfurosos naturales de Bagni di San Filippo.

Puertas de Siena

DURACIÓN	DIFICULTAD	DISTANCIA
1 h	Baja	12 km

Ciudad conocida por su asociación con el Palio, una antigua carrera de caballos entre las *contradas* de Siena (desde el s. XVII), esconde mucha historia dentro de sus puertas.

Este itinerario se puede empezar desde cualquier puerta; es una agradable ruta que recorre el muro exterior de Siena, pasando por las 12 *porte* (puertas) históricas, desde la antigua Porta Romana y Pispini hasta la fortaleza asociada a la poderosa familia de los Médicis, la mejor forma de conocer la historia de la ciudad. Al final, se puede añadir una vuelta alrededor del circuito inclinado de Piazza del Campo para rendir tributo al Palio, que se celebra aquí mismo dos veces al año.

Monte Amaro
Vasto
Casoli
Sulmona
ABRUZOS
Trigno
Parco Nazionale della Majella
Islas Tremiti
Campomarino
Peschici
Lago de Lesina
Lago de Varano
Parco Nazionale del Gargano
Lago de Guardialfiera
Castel di Sangro
MOLISE
Mar Adriático
Manfredonia
Isernia
Campobasso
Lago de Occhito
Golfo de Manfredonia
Venafro
Bojano
Lucera
Foggia
Lago del Matese
Cervaro
Barletta
Cerignola
CAMPANIA
Molfetta
29
Bari
Corato
Modugno
Mondragone
Benevento
Caserta
Polignano a Mare
Melfi
APULIA
32
Nola
Avellino
Nápoles
Lagopesole
Fassano
Monte Vesubio
Altamura
Pozzuoli
Pompeya
BASILICATA
Martina Franca
Golfo de Nápoles
Ischia
Matera
Salerno
31
Potenza
33
Massafra
28
Amalfi
Sorrento
Battipaglia
Capri
Bradano
Tarento
Golfo de Salerno
Parco Nazionale del Cilento, Valle di Diano e Alburni
Cavone
Bernalda
Agropoli
Parco Nazionale Dell'appennino Lucano
Agri
Golfo de Tarento
Monte Cervati
Lago de Monte Cotugno
Policoro
Sapri
Lagonegro
Parco Nazionale del Pollino
Golfo de Policastro
Mormanno
Praia a Mare
Monte Pollino
Trebisacce
Scalea
Sibari
Diamante
Valle di Paola
Lago de Tarsia
Lido Sant'Angelo
Mar Tirreno
Stazione di Torano
CALABRIA
Longobucco
Parco Nazionale della Sila
Camigliatello Silano
Cirò Marina
Paola
Cosenza
Lorica
San Giovanni in Fiore
30
Cotronei
Amantea
Monte Gariglione
Tacina
Crotone
Cartolano
Golfo de Sant'Eufemia
Catanzaro
Cropani Marina
Acconia
Catanzaro Lido
Golfo de Sant'Eufemia
Golfo de Squillace
Mar Jónico
Islas Eolias
Soverato
N
0
100 km

DYNAMOLAND/SHUTTERSTOCK ©

Ruinas romanas, Pozzuoli (p. 194).

Sur de Italia

Explorar

Sur de italia

La parte inferior de la bota italiana suele ser conocida por sus costas salvajes, paisaje accidentado y el tráfico caótico. Sin embargo, las cosas han cambiado y la creciente popularidad del ciclismo ha alterado las prioridades en las infraestructuras y el desarrollo turístico. No solo se están introduciendo lentamente carriles bici en pueblos y ciudades, sino que gran parte de la región también se ha volcado en crear itinerarios de cicloturismo por zonas hermosas. Desde rutas costeras a senderos por el bosque, pedalear por aquí ofrece la oportunidad de descubrir algunas de las áreas menos frecuentadas de las regiones menos visitadas de Italia.

Campania

Famosa por la bulliciosa ciudad de Nápoles y el área arqueológica de Pompeya, esta región atrae turistas a su espectacular costa desde el s. XVIII. La falta de infraestructuras modernas para el ciclismo puede dificultar encontrar una ruta confortable, en especial por Nápoles y alrededores, pero la elevada concentración de ruinas romanas, los paisajes fascinantes, los volcanes activos y la belleza del litoral la convierten en una fantástica experiencia ciclista.

Apulia

El *trullo* pullés es la imagen de postal de esta región, esos tejados cónicos grises contrastan notablemente con lo que popularmente se considera "arquitectura italiana". De hecho, esta pequeña región en el tacón de la bota italiana está llena de sorpresas: asentamientos antiguos, frágiles pueblos pesqueros, maravillosas ciudades sobre acantilados con casas encaladas y olivares frente al brillante turquesa del Adriático. Recorrer la campiña es adentrarse en el alma de la región y una oportunidad de aprender un poco de historia y patrimonio pulleses a través de su arquitectura y gastronomía.

Basilicata

En la frontera entre dos regiones, Matera suele considerarse erróneamente una ciudad pullesa. Aunque Sassi de Matera, Patrimonio Mundial de la Unesco, se hizo famosa como escenario de películas de Hollywood, también es una base ideal para una aventura

CUÁNDO IR

La mejor época para visitar el sur es en primavera, cuando hace sol, pero todavía no mucho calor, o en otoño, cuando la cosecha de la aceituna está en pleno auge. Se recomienda evitar julio y agosto, que son muy calurosos y concurridos, y el invierno de diciembre a febrero, cuando cierra la mayor parte de los hoteles y servicios.

en bicicleta por la región. Hay varias rutas a reservas naturales y parques nacionales y los más aventureros pueden atreverse con la larga ruta hasta el mar. No es fácil circular por los ondulados montes accidentados, pero la experiencia bien merece el esfuerzo.

Calabria

Conocida como la región de dos mares, flanqueada por el Adriático y el Tirreno, Calabria siempre ha sido un lugar de encrucijadas. Aunque suele usarse como puerta de entrada a Sicilia, es una estrella emergente en el panorama cicloturista de Italia. El flamante proyecto de la Ciclovia dei Parchi (ruta ciclable de los parques) pretende enlazar los cuatro parques nacionales por la columna vertebral de la región. El primer tramo de los 545 km previstos de esta ruta se ha abierto hacia los parques nacionales de Sila y Pollino y dice ser la mejor experiencia ciclista del sur.

EVENTOS

Festival de la Bicicleta de Nápoles

(napolibikefestival.it) Fin de semana de rutas en bicicleta, conciertos y actividades en honor de la bici y para promover mejores infraestructuras ciclistas en la ciudad. Suele celebrarse cada año en mayo.

Festival Valle d'Itria

(festivaldellavalleditria.it) Festival de música popular durante dos semanas en julio/agosto en Martina Franca de Apulia.

Festivales gastronómicos calabreses

En Calabria, la gastronomía regional se celebra en varios festivales de agosto a noviembre. El más insólito es el **'Nduja Festival** de Spilinga en honor a la salchicha picante untable, en agosto, mientras que la ciudad de Sant'Agata di Esaro es especialmente evocadora en noviembre, durante la **Feria de la Castaña.**

DÓNDE ALOJARSE

La falta de grandes cadenas de hoteles en el sur de Italia es parte de su atractivo. Desde *bed & breakfast* familiares a hoteles-*boutique* independientes, es una región para sumergirse en la calidez de la hospitalidad italiana. Por Nápoles y sus alrededores, hay una amplia selección de alojamientos, incluyendo lujosos resorts costeros. En Apulia se puede pernoctar en un *trullo* o una *masserie* tradicional para vivir una experiencia auténtica en esta región única. Aunque la costa puede ser tentadora en Calabria, merece la pena conocer el Parco Nazionale del Pollino, con acceso más fácil a los primeros tramos acabados de la Ciclovia dei Parchi.

TRANSPORTE

Nápoles es la mayor puerta de entrada al sur de Italia. Para acceder al resto del sur, hay una buena red de servicios regionales de tren y autobús entre las grandes ciudades y pueblos. En general se puede cargar la bicicleta en el tren con un suplemento, excepto en Apulia, donde es gratuito.

Recursos

Visit Campania (www.italia.it/es/campania) Información sobre puntos de interés y atractivos de Campania.

Calabria Tourist Office (calabriastraordinaria.it/en) Un buen recurso sobre eventos y propuestas de itinerarios por Calabria.

Cycling in Apulia (viaggiareinpuglia.it/es) Información específica sobre ciclismo por Apulia.

Cycling in Basilicata (basilicataturistica.it/en) Lista de rutas ciclables por la región de Basilicata.

28

Posillipo y Parco Virgiliano

DURACIÓN	DIFICULTAD	DISTANCIA	INICIO/FINAL
2 h	Alta	17 km	Piazza del Plebiscito

TERRENO	
	Vías ciclables asfaltadas, carretera adoquinada, carretera pavimentada

FRANCESCA SCIARRA/SHUTTERSTOCK ©

Parco Virgiliano.

A simple vista, Nápoles es un batiburrillo de tráfico caótico, pero fuera del centro un agradable sendero ciclable lleva a la parte más frondosa y tranquila de la ciudad. Luego, tras un fuerte ascenso por la costa, se visita el próspero distrito de Posillipo, y las magníficas vistas desde el Parco Virgiliano. Se comparte la carretera con coches y las calles estrechas pueden forzar a los conductores a acercarse bastante, pero en general van con cuidado y reducen la velocidad o se detienen ante una bici. ¡El orden dentro del desorden napolitano!

Alquiler

Bicycle House es un café y espacio de alquiler de bicicletas dentro de la hermosa Galleria Principe di Napoli. Alquilan por horas o días, desde 6 €/hora.

Punto de partida

Se empieza en Piazza del Plebiscito, la plaza más grande de Nápoles con el Palazzo Reale di Napoli a un lado y la Basilica di San Francesco di Paola al otro.

01 Desde Piazza del Plebiscito hay que incorporarse al tráfico por la corta carretera que lleva al mar y donde comienza la vía ciclable. Se gira a la derecha por esta vía que recorre el paseo marítimo hasta el otro extremo de Nápoles, pasando por el imponente Castel dell'Ovo a la izquierda y el asombrosamente caótico centro urbano a la derecha.

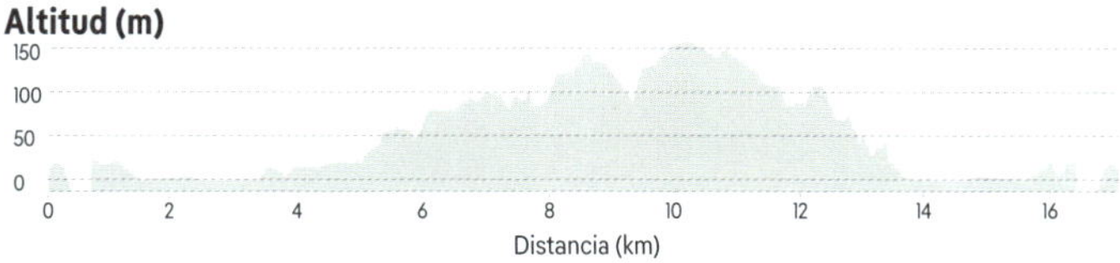

02 El carril bici termina en el muelle Mergellina y hay que apearse para cruzar el paso de cebra y unirse al tráfico en la misma dirección. El cruce es un poco confuso en el semáforo; hay que asegurarse de girar por Via Mergellina en dirección de Posillipo.

03 Se sabe que es el barrio correcto cuando el asfalto se transforma en un tramo de carretera adoquinada con parches. Circulando con el intenso tráfico, aunque en general respetuoso, se sube esta estrecha calle que recorre la costa por el próspero distrito de Posillipo. Aunque el ascenso es duro, la recompensa son las vistas cada vez más hermosas, así como las magníficas villas y casas coloridas.

04 Hay un par de terrazas con vistas a Nápoles y más allá; en los puntos ideales para hacer fotos a la izquierda, es mejor parar, apearse y cruzar al otro lado de forma segura. Tras un corto tramo de adoquines mal mantenidos, la calle vuelve a ser de asfalto. Se sigue adelante; ahora el parque está cerca.

05 Se tuerce a la izquierda por Via Tito Lucrezio Caro; subiendo el monte se llega a las puertas del Parco Virgiliano. Primero hay una pequeña puerta, la entrada más cómoda en caso de necesitar ir al baño, o seguir adelante y entrar por la entrada principal en lo alto. Se puede explorar el parque a placer y disfrutar de las mag-

GREENART/SHUTTERSTOCK ©

Castel dell'Ovo

Junto al paseo frente al mar, es el castillo (en la foto) más antiguo de la costa de Nápoles. Construido en el s. I a.C., sufrió transformaciones y ampliaciones durante varias guerras y conquistas, por lo que poco queda del castillo original. Se llama "castillo del huevo" porque se rumorea que el poeta Virgilio colocó un huevo en los cimientos del castillo cuando se estaba construyendo y afirmó que, si el huevo se rompía, se derrumbaría la fortificación y marcaría el fin de la ciudad de Nápoles.

níficas vistas de los alrededores desde los miradores del parque y continuar luego por la ruta de regreso propuesta.

06 Al salir del parque, hay que seguir recto por Viale Virgilio. Se puede permanecer en la carretera, casi seguro con poco tráfico, o ir por el acceso a la derecha de la carretera que se convierte en un carril bici y peatonal al pasar las casas a la derecha. El carril termina en un pequeño restaurante de carretera donde hay que reincorporarse al tráfico. Al llegar a la pequeña rotonda, se gira a la izquierda por Via Alessandro Manzoni.

07 La carretera sigue por una fuerte pendiente cuando gira a la derecha, con buenas vistas de Bagnoli. Es el último ascenso antes de un largo y sinuoso descenso. Luego se sigue esta carretera mejor asfaltada y más ancha con tráfico de regreso a Nápoles. Aunque los conductores siguen siendo respetuosos, aquí tienen tendencia a conducir rápido, hay que estar muy alerta. En una pequeña rotonda, se tuerce a la derecha por Via Francesco Petrarca.

08 Esta encantadora carretera bordeada de árboles se abre tras 500 m y ofrece vistas de Nápoles y el mar a la derecha mientras se baja sin esfuerzo por la ladera junto al tráfico. El descenso es gradual al principio, pero resulta más pronunciado pasado un mirador a medio camino a la derecha. Solo hay que aferrarse a los frenos y mantenerse en el carril. Al llegar a una bifurcación, hay que tomar la opción cuesta abajo.

09 Tras un estrecho giro cerrado la carretera termina en el punto donde acaba la vía ciclable costera de antes. Según el momento del día, se pueden ver pescadores vendiendo sus capturas en la acera. Hay que bajarse de la bici para cruzar y, quizá, seguir caminando hasta encontrar de nuevo la entrada al carril bici.

10 Otra vez en el carril bici se regresa a Piazza del Plebiscito. Ahora, a disfrutar del ambiente del paseo marítimo, con vendedores ambulantes, músicos y bañistas.

Una pausa

Hay un par de paradas técnicas en Parco Virgiliano. En una puerta lateral antes de llegar a la entrada principal del parque hay un pequeño quiosco que vende café y tentempiés. A final del sendero a la izquierda también hay aseos públicos. Hay otro quiosco en el área principal del parque, cerca de las pistas de atletismo. Es un buen lugar para descansar, con bancos para disfrutar de las vistas del volcán Vesubio a lo lejos.

STEFANO TAMMARO/SHUTTERSTOCK ©

Parque arqueológico, Posillipo.

Pasado romano de Posillipo

Originalmente llamado Pausílypon, "tregua del peligro" en griego antiguo, este distrito de Nápoles es un barrio acomodado lleno de casas históricas y playas al borde de acantilados. Ante las bellas perspectivas de la zona, los romanos construyeron majestuosas villas frente al mar, que fueron decayendo progresivamente. En los últimos años se han restaurado como residencias de lujo.

Un parque arqueológico sumergido en la pequeña isla de Gaiola, frente a los acantilados de Posillipo, es una prueba de que fue la antigua villa imperial de Pausílypon, perteneciente al emperador Augusto.

29

Ideal para

PAISAJE COSTERO

Ciclovia Adriatica: de Bari a Polignano a Mare

DURACIÓN	DIFICULTAD	DISTANCIA	INICIO/FINAL
3 h	Media	37 km	Bari/Polignano a Mare

TERRENO	Vía ciclable asfaltada, por carretera

TUPUNGATO/SHUTTERSTOCK ©

Torre a Mare.

Ideal para descubrir el apacible litoral de Apulia, esta ruta en bicicleta por la costa forma parte de la Ciclovia Adriatica más larga, que empieza en el norte de Italia y termina en la punta de la bota italiana. Este itinerario sale de la bulliciosa Bari, pasando por olvidados pueblos turísticos como Mola di Bari, y termina en el hermoso Polignano a Mare, acompañado por el agitado Adriático. Debido a su longitud y la obligación de circular casi todo el tiempo por carretera, solo es apto para quienes estén habituados a circular en bicicleta.

Alquiler

Velo Service (veloservice.org) en el centro de Bari alquila bicicletas de recreo por 15 €/día o eléctricas por 35 €/día.

Punto de partida

El punto de partida frente al Teatro Margherita está cerca de la tienda de alquiler de bicicletas y la información turística de Bari.

01 Se empieza delante del Teatro Margherita de Bari, cerca del muelle. Desde aquí, se cruza a pie el paso de cebra en Piazza IV Novembre hacia un parque con una estatua de Giuseppe Massari. Aquí se puede entrar en el carril bici de la carretera que discurre por la transitada Lungomare Araldo di Crollalanza. Aparte de prestar atención a los coches que vienen de las calles laterales y los autobuses que se detienen, no hay que temer al tráfico. El carril bici termina al cabo de un kilómetro, pero se sigue por esta carretera

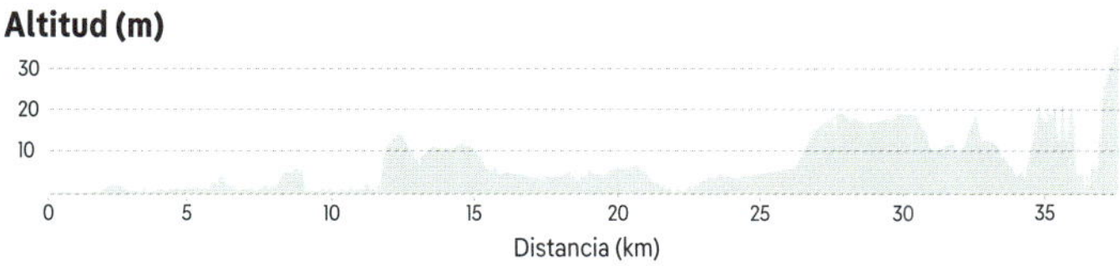

CONSEJO:

Llevar la bici en el tren es gratis en Apulia. Los vagones con portabicicletas suelen estar en los extremos. Los más nuevos también tienen puntos de carga para bicicletas eléctricas, lo que facilita explorar la región con cualquier tipo de bici.

litoral, pasando una serie de grandes edificios administrativos y un parque a la derecha. Pronto se sale del centro de Bari y las calles suelen ser más tranquilas.

02 Sigue una sucesión de playas de arena, la primera con un curioso nombre, Pane e Pomodoro (pan y tomate), a mano izquierda, donde la carretera se incorpora a Corso Trieste. Hay un carril bici que pasa por detrás de los setos en la playa, con un punto de acceso complicado por una estrecha puerta en una pequeña plataforma redonda marcada por una palmera. Si se pasa por alto, hay que seguir por la carretera (la opción más fácil). Si no, hay que seguir el carril bici hasta un gran aparcamiento de coches, salir y unirse al tráfico cruzando a pie el paso de cebra.

03 Durante los próximos kilómetros el entorno parece bastante decrépito, pero entre las casas destartaladas pueden entreverse un par de *trulli* en ruinas, las casas tradicionales de Apulia. La cosa se anima un poco al llegar a San Giorgio. Tras un cruce de cuatro vías y un pequeño puente más allá, se gira a la izquierda por la Strade del Pantano, más pequeña, que serpentea entre casas residenciales antes de torcer a la derecha al llegar a una pequeña playa, Cala San Giorgio, con barcos de pesca.

04 La carretera por la costa de San Giorgio puede estar muy concurrida en día de mercado, pues muchos pescadores instalan sus puestos en los arcenes para vender la captura del día. Los residentes vienen en bicicleta o en coche y hay un gran ambiente. Sin embargo, muchos aparcan en doble fila y el tráfico puede ser muy caótico; hay que estar atento a los movimientos repentinos y disfrutar del animado ambiente de este pueblo.

05 Esta carretera llega hasta el final del pueblo, donde se desvía hacia el interior para entrar en la siguiente localidad, Torre a Mare. Se puede girar a la izquierda por una de las callejas (la mejor es Cristoforo

Una pausa

Hay varios cafés, bares y restaurantes en Mola di Bari, más o menos el punto intermedio del itinerario. Se puede ir a **Le Rê Ve** en la esquina al final del puerto de Piazza XX Settembre. La terraza exterior es muy práctica para vigilar la bici y tienen una buena selección de bollería (se pueden coger unas galletas envasadas para el trayecto) y bebidas frías, así como un menú de hamburguesas de pescado. Por desgracia, no sirven café.

Colombo) para visitar este pequeño pueblo costero, con su animado puerto y las antiguas puertas a Bari. Si no, al final de este tramo de carretera se llega a un cruce con Via Bari. Aquí hay que girar a la izquierda.

06 Ahora se circula por una carretera secundaria paralela a la autopista. Está bien pavimentada y los pocos coches que circulan suelen ser de tráfico local. A unos 2 km de Torre a Mare aparece un carril bici a la izquierda en una salida de la autopista. Hay que incorporarse con cuidado al carril bici al otro lado de la carretera, que lleva a la localidad turística de Mola di Bari. Hay que estar atentos: el carril bici cambia al otro lado de la carretera varias veces, por una línea de pintura roja o un paso de cebra, que requiere cruzar para continuar. Los coches no siempre se detienen, así que sumo cuidado al cruzar.

07 Al llegar a Mola di Bari se entra en una agradable vía ciclable, aunque infrautilizada, con palmeras en la costa. Hay un pequeño muelle pesquero a la izquierda y un pequeño castillo fortificado a la derecha, ideal para una parada fotográfica. Con tiempo, es interesante desviarse para visitar el Palazzo Pesce, pasear por las estrechas calles comerciales y recorrer la hermosa Piazza XX Settembre con una fuente en el centro y hacer una pausa en algún café alrededores.

08 El sendero con palmeras termina al girar la curva después del castillo y habrá que unirse al tráfico de nuevo, pero no por mucho tiempo. Después de pasar el puerto a la izquierda y una pequeña rotonda decorada con un ancla a la derecha, hay que girar a la izquierda para seguir por la costa, uniéndose a la vía ciclable pintada de rojo frente a la capilla de Santa María de Gracia en Viale Unità D'Italia.

09 Como esta carretera no tiene arcén, muchos peatones utilizan esta estrecha vía ciclable para salir de la ciudad. Hay que ser amable, avisar antes con el timbre y pasar lentamente. La vía sigue unos 4 km antes de terminar en la localidad de Cozze. Aquí hay que unirse al tráfico y girar a la izquierda (tercera salida) en la próxima gran rotonda.

10 De regreso a la carretera secundaria, se recomienda parar un momento y mirar a la izquierda apartando la vista de la monótona carretera. Aunque desde aquí no se puede

SABINO PARENTE/SHUTTERSTOCK ©

Mola di Bari.

Mola di Bari

Su historia se remonta al s. XIII, cuando era un punto de embarque para los cruzados. Con el tiempo, se convirtió en un pueblo pesquero y turístico junto al mar y todavía hay una industria agrícola y pesquera importante. No es raro ver a los viejos pescadores reparar sus redes en las barcas: el pueblo vive de sus capturas. Aquí el pulpo es famoso, y el Festival del Pulpo anual que se celebra en julio es muy esperado; lo cocinan siguiendo métodos tradicionales, ya sea asado en un bocadillo o estofado.

¡Volare!

De todas las cosas y personas que Polignano a Mare puede honrar, Domenico Modugno ocupa un lugar central. Este cantante italiano de la popular canción *Volare* nació aquí en 1928, un día en que los fuertes vientos del mistral azotaban esta localidad sobre un acantilado. El pueblo solía llamarlo Mimi.

Hay fotos del joven Domenico en las paredes del bar Supermago del Gelo, donde solía comerse un helado, y al final del pueblo junto al mar hay una estatua del cantante. Sin embargo, no ha sido una relación fácil: durante muchos años la ciudad le guardó rencor ¡por pretender que era de Sicilia!

Estatua de Domenico Modugno.

ver el mar, se divisan granjas antiguas y *trulli* entre los olivos. Cuando la vida rural se desvanece y empiezan a aparecer los complejos turísticos, ya falta poco. Hay que seguir.

11 Al pasar los letreros a la ciudad de San Vito –en una gran estación de servicio con una tienda y un café por si se necesita algo–, Polignano a Mare empieza a aparecer en el horizonte. Se pasa un gran complejo a la izquierda con edificios blancos bajos y frondosos prados; hay que seguir un poco más, por una gran intersección, y girar a la izquierda por una calle lateral marcada como carretera sin salida.

12 La calle acaba en un pequeño aparcamiento frente a un restaurante, donde hay un sendero de tierra a la derecha hacia una pequeña playa. Hay que seguirlo, caminar con la bici por la arena y unirse a la estrecha carretera enfrente. Es un acceso al aparcamiento de un par de hoteles y restaurantes en cada lado. Al final de este acceso, un delicioso carril para bicicletas y peatones bordeado de vallas de madera conduce hasta el centro de Polignano a Mare.

13 Hay que disfrutar del mar bravío y las casas enjalbegadas en lo alto del espectacular acantilado de Polignano a Mare mientras se pueda, pues la vía ciclable termina enseguida y hay que incorporarse al tráfico. Se sigue el flujo de tráfico por Via S Vito, avanzando despacio, ya que pronto se llega al balcón de la ciudad: vistas a la tan fotografiada ensenada y playa de Lama Monachile a la izquierda.

14 Esto ya es Polignano a Mare. La ruta pasa por los principales puntos de interés del centro histórico, incluyendo una pintoresca plaza y terrazas sobre el acantilado para admirar las cuevas. Cabe la posibilidad de desviarse del itinerario y explorar por cuenta propia; e incluso disfrutar de un plato de marisco en un restaurante o comprar unos recuerdos antes de recorrer la ciudad y terminar la excursión en la estación del ferrocarril para regresar a Bari.

Una pausa

Para sumergirse realmente en el ambiente de Polignano a Mare, nada mejor que comer en uno de los restaurantes de calidad que sirven marisco local para aplacar el hambre tras la ruta y antes de regresar. **Osteria dei Mulini** está en una encantadora callejuela en el centro histórico y sirve cocina tradicional pullesa, con el marisco como protagonista. Para tomar un café, **Caffè Dei Serafini** en Piazza San Benedetto, con vistas al mar, ofrece un excelente *espresso* y servicio solícito. También tiene una buena carta de vinos por si apetece relajarse de verdad.

30

Vuelta al lago de Arvo

DURACIÓN	DIFICULTAD	DISTANCIA	INICIO/FINAL
2 h	Media	28 km	Lorica
TERRENO	Por carretera		

MARCO FINE/SHUTTERSTOCK ©

Lago de Arvo.

Circuito panorámico en torno al lago de Arvo, ideal para descubrir la belleza del Parco Nazionale della Sila, el corazón verde de Calabria. Esta espectacular ruta empieza y termina en la localidad turística de Lorica, serpenteando por carreteras bordeadas de pinares, siempre con vistas del lago. El lago está en el itinerario de la recién creada ruta ciclable de larga distancia de Calabria, la Ciclovia dei Parchi. Aunque todo el trayecto es por carretera compartida con tráfico, el ciclismo es una actividad popular aquí y no habrá percances.

Alquiler

Si se pernocta en Lorica, el operador Hitinero alquila bicis desde 30 €/día. Si no, se puede alquilar la bicicleta en Cosenza e ir en autobús, que las admite en servicios limitados.

Punto de partida

Se puede empezar en cualquier parte de Lorica, pero, para un inicio panorámico, mejor en el extremo oriental de la carretera junto al lago.

01 Cualquier punto en la ribera del lago es bueno para empezar, pero la ruta marcada comienza en una curva de la carretera, frente a un *bed & breakfast* en el lado este de la ciudad. Hay que seguir la encantadora carretera pavimentada junto al lago, ignorando todos los desvíos hasta el final.

02 Cuando finalmente se une a la Via Nazionale principal, se gira a la izquierda por la carretera, prestando atención al tráfico en

Altitud (m)

ambas direcciones. Se seguirá esta carretera el resto de la ruta. En los kilómetros iniciales se pasa por los pueblos de Lorichella y Cavaliere. Hay varias pistas laterales que salen de la carretera hacia la orilla del lago o rutas de senderismo. Es buena idea explorarlas, en especial las pistas alrededor de Silavventura Adventure Park, y luego regresar de nuevo a la carretera.

03 Aunque se considera una carretera principal, no suele estar muy transitada. Todo es verde alrededor, a veces con alguna casa con huertos entremedias. En torno al mojón del km 4 hay una ligera pendiente, con el punto más empinando en el km 5. Es una colina con vistas al lago y todo el ascenso se ve recompensado con una panorámica del paisaje.

04 Más adelante la carretera se deteriora un poco y se estrecha ligeramente al alejarse de las principales áreas urbanas del lago. En la vereda derecha hay pequeñas fuentes naturales, muy útiles para rellenar la botella de agua.

05 Hay alguna pendiente más antes de un agradable descenso recto cerca de Ceci; aquí el paisaje se abre a campos agrícolas en ambos lados. Hay que ignorar el cruce al entrar en Ceci y seguir la carretera a la izquierda. Se pasa un par de graneros y una pequeña subestación eléctrica a la izquierda. No hacer caso de la señal de

CONSEJO:

No hay tiendas por el camino, así que lo mejor es comprar el pícnic en Lorica y comer en ruta. En el lago hay varios desvíos por senderos donde se puede hacer una pausa.

Acerca del lago de Arvo

Con unos 9 km de ancho, es un lago artificial que, desde 1931, sirve de presa para generar energía hidroeléctrica destinada a las áreas circundantes, pero hay evidencia de asentamientos humanos desde tiempos antiguos. Aparte del complejo turístico de Lorica y otras poblaciones cercanas, los pueblos alrededor del lago son principalmente agrícolas y es habitual ver vacas paciendo por las orillas. El lago es rico en peces y los alrededores naturales están llenos de aves y fauna; es popular entre los senderistas y para actividades acuáticas en verano.

tráfico azul que indica un desvío a la derecha y seguir recto por la ruta turística marrón de Parco Nazionale della Sila.

06 De repente, el siguiente corto tramo de la carretera está en mejores condiciones, pero por desgracia no dura mucho. En el siguiente cruce, en el pueblo de Quaresima, hay que girar a la izquierda por una carretera secundaria y seguir por esta pequeña comunidad agrícola. A la izquierda se pasa una torre eléctrica. Las vistas son fantásticas desde este extremo más occidental del lago.

07 Ahora se circula por la costa sur del lago, con un tramo de subida enfrente. Un poco de impulso y pronto se nivela cuando el lago desaparece detrás de los árboles a la izquierda. La carretera serpentea entre pinares y frondosas praderas, hacia el casi abandonado pueblecito de Pino Collito, con una destartalada granja que aparece en una curva muy cerrada. Pasada la granja, la ruta sube un poco más, con un tramo de alerces conocidos como Giganti della Sila, los gigantes de Sila. Muy densos en algunas partes, su presencia puede marcar la diferencia en un caluroso día de verano.

08 Avanzando un poco más por la carretera, aparece a la izquierda una preciosa mansión. Es un buen lugar para admirar las vistas y casi se divisa entre los árboles la otra orilla del lago, el punto de partida en Lorica. Tras la mansión, se toma la carretera que desciende a la izquierda en el cruce. Hay que seguir hasta que termina en un cruce en T en Rovale, donde se gira a la izquierda hacia la Strada Statale 108bis en dirección de Lorica.

09 Los coches a veces pasan rápido por este tramo, por lo que hay que estar atentos. Se sigue esta carretera hasta Lorica, ignorando una gran curva a la derecha que penetra en el bosque. Se pasa por un *camping* rodeado de pinos. Hay que seguir el letrero que indica Lorica, y disfrutar del tramo final de la ruta.

Una pausa

Al terminar la ruta, vale la pena desviarse al **Rifugio Lo Scoiattolo,** en las afueras de Lorica. Popular a mediodía y noche, el menú de *antipasti* ligeros y sabrosa pasta y carnes se sirve entre el bosque en el lago.

LAPAS77/SHUTTERSTOCK ©

Parco Nazionale della Sila.

Los pinos de Sila

El Parco Nazionale della Sila es el más antiguo de Calabria y suele asociarse al bosque protegido de *pinus laricio* Poiret, el pino calabrés. Hay nueve reservas naturales biogenéticas en el parque, dos dedicadas a la protección del pino calabrés, cariñosamente apodado "Giganti della Sila", los gigantes de Sila. En una zona concreta, los antiguos bosques de pinos datan del s. XVII, y se estima que algunos ejemplares tienen 350 años y una altura de 45 m. Por la ruta hay extensiones de pinares, aunque alrededor del lago la mayoría son pinos más jóvenes, regenerados.

31

San Giuliano y la Cripta del Peccato Originale

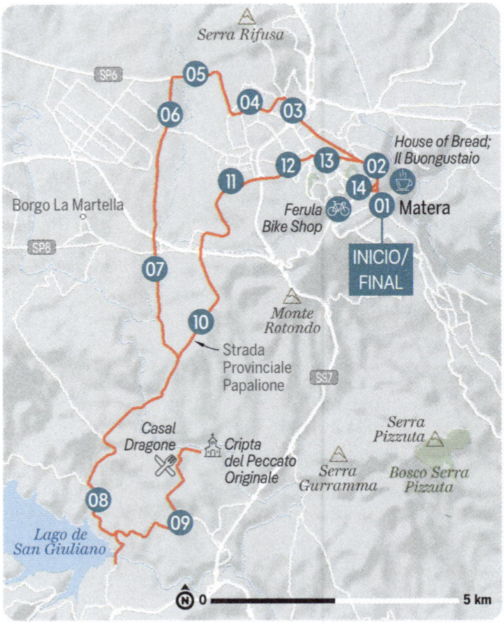

DURACIÓN	DIFICULTAD	DISTANCIA	INICIO/FINAL
3 h	Alta	40 km	Piazza Vittorio Veneto, Matera

TERRENO	Carreteras asfaltadas y de tierra

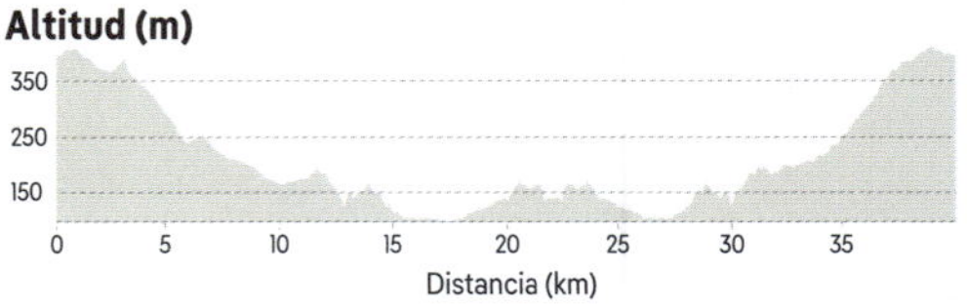

Esta ruta por apacibles tierras agrícolas y una visita a la Riserva Regionale San Giuliano es una agradable experiencia en bici, muy distinta de la Sassi di Matera protegida por la Unesco. Tras los pocos kilómetros iniciales con tráfico, las tranquilas y sinuosas carreteras rurales se abren a amplias vistas de la Basilicata rural. Visitar la Cripta del Peccato Originale en bicicleta es un premio a este fantástico día de excursión. Se recomienda ir con la bici eléctrica: el terreno es rompepiernas.

Alquiler

Ferula Bike Shop es una agradable tienda cerca de la estación de ferrocarril de Matera con gran variedad de bicicletas, de buenas bicis de carretera a bicis eléctricas. Desde 25 €/día.

Punto de partida

Piazza Vittorio Veneto es la plaza principal con puntos de acceso a Sassi di Matera. Junto a las carreteras que salen de Matera, también es un buen lugar donde darse cita y aprovisionarse.

01 Desde Piazza Vittorio Veneto hay que dirigirse al norte desde la zona peatonal y unirse al tráfico en la esquina donde Via Roma gira hacia la Via XX Settembre, de sentido único. Hay que seguir recto por esta vía, con áreas de aparcamiento en calle y zonas de carga. Según el momento del día, puede estar muy concurrida con actividad comercial, atención.

02 Se sigue hasta pasar un agradable parque a la izquierda, donde una pequeña carretera se incorpora por la derecha. En la rotonda de

Ideal para

ARTE Y CULTURA

ALIAKSANDR ANTANOVICH/SHUTTERSTOCK ©

Piazza Vittorio Veneto, Matera.

seis vías hay que tomar la tercera salida (o la segunda, sin contar la calle de sentido único que llega a la rotonda) por Via Annunziatella. Hay que ir con cuidado en esta popular carretera suburbana de Matera, bordeada de tiendas comerciales. En el cruce, se gira a la izquierda por Via Nazionale.

03 Por tranquilas calles urbanas, se sigue la Via Nazionale hasta que pasa por encima de la autopista y gira en Viale dei Peucezi. En la siguiente rotonda hay que girar a la izquierda por Via dei Dauni. Se sigue esta carretera con tráfico principalmente industrial, pasando dos rotondas y después una más grande que marca el final de la carretera. Se gira a la derecha por Via Gravina, de nuevo llena de tráfico agrícola e industrial. Tras varias rotondas pequeñas, la carretera se ensancha y se divide de nuevo en una gran rotonda. Esta vez hay que girar a la izquierda, por Via Granulari.

04 Es la zona agrícola de Matera, a juzgar por los tractores en venta por la carretera. Hay que avanzar unos 280 m, girar a la derecha por Via delle Officine, luego otros 100 m, a la derecha por la rotonda, donde se toma la salida a la izquierda por la carretera principal (SP6) con olivares y muros de piedra y hermosas vistas del valle.

05 Hay que seguir un poco por la SP6, observando que gira a la izquierda tras unos 800 m. Flanqueada por hileras de olivos, posiblemente será un trayecto agradable si no hay que lidiar con tráfico, aunque habrá que seguir otros 800 m tras la curva antes de girar a una carretera rural de tierra a la izquierda, Contrada Chiatamura, marcada con un letrero azul que indica La Martella. Aquí se gira a la izquierda.

06 Aunque el pavimento no es ideal, el itinerario resulta más fácil y más agradable ahora que las carreteras principales que salen de

Una pausa

En la ruta a la reserva no se pueden comprar provisiones, así que conviene abastecerse en Matera y hacer un pícnic junto al lago. **Il Buongustaio,** una pequeña charcutería en la esquina de Piazza Vittorio Veneto, es un lugar ideal para comprar queso local de calidad, embutidos y una botella de vino para la excursión. La contigua **House of Bread** ofrece pan, pastas, galletas y porciones de *pizza*.

Matera quedan atrás. Aquí suele haber menos tráfico, solo algunos vehículos agrícolas locales: buen momento para relajarse y disfrutar de las vistas. Se sigue hasta el final, en compañía de olivos, trigales y huertos a lo largo del camino.

07 Se llega a un cruce con una carretera principal tras unos 3 km; hay que cruzar con cuidado y seguir por la pequeña carretera. Desde este punto, la carretera se deteriora con grava y barro, sobre todo la parte frente a una granja ganadera. Tras otro par de kilómetros, la carretera termina en un cruce en forma de T. Se gira a la derecha por Strada Provinciale Papalione. Es un momento para obtener vistas panorámicas del valle. Con tráfico limitado, se puede disfrutar del aire campestre mientras se pedalea, casi todo en bajada, hasta la Riserva Regionale San Giuliano. Se sigue hasta que en una cuesta abajo aparece el lago refulgente en el horizonte; el final de la carretera se gira a la izquierda.

08 El lago está ahora a la derecha y pronto hay opción de girar por un sendero señalizado hacia la reserva para entrar y hacer un pícnic en la ribera y disfrutar del entorno natural con una floreciente fauna avícola. Si se desea, se puede terminar aquí la excursión y regresar. O bien, tras respirar el aire puro del lago, se sigue para ver algo muy especial. Hay que regresar a la carretera y girar a la derecha, serpenteando entre la reserva y algunas granjas. Suele ser un tramo tranquilo. Se avanza hasta ver una subestación eléctrica y una carretera a la izquierda. Hay que tomarla.

09 Esta pequeña carretera lleva a la Cripta del Peccato Originale (cripta del Pecado Original), una curiosa atracción de la zona de Matera fuera del casco antiguo. Por el camino, se ve un depósito de agua a la derecha; es uno de los mejores lugares para echar la vista atrás y admirar la reserva del lago. Se prosigue con viñedos a izquierda y derecha, antes de llegar a Casal Dragone, un alojamiento, restaurante y tienda agrícola; se pueden comprar provisiones si está abierto. Desde aquí a la cripta, el sendero es de grava suelta y cuesta abajo; quizá sea mejor aparcar la bicicleta en la casa y bajar caminando. El tiempo para visitar la cripta no está incluido en la duración de la ruta.

10 Tras visitarla, se inicia el camino de regreso volviendo por la misma ruta hasta el final de la primera pista agrícola recorrida antes. Esta vez, en lugar de girar a la izquierda,

La Cripta del Peccato Originale.

La Cripta del Peccato Originale

Descubierta en 1963 por un grupo de chicos que jugaban por la zona, es una iglesia rupestre dentro de una cueva natural con frescos religiosos de la segunda mitad del s. VIII. Popularmente conocida como "la Capilla Sixtina del arte rupestre", está llena de figuras bíblicas, pero la más apreciada es una representación de la Virgen María vestida con los suntuosos ropajes de la emperatriz bizantina, la Basilisa. Como no se conoce el nombre del artista, los residentes suelen referirse a él como el "pintor de las flores".

KITE_RIN/SHUTTERSTOCK ©

Oasis de San Giuliano

El lago, o el oasis, de San Giuliano, es una reserva natural en un importante embalse de agua para la región. La presa original, construida entre 1950 y 1957, estaba destinada al riego de las tierras de cultivo junto al río Bradano. Con el tiempo, empezó a atraer a un gran número de aves permanentes y migratorias durante todo el año y en el año 2000 se creó la reserva natural. En el 2006, se encontró un esqueleto de ballena fósil del Pleistoceno en la orilla del lago, añadiendo a la zona la condición de lugar de interés para el patrimonio demoantropológico.

Matera.

hay que seguir un pequeño tramo por la Strada Provinciale Papalione. Se llega a un cruce con varias entradas y salidas a la carretera. Se avanza todo recto, siguiendo el flujo de tráfico a la derecha por Via la Martella. Ya se entra de nuevo en la Matera urbana, ojo al tráfico.

11 En Via la Martella hay dos grandes rotondas. Hay que seguir recto por la misma carretera. Tras la segunda rotonda, se puede optar por pasar por el pequeño aparcamiento lateral junto a las tiendas. Al llegar al final, se gira a la derecha por una carretera sin nombre y luego a la izquierda en el siguiente cruce, por la Via degli Aragonesi residencial.

12 Hay varias curvas y virajes por barrios monótonos para evitar las carreteras principales. Al final de Via degli Aragonesi, se gira a la izquierda por Viale Italia y la siguiente a la derecha. Se sigue hasta el final, luego a la derecha en el cruce en T e inmediatamente a la izquierda. Es la Via Ettore Maiorana, más pequeña (una carretera más grande del mismo nombre sale a la derecha). Hay que seguir hasta el final para incorporarse a la carretera principal y girar a la derecha.

CONSEJO:

La ruta de regreso a Matera es muy accidentada; en la tienda de bicis prestan el servicio de recogida de ciclista y la bici en la reserva, por un coste adicional, para ahorrarse el ascenso de regreso.

13 Se pasa con cuidado la gran rotonda, cruzando a pie los pasos de cebra si fuera necesario, y se gira por Via Alessandro Manzoni, de tres carriles. Tras 200 m, se gira a la derecha por Viale Giuseppe Parini, que cambia a Via della Croce tras una intersección con una mediana en el centro y un par de cafés a los lados. Se continúa en la misma dirección hasta el cruce con Via Lupo Protospata, que se abre a Via Nazionale a la izquierda.

14 Se cruza la pequeña Via Lupo Protospata antes de girar a la derecha por esta carretera que ya conocemos de antes. Hay que seguirla, con un pequeño desvío para incorporarnos a la red de calles de sentido único, de nuevo en Piazza Vittorio Veneto. ¡A por un café!

Una pausa

Casal Dragone es un *agriturismo* (alojamiento rural) familiar de camino a la Cripta del Peccato Originale. La casa es la antigua granja familiar de cinco generaciones, ahora un *bed & breakfast* con un restaurante que sirve platos ligeros de pasta, tortillas y *pizzas* rellenas, todo elaborado con productos propios. También ofrecen catas de vinos. Mejor comprobar que esté abierto, pues suelen cerrar en temporada baja.

32

Ideal para

HISTORIA

Pozzuoli romano y el lago de Averno

DURACIÓN	DIFICULTAD	DISTANCIA	INICIO/FINAL
1,5 h	Media	17 km	Piazza Bagnoli (Bagnoli)/estación de ferrocarril de Pozzuoli Solfatara
TERRENO	Carretera, pista de tierra		

ENRICO DELLA PIETRA/SHUTTERSTOCK ©

Península de Miseno.

Cerca de Nápoles hay una enigmática zona salpicada de lagos y curiosidades romanas. Recorrer la costa entre Bagnoli y Pozzuoli es un agradable inicio para descubrir esta zona poco visitada, con hermosas vistas al mar, una constante durante toda la ruta. Al llegar a Pozzuoli se pueden visitar ruinas romanas similares a las de Roma, que evidencian la importancia que tuvo la ciudad. A excepción del circuito natural en torno al lago de Averno (Lago d'Averno), por desgracia la infraestructura ciclista es escasa; por suerte, los conductores suelen respetar a los ciclistas en la carretera.

Alquiler

Lo mejor es alquilar una bicicleta en Bicycle House en Nápoles e ir en tren a Bagnoli.

Punto de partida

Piazza Bagnoli está a 50 m de la estación de trenes, junto a la playa. Si no se pernocta en esta zona, hay servicios regulares de tren y metro desde Nápoles.

01 Desde Piazza Bagnoli hay que seguir la carretera litoral adoquinada compartida con tráfico en dirección noroeste por Via di Pozzuoli. Hay que seguir en esta dirección, pasando la terminal de autobuses a la derecha, donde la carretera cambia a Via Napoli, y disfrutar de las vistas hacia la península de Miseno, enfrente. Al final del pueblo, la carretera vira y discurre por la línea costera hasta llegar a Pozzuoli.

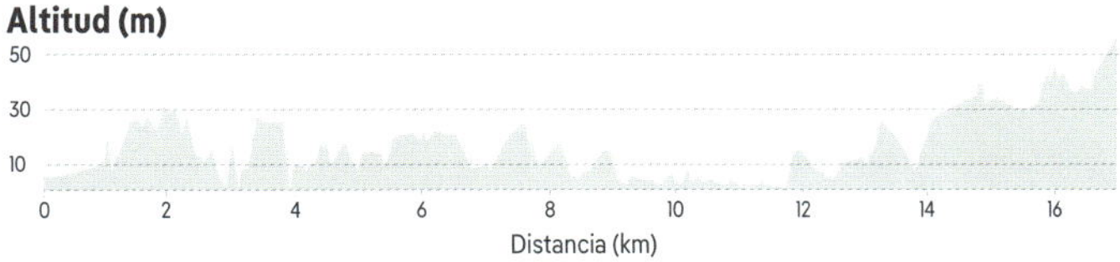

MAURIZIO DE MATTEI/SHUTTERSTOCK ©

02 Siguiendo el tráfico, pronto se ve el inicio de un paseo marítimo a la izquierda, cerca del centro urbano. Tras un edificio rosa a la izquierda, hay una entrada para bicicletas al paseo. Es un agradable tramo de la playa de Pozzuoli. Al final del paseo hay que girar a la derecha y, tras cruzar el paso de cebra a pie, seguir pedaleando por la carretera a la izquierda.

03 Se gira a la derecha por Via Salvatore Baglivo, de sentido único, una calle adoquinada pasado un aparcamiento. Al final de la calle, se gira a la izquierda por una calle de sentido único aún más estrecha y un corto túnel. ¡Pedalear por él es toda una experiencia!

04 Al salir del túnel, se gira a la derecha por la Via Giovanni de Fraia, adoquinada. Si apetece, se puede dar un paseo por el agradable pueblo portuario a la izquierda antes de continuar, teniendo en cuenta que está prohibido circular en bici por las áreas peatonales del pueblo. De lo contrario, al final de Via Giovanni de Fraia se gira a la izquierda por Via A Maria Sacchini. La carretera se divide pasada la estación. Hay que ignorar la ancha rampa ascendente a la derecha y tomar la carretera más estrecha a la izquierda hacia un área de ruinas romanas.

Pozzuoli

Probablemente poco conocida por los turistas, las ruinas halladas por la zona sugieren que fue una importante ciudad romana, entonces llamada Puteoli. Es una de las cuatro ciudades del mundo con dos anfiteatros romanos, uno de los cuales, el anfiteatro Flavio, es el tercero más grande de Italia. El más pequeño (en la foto) quedó enterrado bajo los edificios modernos, pero todavía se pueden reconocer algunos arcos entre las calles. La existencia de un mercado, baños y villas es otro indicio de la riqueza de Puteoli en la época romana.

05 El Macellum o templo de Serapis son las ruinas de un mercado público romano, señalizado con tres columnas de mármol entre las secciones de ladrillos. Tras él, seguimos por la misma carretera hasta que se incorpora a Via Nicola Fasano. Los dos siguientes kilómetros son áreas industriales y puede haber tráfico; hay que mantenerse a un lado. Se permanece en Via Nicola Fasano hasta pasar bajo un puente con poco tráfico y la carretera cambia a Via Raimondo Annecchino. Se pasa la estación de trenes de Arco Felice a la izquierda, donde la carretera vira a la derecha y termina en el cruce con dos isletas. Hay que prestar atención al girar a la izquierda, por Via Miliscola.

06 Es una bulliciosa calle con una hilera de tiendas y cafés animados, un buen lugar para una pausa. Se sigue adelante hasta que la carretera se ensancha, se divide y se incorpora la salida de un túnel. Se toma la calle de sentido único que sube a la derecha, evitando así la parte más concurrida de Via Miliscola. Hay que seguirla hasta llegar de nuevo a la carretera principal, en una pequeña rotonda. Se toma la segunda a la derecha; hay que ver un pequeño lago a la izquierda.

07 Al llegar al cruce con una puerta señalizada como Parco del Laghi hay que seguir por la carretera a la derecha. Está bordeada de juncos hasta que termina en el apacible lago de Averno. Un sendero ciclable y peatonal lo circunvala; se toma girando a la derecha por la pista de tierra.

08 Al volver al mismo punto de inicio, se toma la misma carretera de nuevo hasta la carretera principal, se gira a la izquierda por Via Miliscola y se sigue en sentido contrario hasta llegar al cruce con isletas. Esta vez hay que seguir recto por Via Campi Flegrei. Tras un corto tramo, Via Campi Flegrei gira a la derecha y se une a otra carretera que viene de la izquierda. Este tramo es bastante concurrido, pero resulta agradable por las magníficas vistas del mar. Una fuerte pendiente lleva a un mirador en la cima.

09 En una concurrida rotonda con una palmera, se toma la segunda salida por Corso Nicola Terracciano. Se puede visitar el anfiteatro romano que aparece a la izquierda y luego bordearlo hasta la estación de trenes de Pozzuoli Solfatara.

Una pausa

El **Bar Del Giudice** en Via Miliscola en Pozzuoli, abierto desde 1953, es famoso por inventar el dulce local llamado *procolino*. Es el lugar ideal para tomarse un café. Si se busca algo más copioso y con vistas, **Caronte,** a orillas del lago de Averno, ofrece un sencillo menú de pasta y *pizza*. Para opciones de comida callejera, un pequeño quiosco en el lado derecho de la carretera antes del anfiteatro vende una selección de tentempiés fritos.

Lago de Averno.

Lago de Averno

En un cráter volcánico, los romanos pensaban que este lago era la entrada al infierno, sinónimo de muerte en gran parte de la literatura romana. Pero los romanos también realizaban actividades de ocio aquí y aún son visibles las ruinas de un baño en el lado este del lago. En abril del 2022 el lago se tiñó de rosa, lo cual causó gran sensación en internet y generó sorpresa y preocupación. Aunque el lago se tiñe de rojo cada año por la misma época, debido a la aparición natural de algas que emiten bioquímicos en el agua, ¡el color rosa era inusual!

33

Ciclovia Acquedotto Pugliese

DURACIÓN	DIFICULTAD	DISTANCIA	INICIO/FINAL
1 h	Baja	14 km	Cisternino

TERRENO	Carretera y camino de tierra

P TOMLINS/ALAMY STOCK PHOTO ©

Acueducto de Apulia.

Apulia es tierra de *trulli*. Estas curiosas casas de tejados puntiagudos grises y paredes enjalbegadas son la imagen típica pullesa y en esta ruta pueden verse por las carreteras rurales bordeadas de olivos y viñedos. En muchos tramos se circula por carreteras compartidas con tráfico, por lo que es más adecuada para quienes estén habituados a desplazarse en bici. También es un agradable tramo de la Ciclovia dell'acqua, ruta ciclable que sigue el Acquedotto Pugliese (acueducto de Apulia), parte especial de la cultura y el patrimonio de Apulia.

Alquiler

Dos entusiastas residentes están al frente de MeBike Apulia en Cisternino. Alquilan bicicletas eléctricas desde 25 €/día, según la duración y otras necesidades.

Punto de partida

Se empieza en un pequeño aparcamiento al pie de las escaleras que llevan al popular mirador de la terraza de Cisternino, el Belvedere Cisternino.

01 Desde un pequeño aparcamiento en Via Martina Franca en Cisternino, con magníficas vistas al valle de Itria en derredor, se desciende hasta un cruce pasada la iglesia de Santa Maria di Costantinopoli a la derecha. Se gira a la derecha por Via Benedetto Croce.

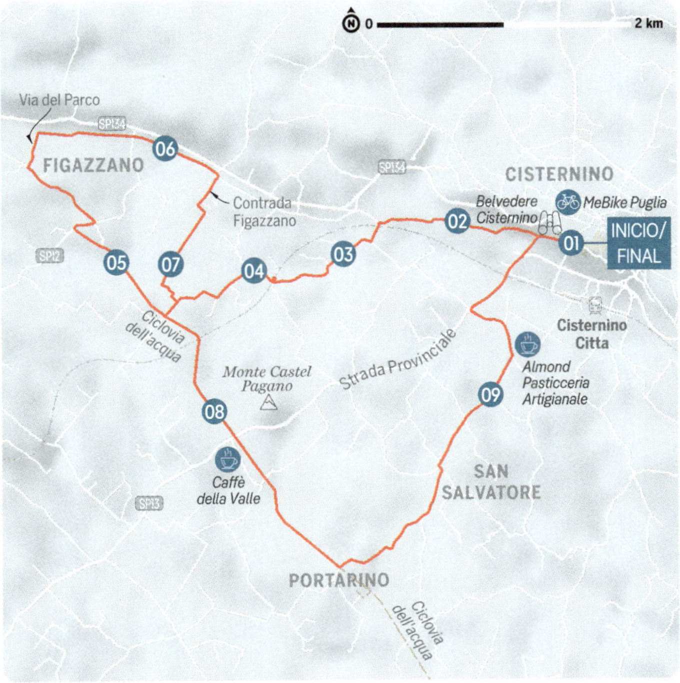

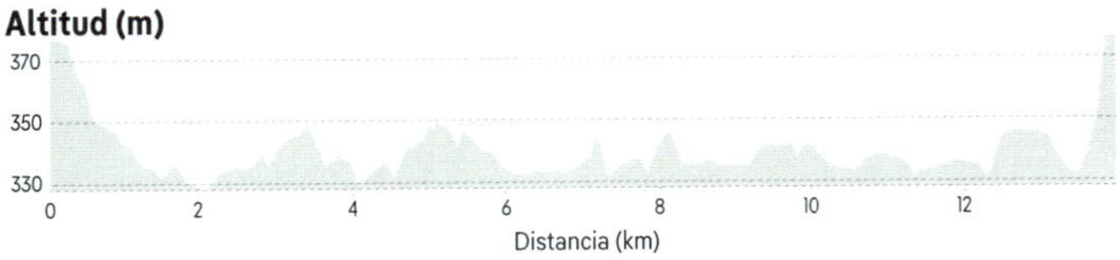

Acueducto de Apulia

A pesar de ser una región costera, Apulia es famosa por su aridez. El poeta romano Horacio decía de su tierra natal que tenía "una sed que alcanzaba las estrellas". Cuando aumentó la población, el método tradicional de recoger el agua de lluvia resultó insuficiente. Hacía falta una solución moderna que se convirtió en uno de los proyectos de construcción más grandes del país del s. xx: el acueducto de Apulia. La construcción de los 2189 km de acueducto que llevaba agua a varias partes de la región empezó en 1906 y terminó oficialmente en 1939. Hoy en día aún hay partes del acueducto en uso, que llevan agua a las granjas y pueblos rurales.

02 Es una carretera secundaria casi sin arcén, algo típico de Apulia. Se sigue esta carretera, que cambia de nombre a Contrada Barbagiulo, hasta llegar a una señal de stop tras un trecho de muros de hormigón a la derecha y se gira a la izquierda, por la misma carretera. Se cruzan las vías del tren y luego se gira a la derecha en el cruce al final por una carretera más estrecha.

03 Es una encantadora carretera rural flanqueada por muros de piedra y olivares. Hay que avanzar ignorando todos los desvíos hasta llegar a las vías del tren. Se gira a la derecha hacia el cruce y se atraviesa.

04 Se gira a la izquierda, la carretera vira rápidamente a la derecha y luego de nuevo a la izquierda, pasando un *trullo* justo a la derecha y otro entre los olivos y un viñedo a la izquierda. Cuando la carretera llega a un cruce evidente, hay que girar a la derecha. Se continúa y, al llegar a un cruce con un sendero de tierra, hay que tomarlo a la derecha. Es la Ciclovia dell'acqua, la vía ciclable del acueducto de Apulia. Los próximos kilómetros son sin tráfico.

05 El sendero de tierra termina en una carretera principal, hay que girar a la derecha e incorporarse al tráfico un trecho, antes de girar a la izquierda por Via dei Trulli, una hermosa carretera estrecha con viñedos, olivos, antiguos *trulli* y espectaculares vistas del valle a la izquierda.

06 Se atraviesa el municipio de Figazzano. Tras una pequeña capilla junto a la carretera y antes de salir del pueblo, se gira a la derecha por Via del Parco, una calle estrecha por una pendiente que se nivela al girar a la derecha. Hay que seguirla. Se llega a un cruce con una carretera principal; se cruza con cuidado y se sigue por el estrecho carril hasta llegar a una bifurcación. Se tuerce a la derecha por Contrada Figazzano.

07 Tras una serie de curvas a izquierda y derecha, la carretera pasa a ser una pista de tierra hasta una carretera asfaltada que vuelve al sendero ciclable de tierra. Al girar a la izquierda, se vuelve a la ruta ciclista del acueducto hacia el sur, donde la pista se adentra en la línea de ferrocarril y a través de la hermosa campiña pullesa. Por el camino hay que cruzar la Strada Provinciale 13, una carretera principal y dos carreteras secundarias. Hay que mirar dos veces antes de cruzar.

08 Al llegar al pueblo de Portarino se gira a la izquierda en la intersección. Esta calle sin nombre está bordeada de muros de piedra, con un *trullo* a la izquierda, justo después de girar. Hay que seguir esta estrecha carretera hasta el final del pueblo de San Salvatore. Se gira a la izquierda, luego inmediatamente a la derecha en el letrero. Tras otro cruce en cruz, se llega a una bifurcación. Hay que ir por la izquierda y seguir hasta llegar a una bifurcación más grande en la carretera. Aquí se gira a la izquierda.

09 Tras pasar más casas *trulli,* finalmente se llega a un cruce con una rotonda triangular en el centro. Hay que seguir el flujo de tráfico para girar a la izquierda, hasta una rotonda en la carretera principal, la Strada Provinciale 13. En la rotonda, se gira a la derecha (la primera salida), circulando con tráfico unos 500 m, y luego se gira con cuidado a la izquierda por Via Martina Franca. Este último tramo es un ascenso que vira la derecha de nuevo hacia Cisternino, ¡con suerte todavía quedará un poco de energía!

Una pausa

Caffè della Valle es un pequeño café popular entre los turistas de paso; está junto al pueblo de Cervillo en Strada Provinciale 13, cerca de donde la vía ciclable cruza la carretera principal por segunda vez. El café tiene aparcamiento para, bicicletas, terraza exterior y una buena selección de pizzas, *panzerotti* y sándwiches al estilo local.

Para algo más dulce, **Almond Pasticceria Artigianale** es un café-pastelería artesanal al final de la carretera de San Salvatore, en las afueras de Cisternino. Ideal para tomar un café o un helado en el delicioso jardín.

***Trulli* pulleses.**

'Trulli' de Apulia

La peculiar forma de los *trulli* (o *trullo* en singular) es un carácter distintivo de los paisajes pulleses. Los conos puntiagudos grises y las paredes enjalbegadas redondeadas emergen entre olivares y viñedos en el valle de Istria. Son de la época de los mesapios, un grupo de tribus que se asentó en la región durante la Edad de Piedra; los más antiguos todavía en pie tienen varios miles de años.

El diseño de los *trulli* se basa en la autosuficiencia, con aislamiento de doble pared que mantiene la casa fresca en verano y cálida en invierno. Hoy en día los *trulli* suelen usarse como granero o alojamiento turístico, una experiencia única.

Otras propuestas

Parco Nazionale del Pollino, Calabria. NELLA/SHUTTERSTOCK ©

El punto más oriental de Italia

DURACIÓN	DIFICULTAD	DISTANCIA
1 h	Baja	12 km

Desde la ciudad costera de Otranto, esta ruta hacia el sur permite admirar la costa pullesa de Salento, flanqueada de campos de cultivo y paisajes salpicados de las antiguas torres de defensa frente a amenazas procedentes del este.

Es una ruta directa antes de divisar en el horizonte el faro blanco, el punto más oriental de Italia. Los más entusiastas pueden seguir hasta la ciudad de Porto Badisco en busca de las espectaculares ensenadas y hermosas playas de este tramo de costa. Se regresa por la misma ruta, visitando Cava di Bauxite cerca de Otranto. El tráfico es escaso, pero el pavimento no está en buenas condiciones y requiere muchos giros bruscos para evitar los baches.

La costa calabresa

DURACIÓN	DIFICULTAD	DISTANCIA
1 h	Media	14 km

La hermosa costa de Calabria es muy apreciada por su patrimonio multicultural y paisaje accidentado.

Aunque es factible recorrer toda la costa, el tramo entre Scilla y Bagnara está menos transitado y es fácilmente accesible en tren. Ambos pueblos tienen hermosas playas y asentamientos antiguos y la ruta por la carretera litoral al borde del acantilado es espectacular. Por el camino se pasa por casas destartaladas enclavadas en las rocas y mansiones junto al mar. Es popular entre los ciclistas de carretera, pero también hay ciclistas de placer disfrutando de un día activo. Hay que circular con precaución, pues el entorno rocoso dificulta que los coches vean las bicis.

RAGEMAX/SHUTTERSTOCK ©

Porto Badisco, Apulia.

Ciclovia dei Parchi della Calabria

DURACIÓN	DIFICULTAD	DISTANCIA
4 h	Alta	34 km

Esta vía ciclable es una ruta de 545 km por los parques nacionales de Calabria (Aspromonte, Sila, Pollino y Serre), pasando por pueblos pintorescos y paisajes espectaculares.

Un pequeño tramo recomendado empieza en lo alto de la colina de Laino Borgo. Se cruza Laino Castello antes de llegar a Mormanno, hogar de las famosas galletas rellenas *bocconotti*. Desde aquí se pasa una plantación de lavanda antes de un fuerte ascenso hasta la montaña de Serra. El descenso hasta la medieval Morano Calabro es el broche de oro. Se considera una ruta difícil por las fuertes pendientes, pero quienes acepten el reto se verán recompensados por la tranquila hospitalidad calabresa, la espléndida naturaleza y una mirada al pasado histórico de la región.

Isla Porcida

DURACIÓN	DIFICULTAD	DISTANCIA
2 h	Media	20 km

Eclipsada por su hermana mayor, Ischia, Porcida es una pequeña isla con casas de colores vivos, una magnífica excursión de un día cerca de Nápoles, en especial en bici.

No hay rutas específicas en Porcida, basta dejarse guiar por la curiosidad y descubrir sus múltiples rincones. Como norma general, hay que asegurarse de incluir Corricella, el pueblo más antiguo de la isla y el que tiene la paleta de colores más vivos en sus casas, y la isla de Vivara, reserva natural accesible por un puente desde Porcida. Además, las mejores vistas de la isla están en Terra Murata, el pueblo medieval que mira al mar. Si se quiere viajar relajado por las callejas de Porcida, se recomienda alquilar una bicicleta eléctrica.

CÓRCEGA
Ajaccio
Civitavecchia
Lago de Bracciano
Avezzano
ROMA
Frosinone
Parco Nazionale del Circeo
Golfo de Gaeta
Ponza
34
Isla de Asinara
Parco Nazionale dell'Arcipelago di La Maddalena
Arzachena
Olbia
Parco Nazionale dell'Asinara
Sassari
Punta Giglio
Alguer
CERDEÑA
35
Nuoro
Golfo de Orosei
Parco Nazionale del Golfo di Orosei e del Gennargentu
Punta La Marmora
Oristano
Terralba
Mar Tirreno
Iglesias
Cagliari
San Pietro
Carbonia
Sant'Antioco
37
Ustica
MAR MEDITERRÁNEO
Palermo
Levanzo
Trapani
Marettimo
Favignana
Marsala
SICILIA
36
TÚNEZ
Pantelleria
TÚNEZ
ARGELIA
0
200 km

STEFANO ZACCARIA/SHUTTERSTOCK ©

Cala d'Oliva (p. 209), Asinara.

Las islas

Explorar

Las islas

Sicilia y Cerdeña, las islas más grandes de Italia, son famosas por las tentadoras aguas cristalinas que bañan sus hermosas costas. Y, aunque de eso hay de sobra, cruzar el Mediterráneo para explorar estas islas es garantía de una experiencia memorable que engloba mucho más que playas prístinas; aquí los tesoros arqueológicos se funden con la frondosa naturaleza, la cocina regional estalla con sabores únicos y cada ruta en bici es una sorpresa continua. Ascensos por acantilados que se desploman sobre el mar en bicicleta de montaña o paseos por carreteras vacías de islas deshabitadas antes cerradas al público, sea lo que sea, la recompensa será un paisaje espectacular.

Sicilia

La isla más grande del Mediterráneo engloba un patrimonio histórico y cultural que incorpora influencias italianas, griegas, árabes y españolas en su gastronomía, arquitectura y dialecto. Esta rica tradición se complementa con elementos naturales que abarcan desde las laderas oscuras del monte Etna, el volcán activo más alto de Europa, a las aguas cristalinas de parajes como Favignana, en la costa occidental. Explorar Sicilia en bicicleta significa absorber lo mejor de ambos mundos, pedaleando de ciudad en ciudad por paisajes insuperables a lo largo de la costa o por el interior. Las aldeas de Val di Noto, al este, presentan una arquitectura arrebatadora, mientras que las sinuosas calles de Palermo o las colinas ondulantes de Erice constituyen buenas alternativas a los plácidos complejos turísticos de playa. Aunque las infraestructuras ciclistas están poco desarrolladas y son contados los carriles bici, las carreteras secundarias suelen estar poco transitadas y permiten pedalear en paz. El calor durante los meses de verano puede ser insoportable, pero, gracias a los inviernos templados y primaveras cálidas, Sicilia es un destino ideal para el ciclismo fuera de temporada.

Cerdeña

No es raro encontrar gente que reserva unas semanas para recorrer los 1897 km de la costa de Cerdeña, la más larga de toda Italia. Normal, pues

CUÁNDO IR

Tanto Sicilia como Cerdeña reciben una gran afluencia de turistas en verano, mejor evitar julio y agosto si se quiere disfrutar a solas de las costas. La temporada alta trae consigo temperaturas extremas, difíciles de llevar en rutas largas. Las mejores condiciones climáticas se dan en primavera u otoño.

recorrer en bicicleta la isla de Cerdeña significa circular por rutas panorámicas, durante días interminables, desde la campiña rural a ciudades históricas. El interior montañoso desciende hacia las pintorescas tierras agrícolas menos elevadas hasta alcanzar playas de postal, aguas relucientes y acantilados escarpados donde la tierra se funde con el agua. Las oportunidades para descubrir los vestigios de las antiguas civilizaciones nurágicas o romanas se combinan con el impresionante paisaje que atrae a tanta gente en verano. Para quienes no se atrevan con el gran circuito por la isla, hay múltiples rutas más cortas. Las carreteras tienen firmes bien mantenidos y en general hay poco tráfico, en especial en temporada baja. En los últimos años se han ido creando carriles bici y, más hacia el interior, hay senderos que serpentean por hermosos bosques mediterráneos, pasando por valles estrechos y ruinas antiguas. Circular por Cerdeña es una oportunidad única. Con tiempo o sin él, siempre hay algo que hacer.

TRANSPORTE

Viajar en tren es una forma económica, aunque lenta, de desplazarse por Sicilia y Cerdeña. No todos los trenes permiten llevar bicis; hay que buscar el símbolo al reservar los billetes en trenitalia.com. En Cerdeña, los autobuses de ARST disponen de espacio para bicicletas; hay que preguntar al conductor. El suplemento en el tren es de 3,50 €; en los autobuses ARST exigen un billete adicional.

EVENTOS

Cavalcata Sarda

En caso de encontrarse en el noroeste de Cerdeña del segundo al último domingo de mayo, merece la pena, en Sassari, la Cavalcata Sarda, una celebración tradicional donde los jinetes realizan desfiles y acrobacias temerarias por las calles de la ciudad.

GiroSardegna

(girosardegna.it) La primera carrera ciclista de larga distancia de Cerdeña se celebra cada año en abril. El itinerario más largo tiene 438 km.

Recursos

Sardegna Ciclabile (sardegnaciclabile.it) Indica itinerarios ciclistas completos por Cerdeña, con perfiles, mapas detallados y puntos de interés del recorrido.

Parco Ciclistico Etna (parco ciclisticoetna.com) Contiene información sobre rutas por el monte Etna, el volcán activo más alto de Europa, al este de Sicilia.

DÓNDE ALOJARSE

Tanto Sicilia como Cerdeña ofrecen opciones para todos los presupuestos y gustos, desde *campings* junto al mar a lujosos complejos turísticos de playa. En general, los albergues se limitan a las principales ciudades o destinos más populares, mientras que la acampada solo está permitida en ciertos puntos. En lugares como la isla de Asinara, solo hay alojamiento de abril a octubre. Los precios pueden duplicarse en verano, cuando las playas se aprovechan al máximo; evitar los meses de verano significa ahorrar dinero y esquivar las masas.

34

Ideal para

VIDA SALVAJE

Isla de Asinara

DURACIÓN	DIFICULTAD	DISTANCIA	INICIO/FINAL
3 h	Media	20 km	Cala Reale
TERRENO	Casi todo asfaltado, algunos tramos de tierra		

HEMIS/ALAMY STOCK PHOTO ©

Asinara.

Situada en la punta noroccidental de Cerdeña, esta isla que emerge tímidamente de las aguas azul oscuro del Mediterráneo ofrece un apacible refugio a una población de burros silvestres, caballos salvajes y cabras ágiles que habitan en su desolado paisaje. Durante más de un siglo Asinara estuvo cerrada al público, primero como colonia penal y luego como prisión de máxima seguridad para los criminales más infames de Italia. En las vías ciclables que recorren esta isla casi deshabitada todavía quedan rastros de este pasado.

Alquiler

En Porto Torres, E-bike Asinara (ebikeasinara.it) ofrece bicicletas de montaña y eléctricas desde 20 y 35 €/días. Subirla en el ferri cuesta 3 €/día. Ofrecen circuitos guiados.

Punto de partida

Hay ferris todo el año que van de Porto Torres en Cerdeña a Cala Reale en aproximadamente 1½ h. Es el punto de partida de la ruta. Un billete de ida y vuelta cuesta 17,50 €.

01 Se toma el primer ferri desde Porto Torres hasta el pequeño puerto de Cala Reale, en la parte central de Asinara, a tiempo para empezar a pedalear por la parte norte de esta isla bañada por el sol. Los ferris salen de Porto Torres a las 8.30 y llegan al puerto de Cala Reale hacia las 10 h. La estructura principal que se ve al llegar a Cala Reale era la residencia de la familia real de Saboya, que gobernó en el reino de Cerdeña antes de la Unificación de Italia en 1861. Merece la pena explorar la capilla austrohúngara cercana, luego dirigirse al este

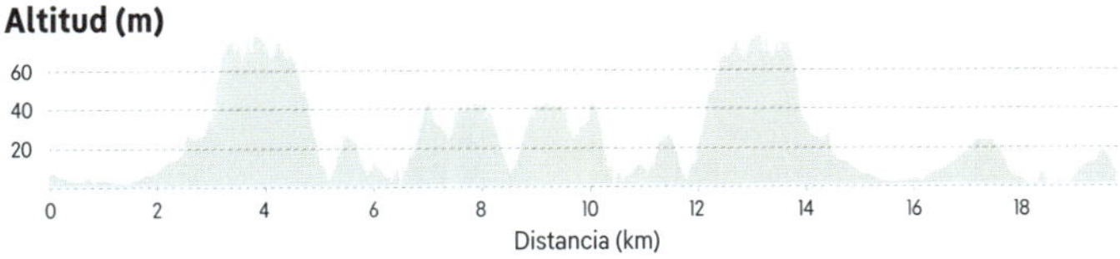

por la costa en dirección al Trabuccato, pasada la espeluznante Estación Sanitaria de terracota que albergó miles de prisioneros enfermos durante la I Guerra Mundial.

02 El tramo inicial del itinerario discurre paralelo al Sentiero dell'Asino Bianco (ruta del burro blanco), y pronto se entenderá por qué. Pequeños y agradables burros asinara albinos deambulan libremente entre los edificios dispersos que antes conformaban la prisión-hospital local. Pocos minutos después se pasa por el promontorio con la solitaria torre del Trabuccato del s. XVII, que vigila las bahías color turquesa al este y al oeste. Para ver la torre de cerca, se toma una pista lateral; si no, se sigue hacia el norte con la costa a la derecha.

03 Pasado el promontorio y la torre se llega a la tentadora Cala delle Barche Napoletane, una playa de arena blanca que bien merece una pausa, para luego volver a los pedales y afrontar la fuerte pendiente hasta Cala d'Oliva. La sinuosa carretera sube hasta la cresta, que ofrece vistas excepcionales del paisaje circundante. El ascenso bien merece el esfuerzo; tras alcanzar el punto más alto (71 m) unos 3 km después, un aire salado y seco refresca las mejillas cuesta abajo hacia la cala, ya visible en la distancia.

04 Aparece un grupo de casas bajas blancas al acercarse a la localidad de Cala d'Oliva, enclavada entre dos playas rocosas. Durante la temporada alta, hay un par de restaurantes, un buen centro de submarinismo y un albergue, aunque la industria turística de Cala d'Oliva es limitada y bastante reciente. Cuando se convirtió en una prisión de máxima seguridad en 1885, la población de Asinara se trasladó a Cerdeña y dejó Cala d'Oliva en manos de las autoridades, que más tarde construyeron el búnker donde acabaría prisionero el infame capo de la mafia Totò Riina. Resulta interesante explorar la aldea enjalbegada y la antigua prisión, sin olvidar una visita al taller del escultor de madera Enrico Mereu, supuestamente el único residente permanente de la isla, y luego seguir hacia el norte por la costa.

05 Este tramo es conocido como el Sentiero del Faro (ruta del faro) y va de Cala d'Oliva al Faro di Punta dello Scorno, el punto más septentrional de la isla. En este tramo es esencial la bicicleta eléctrica, además de un poco de experiencia, porque hay grandes rocas en el camino. El destino no es el faro, que empezó a funcionar en 1859, sino las prístinas

Una pausa

Casi sin residentes permanentes en la isla, no hay muchos restaurantes por aquí. Hay dos en el itinerario de la guía, en Cala d'Oliva, aunque solo están abiertos en temporada alta. La Locanda del Parco prepara buenos platos de marisco y ofrece alojamiento a quienes deseen pernoctar en la isla. El Bar L'Asino Bianco es un café con comidas rápidas y sándwiches acompañados de vistas hipnotizantes.

calas Sabina y Giordano, a unos 2 km de Cala d'Oliva. Si se decide acortar el trayecto, quizá debido a un prolongado almuerzo de marisco recién pescado en Cala d'Oliva, se puede pasar directamente al paso 9.

06 Para ver una de las playas más hermosas de Asinara habrá que esforzarse. Se llega a Cala Sabina (también llamada Cala dei Ponzesi) por el sendero irregular entre la espesa vegetación mediterránea que crece en la costa. Esta cala ofrece aguas transparentes arropadas por la arena y arbustos de enebro detrás de una colina que se adentra en el mar. Hay mesas de pícnic, idealmente situadas para disfrutar del almuerzo con vistas. Muy cerca está Cala Giordano, una playa menos conocida pero igualmente hipnotizante que constituye un apacible refugio en esos pocos días de verano en que Cala Sabina está demasiado llena. Desde aquí se puede volver a Cala d'Oliva.

07 Al regresar a la pista principal, el trayecto es más accesible hasta Cala d'Oliva y luego Trabuccato. Por la sinuosa carretera junto al acantilado de antes se rodea Cala dei Detenuti (cala de los reclusos) y la torre de vigilancia de Cala d'Oliva. Se pasa por las celdas de la prisión de Trabuccato hasta llegar a una división en la carretera, antes del letrero que señala la entrada a Cala Reale. Se toma la pista de tierra a la derecha y se pasa por detrás de Cala Reale hacia el interior de la isla hasta el cementerio de Campo Faro. Hay que estar atentos a los burros grises y blancos que cruzan el sendero, pasar la antigua oficina de correos y luego continuar hasta la laguna. Se pasa junto a una pradera donde pacen los caballos y luego se cruzan las tranquilas aguas pobladas de garzas y flamencos.

08 El último tramo del itinerario se adentra en una de las épocas más oscuras de la historia de Asinara. Poco después de la laguna se llega a un sendero blanco recto que conduce a un edificio en forma de cruz. Es el osario austrohúngaro, un complejo religioso construido en la década de 1930, a petición del Gobierno austriaco, para dar a los prisioneros de guerra austrohúngaros un entierro digno. La estructura contiene los restos

Burro asinara albino.

Los burros asinara

De tamaño pequeño y cubiertos de pelo blanco, estos burros autóctonos en libertad son famosos en toda Italia, pero su origen es incierto. Existen múltiples leyendas que cuentan historias sobre naufragios y comercio transcontinental entre gobernantes. Con toda probabilidad, se trata simplemente de burros grises autóctonos que desarrollaron una forma de albinismo que se expandió por la isla. Suele creerse que el nombre *asinara* procede de la palabra "burro", *asino* en italiano. Sin embargo, en realidad deriva del término latín *sinuaria*, que le dieron los romanos y que significa "curva", reflejo del perfil escarpado de su costa.

Capilla austrohúngara

Durante la I Guerra Mundial, Asinara fue un campo de concentración de decenas de miles de prisioneros de guerra austrohúngaros que habían sido capturados en los Balcanes. Con la expansión de las fuerzas austrohúngaras en 1915, el Gobierno italiano aceptó trasladar a 30 000 prisioneros capturados por los aliados serbios a Asinara. Muchos murieron de cólera; los que sobrevivieron cayeron en una depresión por falta de estímulos en la isla. Para mantenerse ocupados, los prisioneros construyeron la capilla de 4,5 × 4,5 m que hay en Cala Reale. La luneta de la capilla fue decorada por el prisionero húngaro György Nemess.

ANGELO ANDREAS ZINNA/ALAMY STOCK PHOTO ©

Capilla austrohúngara.

de unas 7000 almas que murieron en la colonia penal durante la I Guerra Mundial y que inicialmente fueron enterradas en fosas comunes. El osario está cerrado al público, pero a través del cristal se pueden ver las 18 cajas de cristal que contienen los huesos de los prisioneros.

09 Cala dell'Ossario, frente al osario austrohúngaro, ofrece la oportunidad de un último baño antes de regresar a Cala Reale y completar el circuito. En el camino de vuelta se cruza de nuevo la laguna y se toma la carretera principal a la derecha, pasando la iglesia de Cala Reale y el centro de rescate de animales donde se da una segunda vida a tortugas de mar heridas. Un poco más adelante está el punto de partida en el centro de visitantes; justo a tiempo para ver el antiguo palacio real bañado por el sol del atardecer. El ferri a Porto Torres sale del puerto de Cala Reale a las 16.30 h o 17.30 h en temporada baja (oct-abr) y las 18.00 h el resto del año. Horarios en delcomar.it.

CONSEJO:

Conviene aprovisionarse de agua y alimentos en Porto Torres antes de dirigirse a Asinara, en especial en temporada baja. Hay un supermercado CRAI cerca del puerto en Via Mare 24; abre a las 8.00 h.

En bicicleta propia o sin necesidad de regresar a Porto Torres el mismo día, se puede cruzar toda la isla hacia el sur hasta Fornelli, donde hay ferris a Stintino. Es una hora más de pedaleo. Stintino se encuentra 28 km al norte de Porto Torres y 55 km de Alguer.

Una pausa

Para visitar Asinara hay que llevarse las provisiones, ya que la infraestructura turística es casi inexistente, sobre todo de octubre a abril. Por suerte, está lleno de lugares de pícnic excepcionales donde disfrutar de una pausa rodeados de naturaleza y burros salvajes. Durante los meses de verano, el calor puede ser sofocante, así que conviene llevar mucha agua. Y no dejar restos.

35

Ideal para

PAISAJE COSTERO

De Alguer a Punta Giglio

DURACIÓN	DIFICULTAD	DISTANCIA	INICIO/FINAL
3 h	Media	35 km	Alguer

TERRENO	Principalmente asfaltado, algunos tramos de tierra

ARKADY ZAKHAROV/SHUTTERSTOCK ©

Alguer.

Desde la fortaleza que envuelve el centro histórico de Alguer, una fantástica ruta en bicicleta lleva a Fertilia y Punta Giglio, por una vía ciclable junto al mar, pasando por una reserva natural con vistas excepcionales de Alguer y Capo Caccia. Tras visitar uno de los antiguos *nuraghi* sardos, se pasa por un bosque protegido usado como base antiaérea durante la II Guerra Mundial. Paisajes, cultura y adrenalina se conjugan en esta costa ventosa en el noroeste de Cerdeña, salpicada de torres de vigilancia.

Alquiler

Raggi di Sardegna (algherorentabike.com), en el centro de Alguer, alquila bicicletas de montaña y eléctricas. El solícito personal estará encantado de dar consejos.

Punto de partida

La vía ciclable empieza frente a la fortaleza de Alguer, junto al puerto, cerca de un letrero que conmemora el paso del revolucionario decimonónico Giuseppe Garibaldi por la ciudad.

01 Se recomienda empezar temprano, en el centro histórico de Alguer, pasando las antiguas torres y cañones defensivos que adornan el centro. Hay que dirigirse al puerto con veleros alineados y unirse a la vía ciclable paralela al agua en dirección a Fertilia, un pequeño pueblo a las afueras de Alguer. Aunque el camino llano y recto invite a acelerar, no es buena idea, pues hay que estar atento a los peatones que parecen no darse cuenta de que es un carril para bicis. En especial en los alrededores de Alguer, donde la ruta discurre junto a populares playas y cafés frente al mar, es fácil confundirlo con

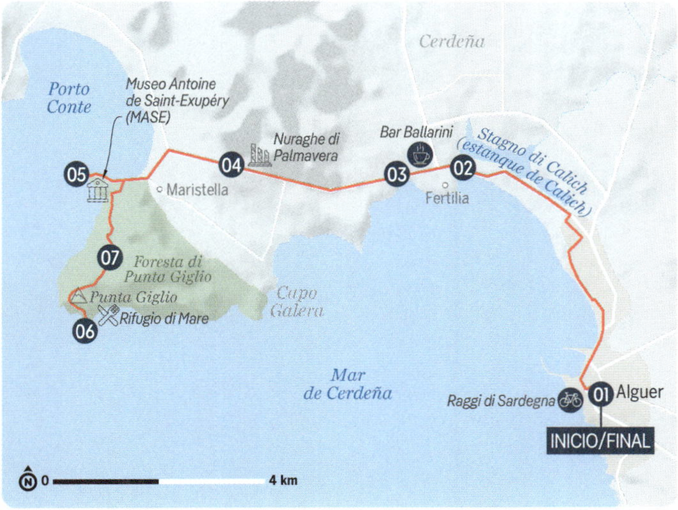

PANTHER MEDIA GMBH/ALAMY STOCK PHOTO ©

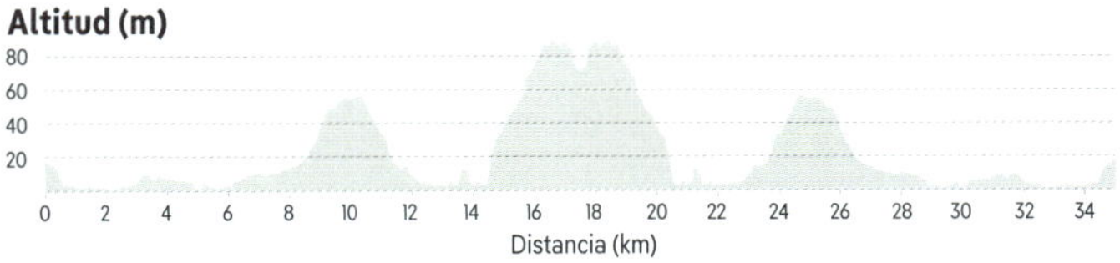

una acera. Se sale de la ciudad pasando los hoteles de colores pastel.

02 Lo primero que se ve en Fertilia es un puente amarillo desde el que se ven las ruinas de un antiguo puente romano que se adentra en el agua. Tenía 24 arcos y atravesaba el estanque de Calich, pero en la década de 1930 cerca de la mitad quedó destruido. Hay que girar a la derecha tras el nuevo puente amarillo para visitar el minúsculo parque arqueológico y caminar por la estructura de 2000 años que dejaron los romanos.

03 Se cruza Fertilia y se prosigue por la vía ciclable que discurre junto al bosque en el lado derecho de la carretera principal durante 3,5 km hasta Nuraghe di Palmavera, típicamente sardo, un increíble sitio arqueológico que merece la pena visitar de camino a Punta Giglio. Se estima que este complejo de piedra se construyó en torno a 1500 a.C. y más tarde se amplió en un asentamiento de más de 150 cabañas.

04 Al dejar atrás Palmavera, la larga y recta carretera baja hasta una rotonda donde termina la vía ciclable. Hay que ir a la izquierda en dirección a Maristella y pasar junto al Hotel Porto Conte. Se sigue recto hasta llegar a la torre de vigilancia frente al Capo Caccia. La torre alberga el Museo Antoine de Saint-Exupéry (MASE), un espacio de exposición dedicado

La lengua catalana

Al pasear por Alguer y sus alrededores, se observa que los letreros de las calles están en dos idiomas: italiano y catalán. La presencia dominante del catalán en Alguer se remonta a principios del s. XIV, cuando los colonizadores aragoneses establecieron un enclave en el área de Alguer, uniendo la región a la Corona de Aragón. Se crearon cargos públicos reservados a los catalanes y muchos sardos fueron expulsados. Desde entonces el catalán antiguo es una de las lenguas autóctonas del noroeste de Cerdeña, que solo se habla en Alguer.

al piloto y escritor francés, autor de *El principito*. Antoine de Saint-Exupéry llegó a Cerdeña en 1944 y vivió unos meses en una villa con vistas a la bahía de Porto Conte. El museo repasa los eventos que marcaron la vida del autor antes, durante y después de su estancia en Alguer a través de documentos, fotografías e instalaciones interactivas.

05 Hay que dar la vuelta y seguir por la misma carretera de antes durante 700 m. A la derecha, una valla marca la entrada a la reserva natural de la Foresta di Punta Giglio. Se toma el sendero de grava que lleva a Punta Giglio y se empieza el ascenso a lo alto del promontorio. Es la parte más desafiante de la ruta; hay que subir hasta 120 m de altitud. El promontorio de caliza de Punta Giglio alberga numerosas especies de animales y plantas. La primera parte del sendero zigzaguea entre pinos marinos hasta llegar al punto más alto, donde la vegetación es más baja y las palmeras enanas y los enebros reciben los rayos del sol.

06 Se sigue hasta ver el Rifugio di Mare, restaurante y casa de huéspedes en lo alto del promontorio. Se puede dejar la bicicleta junto a la casa y seguir a pie hasta Punta Giglio, unos minutos más arriba. Por el sendero de tierra se ve una serie de fortificaciones militares circulares usadas para localizar los aviones enemigos durante la II Guerra Mundial. Se puede entrar en la estructura y subir al tejado para obtener espectaculares vistas de Alguer a la izquierda y Capo Caccia a la derecha.

07 Para regresar, hay que retroceder por el mismo sendero que se ha subido antes. Un refrescante sendero cuesta abajo lleva a la entrada del parque, donde se puede ir a la derecha y regresar a la rotonda. De nuevo a la derecha, se sigue recto hasta Alguer, pasado el estanque de Calich y el centro histórico de la ciudad.

Una pausa

Situado en una rotonda entre Fertilia y el complejo Nuraghe di Palmavera, el Bar Ballarini constituye un lugar ideal para recobrar fuerzas al salir o volver a Alguer. El menú se compone de una larga lista de *focaccias* rellenas y platos de marisco recién pescado que se puede degustar en la soleada terraza. También ofrecen postres tradicionales como las *seadas* (pasta ligera rellena de queso y miel), así como un fantástico *espresso* para seguir tras un generoso almuerzo.

LOUIELEA/SHUTTERSTOCK ©

Nuraghie di Palmavera (p. 215).

¿Qué es un 'nuraghe'?

Un *nuraghe* es una antigua estructura megalítica típica de Cerdeña, originalmente construida por la civilización nurágica que habitó la isla durante la Edad de Bronce. Miles de estas misteriosas estructuras en forma de torre adornan el paisaje por toda la isla. Los historiadores y arqueólogos todavía debaten el origen y el propósito de estos antiguos castillos, pero la creencia general es que eran fortificaciones defensivas. Quizá también tuvieron funciones religiosas o ceremoniales, así como otros usos prácticos, como almacén de cereales. Hoy en día los *nuraghi* son una parte importante del patrimonio cultural de Cerdeña.

36

Por las salinas de Trapani a Marsala

DURACIÓN	DIFICULTAD	DISTANCIA	INICIO/FINAL
3 h	Baja	39 km	Trapani/ Marsala

TERRENO	Asfaltado

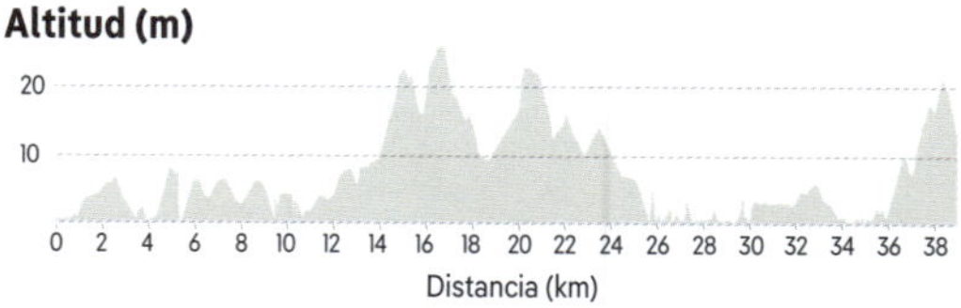

Por la costa oeste de Sicilia se extienden unas de las salinas más importantes del país entre dos ciudades históricas que se abren al Mediterráneo. Ir de Trapani a Marsala por las refulgentes llanuras de la isla, entre antiguos molinos y bandadas de flamencos, es una inmersión total en un paisaje espectacular que se disfruta a ritmo lento. Un recorrido donde historia y naturaleza se combinan en dos reservas protegidas, desde la "ciudad de dos mares" hasta una de las famosas regiones vinícolas de Sicilia, donde espera una dulce recompensa.

Alquiler

Mercé y Bike Shop Noleggiamo operan en el centro de Trapani y alquilan bicicletas urbanas y de montaña. Conviene reservar con antelación en temporada alta.

Punto de partida

El recorrido empieza en el extremo sur del centro histórico de Trapani. Cualquier parte cerca del puerto, como Piazza Garibaldi, es un buen sitio para empezar.

01 Se necesitan pocos recursos naturales para producir sal: agua de mar, viento, luz solar y pocas precipitaciones. Todos abundan en la provincia de Trapani y también son algunos de los ingredientes esenciales para una fantástica ruta en bicicleta. Con vistas a las islas Egadas, la histórica Trapani ofrece una mezcla de antiguos castillos y arquitectura barroca rodeada de reservas naturales y largas playas de arena. Antes de salir a explorar la costa y las salinas merece la pena echar un vistazo a la espectacular Cattedrale di San Lorenzo y visitar el museo arqueológico ubicado en la Torre di Ligny,

ESSEVU/SHUTTERSTOCK ©

Molino de viento y salinas cerca de Marsala.

una estructura defensiva del s. XVII que ahora alberga objetos recuperados del fondo del Mediterráneo. Tras visitar la ciudad, es buena idea coger fuerzas con un *espresso* o *granita di caffè* y un *cannolo* (empanadas fritas rellenas de *ricotta*) recién hecho en la Pasticceria La Rinascente, 2 minutos al norte del puerto de Trapani, y montar en la bicicleta para empezar el trayecto hacia Marsala. Desde el puerto hay que ir al este por Viale Regina Elena y luego Via Ammiraglio Staiti.

02 Hay que avanzar hasta Via Libica, dejando atrás el centro histórico. Se pasa la rotonda y se sigue recto por Strada Provinciale 21, la carretera principal, que se seguirá por tramos hasta el destino. Aquí, justo después de la rotonda, se entra en los mágicos paisajes formados por las salinas de Trapani, donde geométricos estanques superficiales se expanden en su quietud a ambos lados del sendero.

03 Poco después de salir del centro de Trapani se llega a la Riserva Naturale Saline di Trapani e Paceco, que ocupa unos 10 km². La ruta atraviesa cuencas artificiales usadas durante siglos para extraer sal. Se cree que los fenicios ya recogían sal en el s. V a.C., aunque los característicos molinos que se ven reflejados en la fina capa de agua que cubre el suelo son mucho más recientes. El comercio de la sal se convirtió en un pilar de la economía local en la Edad Media bajo el período de dominio aragonés sobre Sicilia y ha perdurado hasta nuestros días. La reserva de Saline di Trapani e Paceco se creó en 1995, y se convirtió en un notable punto de biodiversidad. Los fotógrafos de paisajes y fauna salvaje querrán detenerse en el mirador panorámico sito en medio de dos cuencas, en especial al amanecer. Unas 240 especies de aves utilizan las salinas para descansar entre vuelos durante el año (aquí serán útiles los teleobjetivos).

Una pausa

Situado junto al mar y a pocos pasos del Museo del Sale de Nubia, el restaurante La Torre di Nubia constituye un lugar ideal para almorzar en las afueras de Trapani. Abierto a mediodía y por la noche, sirve generosas porciones de platos que ensalzan el producto local, como los pistachos y el pescado fresco. Como el menú cambia a menudo, es mejor seguir las recomendaciones del personal. Si la tienen, merece la pena probar la típica pasta *busiate* servida con pez espada, gambas y mejillones. También tienen sabrosas opciones vegetarianas.

04 Un corto desvío desde la Strada Provinciale 21 lleva a Nubia, donde se encuentra el gran Museo del Sale de Trapani. El museo se halla en una antiguo *baglio,* una granja de piedra del s. XVII coronada por un molino de seis aspas, y muestra artefactos, fotografías y documentos que relatan la historia de la extracción y el comercio de sal en Trapani. Desde herramientas de trabajo como el *ruzzoli,* que se usaba para aplanar el suelo, o el *cattedri,* para el transporte de sal, las exposiciones ayudan a poner el escenario en contexto. Incluso si el museo está cerrado, y probablemente lo esté en invierno, su arquitectura tradicional bien merece la pena.

05 Se sigue pedaleando por las estrechas carreteras que discurren paralelas a la Strada Provinciale por Salina Grande y luego hay que incorporarse de nuevo a la carretera principal para ir a Palma y luego a Marausa. Este es más o menos el punto intermedio de camino a Marsala; si se quiere descansar, se puede ir a la derecha y avanzar menos de 3 km hasta Lido di Marausa, donde aparece una larga playa de arena con vistas a Favignana y Levanzo, pertenecientes a las islas Egadas, cerca de la costa. Ambas son fácilmente accesibles desde Trapani, y vale la pena visitarlas, en especial durante la temporada intermedia, cuando las temperaturas son ideales y las playas aún no están tan concurridas. Al pasar Marausa se encuentra el minúsculo aeropuerto de Trapani.

06 Tras pasar las pistas de aterrizaje, se gira a la derecha hasta la costa. Por la Baia dei Fenici, una playa popular durante los meses del verano, se entra en la Riserva Naturale Isole dello Stagnone di Marsala. Stagnone (literalmente, “estanque grande”), engloba una tranquila y transparente masa de agua que separa el continente de la Isola Grande y otras tres islas (Mozia, Santa Maria y Schola) que forman este archipiélago. Como la Riserva Naturale Saline di Trapani e Paceco, Stagnone también constituye un oasis para docenas de aves migratorias que se pueden ver sobrevolando por las aguas poco profundas. Según la estación, es posible divisar poderosas garzas, patos, aguiluchos laguneros e incluso águilas pescadoras en busca de alimento durante sus migraciones. Los ferris que van a la isla de Mozia, colonizada por los fenicios ya en el s. VIII a.C., salen cada media hora de la zona de Contrada Spagnola y tardan 15 minutos. Tal como un museo arqueológico al aire libre, la isla tiene una entrada de 9 €, que se puede adquirir al llegar al

JEROME LABOUYRIE/GETTY IMAGES ©

Viñedos, Marsala.

Vino de Marsala

El producto por el que Marsala es famosa fuera de Sicilia es ese rico vino con sabor a nuez que se produce aquí desde hace dos siglos. Elaborado con una mezcla de distintas variedades de uva, como grillo, catarratto e inzolia, hay diferentes estilos y su denominación está protegida por ley, lo cual significa que solo puede hacerse en este rincón de Sicilia. El vino puede ser seco, semiseco y dulce, y puede envejecerse de 1 a 30 años. Uno de los estilos más conocidos es el *perpetuo,* donde el vino se mezcla continuamente con añadas más antiguas para crear un sabor consistente pero complejo.

POLUDZIBER/SHUTTERSTOCK ©

Favignana

Entre Trapani y Marsala, emerge de las aguas una isla a unos 7 km de la costa. Es la isla de Favignana, la más grande del archipiélago de las Egadas, donde playas prístinas, ensenadas ocultas y espectaculares acantilados definen la maravillosa geografía de esta joya siciliana. Si el tiempo lo permite, merece la pena explorarla. En temporada alta, salen regularmente hidroplanos y ferris desde los puertos de Trapani y Marsala. Alrededor del puerto de Favignana hay varios restaurantes y cafés para almorzar, además de complejos turísticos y *bed & breakfast* por toda la isla para pasar la noche.

Favignana.

puerto. Merece la pena aparcar la bicicleta en el continente y dedicar un par de horas a pasear por Mozia para visitar la antigua necrópolis y el Museo Whitaker, donde se puede descubrir la fascinante historia de este tesoro oculto de Sicilia.

07 En este punto Marsala ya está cerca. Avanzando por la costa, se observa que el mar empieza a agitarse, movido por el viento que ahora sopla libremente, sin el estorbo de Isola Grande. Los practicantes de *kitesurf* aprovechan las olas frente a la carretera Contrada Spagnola, que se puede seguir hasta volver a entrar en Strada Provinciale 21, en el centro histórico de Marsala.

08 En Marsala se puede celebrar la llegada a destino. Justo después de entrar en la ciudad de Marsala desde el extremo norte, habrá ocasión de probar uno de los productos estrella de esta localidad: el vino fortificado de Marsala. La Cantine Pellegrino funciona de manera ininterrumpida desde 1880 y realiza visitas y catas a su bodega situada junto al Parco Salinella, paralelo a Strada Provinciale 21. Si se ha empezado la ruta por la mañana, será lo bastante pronto para ir a una sesión de cata (¡pero lo bastante tarde para justificar una copa o dos!)

CONSEJO:

En Trapani tienen una curiosa especialidad tradicional, el cuscús, plato procedente del norte de África, hoy un clásico de la gastronomía local. Servido con marisco, el cuscús *alla trapanese* suele figurar en los menús en casi todas las *trattorias* de la ciudad.

09 Si se ha empezado el trayecto en la Piazza Garibaldi de Trapani, por coherencia, quizá se quiera terminar en la Porta Garibaldi de Marsala, un arco de piedra en el centro de la ciudad. El 11 de mayo de 1860, el revolucionario Giuseppe Garibaldi desembarcó aquí con la Expedición de los Mil, abriendo el camino a la Unificación de Italia. Tras llegar al centro, se puede volver a Trapani por el mismo sitio (el tren de regreso no tiene vagón para bicicletas) o seguir pedaleando por la costa hasta Mazara del Vallo, 24 km al sur, aprox. 1½ h.

Una pausa

A poca distancia de la Riserva Naturale Isole dello Stagnone di Marsala, se encuentra el acogedor restaurante y *bed & breakfast* **MammaColette's,** con una sugerente terraza exterior. Surfistas, ciclistas y turistas vienen a probar la fresca comida casera preparada según los ingredientes disponibles. Si la hay, se recomienda probar la sepia, una de las delicias de la costa de Trapani. El restaurante se encuentra junto al club de *kitesurf* de Marsala, por si se quiere intentar surfear por las olas mediterráneas antes de un copioso almuerzo.

37

De Carbonia a Sant'Antioco

FABIANO CADDEO GOREME/ALAMY STOCK PHOTO ©

DURACIÓN	DIFICULTAD	DISTANCIA	INICIO/FINAL
3,5 h	Baja	42 km	Carbonia
TERRENO	Asfaltado		

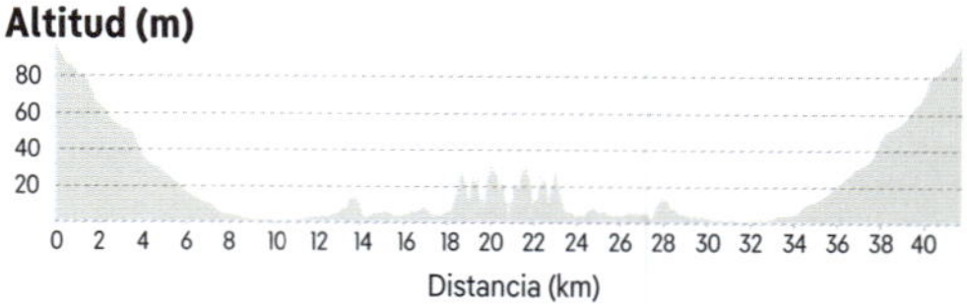

Sulcis, tierra de tradiciones, paisajes espectaculares y rica historia, se halla en la parte suroccidental de Cerdeña. Bañado por las aguas del Mediterráneo, este desconocido rincón de Italia está atravesado por una vía ciclable que se terminó en el 2020. El sendero conecta Carbonia, localidad minera de la era fascista, con la isla de Sant'Antioco a través de paisajes tranquilos que fusionan la campiña árida llena de espinosos higos chumbos con acantilados que se desploman sobre las aguas del mar azul sardo. Ideal para practicar submarinismo y *kitesurf,* Sant'Antioco requiere una exploración tranquila.

Alquiler

Newgreenstore y Speedy Motor alquilan bicicletas de montaña en Carbonia. Conviene llamar con antelación para comprobar la disponibilidad.

Punto de partida

La vía ciclable discurre paralela a la carretera SS126. Desde el centro de Carbonia se puede tomar Via Aspromonte hasta un sendero al llegar a la rotonda.

01 Desde Cagliari hay una hora en tren hasta el corazón de Carbonia, principal centro urbano de la región de Sulcis. Al entrar en la ciudad, se observa la arquitectura racionalista, hecha a base de simples formas geométricas y patrones simétricos. El estilo, típico de la era fascista, forma parte del patrimonio histórico de la ciudad; Carbonia se construyó casi desde cero en la década de 1930 para alojar a los trabajadores empleados en la cercana mina de carbón de Serbariu. Desde la

Mina histórica, Carbonia.

Ideal para

HISTORIA

Museo del carbón de Carbonia

Para conocer mejor el pasado de Carbonia merece la pena el Museo del Carbone, dedicado a la historia de la mina de carbón de Serbariu y de sus trabajadores. En funcionamiento de 1937 a 1964, la mina principal de la región empujó el nacimiento y crecimiento de Carbonia, ciudad cuyo nombre significa "ciudad de carbón". Dentro del museo hay una visita subterránea que muestra la maquinaria usada para extraer el mineral, además de una exposición que analiza las condiciones de trabajo de los mineros que se trasladaron a Carbonia. Reservas en museodelcarbone.it.

plaza principal, Piazza Roma, hay que dirigirse al oeste hacia Strada Statale 126, la carretera principal que rodea la ciudad. Se toma Via Aspromonte y al llegar a la rotonda al final de la calle aparecerá el carril bici rojo que discurre junto a la carretera.

02 El tramo inicial de este itinerario quizá no resulte muy atractivo; la carretera que sale de la ciudad suele estar muy transitada y el carril bici pasa por una zona industrial. Pero hay que tener paciencia, en cuestión de minutos se llega a campo abierto y todo se vuelve verde alrededor. Hay que seguir el sendero recto y llano en dirección a la pequeña localidad de San Giovanni Suergiu. Dos montañas –Monte Crobu y Monte San Giovanni– acompañarán al ciclista a la izquierda al salir de Carbonia.

03 Tras 7 km apacibles se llega a San Giovanni Suergiu. La vía ciclable pasa junto a la ciudad por un tramo sombreado, bordeado de árboles y una serie de jardines vallados con higos chumbos. Tras pasar San Giovanni Suergiu, la vía gira a la derecha; siguiendo la ruta hacia Sant'Antioco, pronto el agua rodea el camino en ambos lados.

04 La conexión de tierra firme con la isla de Sant'Antioco es un estrecho tramo que discurre entre el mar abierto y el Stagno di Santa Caterina, una fina masa de agua como un espejo, poblada por gran variedad de aves. La zona protegida alberga flamencos rosas, garzas blancas, gaviotas y muchos otros animales que se pueden ver en las aguas poco profundas de la laguna, parcialmente ocupadas por las salinas de Sant'Antioco. Al otro lado está la bahía frente a Sant'Antioco, en el promontorio a lo lejos. Las condiciones climáticas hacen que sea una zona ideal para el *kitesurf*.

05 Tras una pausa para admirar la fauna de la laguna, hay que seguir hasta el puente que entra propiamente en Sant'Antioco. El carril bici termina aquí. Junto al nuevo puente se observan los restos del antiguo puente romano, conocido localmente como Ponti Mannu, que solía conectar la isla antiguamente llamada Sulci con tierra firme, siguiendo la carretera que conducía a Cagliari. El puente se ha restaurado muchas veces en el último siglo y ahora está en tierra seca junto a su moderno homólogo.

06 Pasado el puente hay que ir a la derecha para llegar a la plaza principal de Sant'Antioco, *piazza* abierta con cafés frente al pequeño puerto y la bahía. Tras una pausa en una terraza, se puede regresar hacia la parte sur de la isla. Al dejar atrás Sant'Antioco se circula por una tranquila carretera de asfalto pasando unos almacenes y granjas que salpican la costa oriental unos 9 km.

Una pausa

En el mismo *lungomare* (paseo marítimo) de Sant'Antioco, Bar Colombo alimenta a los ciclistas hambrientos frente al puerto de la isla gracias a sus sándwiches, tentempiés y cócteles de *aperitivo* servidos con tapas en su soleada terraza junto al agua. Abierto todo el día y muy concurrido durante las noches de verano, este pequeño café ayudará a superar el último tramo del itinerario. Al llegar a Maladroxia se pueden recobrar fuerzas con una ensalada de fruta fresca o una cerveza Ichnusa en el café L'Oasi, junto a la playa.

ESKIMO/ALAMY STOCK PHOTO ©

Sant'Antioco.

07 El destino es Maladroxia, una paradisíaca playa donde la arena fina se funde con las aguas del Mediterráneo. La carretera se divide en el km 26, justo antes de entrar en Maladroxia; hay que asegurarse de girar a la izquierda, salvo que se quiera subir al monte S'Arraigraxiu. Se regresa a Carbonia siguiendo la misma ruta en dirección opuesta. Si apetece seguir pedaleando, se puede continuar por la costa (fuera del itinerario marcado), pasando por las hermosas playas de Coaquaddus y Turri en los kilómetros 4 y 5,5 después de Maladroxia, con vistas espectaculares desde Torre Canai. Estas playas son populares en verano, pero fuera de temporada es probable encontrarse solo.

La antigua Sulky

Según los arqueólogos, Sant'Antioco es una de las ciudades más antiguas de Cerdeña, pues los hallazgos demuestran que ya había asentamientos permanentes en la isla hace miles de años. El descubrimiento de cerámicas de origen fenicio que datan del 800 a.C. aprox. ha llevado a los investigadores a creer que Sant'Antioco, la antigua Sulky, ya había desarrollado entonces su centro urbano. Gracias al fértil interior y los alrededores ricos en marisco, la isla atrajo a una estable población mucho antes que gran parte de Cerdeña y fue uno de los centros comerciales más importantes del Mediterráneo.

Otras propuestas

Bosa, Cerdeña.

VADYM LAVRA/SHUTTERSTOCK ©

De Alguer a Bosa

DURACIÓN	DIFICULTAD	DISTANCIA
3,5 h	Media	44 km

Tras explorar el área de Punta Giglio cerca de Alguer, se puede ir hacia el sur para aprovechar al máximo el noroeste de Cerdeña.

La costa occidental de la isla está hollada por una larga carretera panorámica que se extiende de Alguer a Bosa, una colorida ciudad en la provincia de Oristano. Aunque la ruta requiere cierta energía debido a un ascenso hasta 650 m de altitud a medio camino, las vistas que acompañan a lo largo de todo el trayecto hacen que cada momento merezca la pena. De regreso a Alguer se puede subir la bicicleta en uno de los autobuses ARST que conectan las ciudades sardas.

Pista Altomontana Etna

DURACIÓN	DIFICULTAD	DISTANCIA
3 h	Media	36 km

Con sus 3357 m sobre el nivel del mar, el monte Etna es el volcán activo más alto de Europa. Recorrer sus vertientes no es fácil, pero, para los que no temen pedalear cuesta arriba, existen varias opciones para sumergirse en la naturaleza cubierta de lava.

Esta ruta rodea el volcán por una pista de tierra a una altitud media de 1700 m, con muchas cabañas por el camino que se pueden usar si se decide pernoctar aquí. El itinerario comienza en Serra La Nave, donde se llega en coche por la carretera SP92 desde Nicolosi, y es ideal para los meses de verano, cuando el deshielo desvela centenarias coladas de lava.

MARCO SOLBIATI/SHUTTERSTOCK ©

Módica, Sicilia.

Isla Favignana

DURACIÓN	DIFICULTAD	DISTANCIA
2,5 h	Baja	33 km

La bicicleta es el mejor modo de explorar la isla de Favignana (p. 222), frente a la costa occidental de Sicilia. Es prácticamente llana y dispone de muchos servicios de alquiler de bicis, haciéndola accesible para todo el mundo.

La carretera que recorre la costa tiene unos 33 km y, aunque se puede completar el circuito empezando y terminando en el puerto de la isla en un par de horas, merece la pena parar con frecuencia para visitar las múltiples playas idílicas por las que Favignana es famosa. Los principales puntos de interés son Cala Rossa, la más célebre de la isla, Cala Bue Marino y Cala Azzurra, piscinas naturales para disfrutar durante horas.

De Ragusa a Módica

DURACIÓN	DIFICULTAD	DISTANCIA
2 h	Media	28 km

Una carretera llena de subidas y bajadas permite explorar algunos de los tesoros del barroco tardío de Ragusa y Módica, en Val di Noto, declarados Patrimonio Mundial.

Visitar la icónica Piazza del Duomo donde se erige la catedral de San Giorgio y el distrito histórico de Ibla, la parte más antigua de Ragusa, luego coger la carretera secundaria que recorre el río Irminio, en el frondoso valle que va a Módica. Aquí aguarda más arquitectura sorprendente, incluyendo el Duomo di San Pietro, la Cattedrale di San Giorgio y la iglesia de San Giovanni Evangelista.

Cómo llegar

Las principales ciudades del país están bien conectadas por vía aérea con la Unión Europea y el resto del mundo, por ferrocarril con los países fronterizos de Austria y Francia y por vía marítima con países cercanos como Francia, Croacia y Grecia. Desde fuera de Europa, lo más probable será aterrizar en Roma, con una amplia red de conexiones ferroviarias internas exprés y regionales a cualquier parte del país.

Viajar con la bicicleta

Quizá ahorra la incomodidad de alquilarla *in situ,* pero puede ser engorroso y costoso en algunos casos. Sea cual sea el tamaño, las bicicletas deben viajar en avión o en los trenes no regionales italianos embaladas en cajas. Será necesario desmontarla, así que conviene dedicar un tiempo a practicar y hacerlo bien. Nunca deben llevarse cartuchos de CO_2. Habrá que dejarlos en los controles de seguridad. En Italia no escasean las tiendas de bicis: mejor comprarlos allí.

Mientras esté en la caja, la bicicleta se considera equipaje. Por su tamaño, se aplican suplementos adicionales en los vuelos y en algunos servicios ferroviarios de larga distancia. Las cajas de transporte de bicicletas se consideran equipaje especial y deben recogerse en el punto de recogida de equipaje voluminoso en el aeropuerto.

Traslados en tren

Roma El aeropuerto de Fiumicino tiene conexiones por tren a la ciudad y más allá. Billetes desde 8 €/ida.

Milán El aeropuerto de Malpensa es la puerta de entrada al norte. Billete de tren a Milán, 13 €/ida.

Bari El aeropuerto de Bari tiene un tren directo a Bari Centrale (5 €/ida).

Florencia El aeropuerto Amerigo Vespucci de Florencia tiene un servicio de tranvía a la estación central (1,50 € extra por equipaje voluminoso).

INFORMARSE ES IMPORTANTE

Antes y durante el viaje recomendamos que cualquier información relacionada con la seguridad, la salud, los trámites administrativos como con la expedición de visados, etc., sea verificada con el Ministerio de Asuntos Exteriores del país del viajero. Nuestras guías están actualizadas al cierre de la edición original, pero los cambios políticos, sociales y naturales son cada vez más rápidos e inciertos.

ENTRAR EN ITALIA

Dentro del espacio Schengen no hay controles fronterizos, salvo el letrero que indica la entrada en Italia. Fuera de él, se necesita pasaporte.

TARJETA SIM

Las venden en quioscos en el aeropuerto, pero será más económico en las tiendas de telefonía móvil con opciones de SIM de prepago. Será necesario mostrar el pasaporte.

EFECTIVO

En general, aceptan las principales de tarjetas, pero no está de más llevar efectivo de pequeño valor, en especial en ciudades pequeñas y pueblos.

TAXIS

Si se necesita un taxi a la llegada, que sea uno autorizado con taxímetro de una parada de taxis; no hacer caso a los conductores que se ofrecen directamente.

Cómo desplazarse

CONDUCIR EN ITALIA

Viajar por carretera en Italia puede ser fascinante y terrífico a la vez. Fuera de las grandes autopistas, las carreteras suelen ser estrechas y en ocasiones confusas. Antes de partir, se aconseja consultar las condiciones y normas de la compañía de alquiler.

A TENER EN CUENTA

Se conduce por la derecha.

Los peajes se pueden pagar en efectivo y con tarjeta.

0,5

El límite de alcoholemia es de 0,5 g/l.

Transporte público

Es fácil desplazarse entre ciudades italianas gracias a la extensa red nacional de trenes y autobuses de larga distancia. Si se planea usar mucho el tren durante un período de tiempo, puede ser útil adquirir un pase ferroviario.

Cicloturismo

Si se planea una visita prolongada a una región, se puede dejar parte del equipaje en el hotel (o una consigna) y apuntarse al cicloturismo *bikepacking* o de alforjas. Explorar en bici es una forma ideal de descubrir rincones ocultos.

Enlaces ferroviarios

Al adquirir el billete de tren se indicará si hay que hacer transbordo durante el trayecto. Conviene consultar siempre el andén al que se debe cambiar; puede que esté al otro lado de la estación.

AVISOS AMABLES

En Italia, las carreteras son estrechas y a veces resulta imposible adelantar al ciclista dejando suficiente espacio. Es habitual que los coches toquen el claxon antes de adelantar a un peatón o un ciclista. No hay que asustarse. Es un gesto de cortesía para avisar de su presencia y que se eviten cambios de dirección bruscos. Del mismo modo, al adelantar peatones con la bicicleta, el ciclista debe tocar el timbre para avisar.

COSTES

Alquiler de 7 días desde el aeropuerto Fiumicino de Roma unos 200 €

Gasolina 1,80 €/litro aprox.

Carga VE 0,14 € por kWh aprox.

Tren de alta velocidad Milán-Roma desde 20 €

Alojamiento

HOTELES PARA CICLISTAS

Para capitalizar la creciente popularidad del cicloturismo en Italia, muchos hoteles se proclaman aptos para ciclistas. Pero antes de reservar, se aconseja preguntar qué ofrece exactamente el hotel, pues a veces solo tienen un par de aparcabicicletas y nada más. Un verdadero hotel para ciclistas tiene un garaje de bicicletas seguro, con herramientas de reparación, bombas y zona de limpieza, además de un grifo para llenar el bidón. Algunos tienen miembros del personal entusiastas de la bicicleta dispuestos a ofrecer sus conocimientos sobre rutas locales y otras recomendaciones.

CUÁNTO CUESTA UNA NOCHE EN…

Villa vacacional de tres habitaciones en la Toscana 250 €

Habitación doble en un *agriturismo* en Sicilia 90 €

Alojamiento en un *rifugio* desde 50 €

'Agriturismo'

Las iniciativas de *agriturismo,* alojamiento turístico en granjas están en auge. Es una opción fantástica para los que buscan una experiencia italiana más lenta y rústica, con oportunidades para participar en talleres de cocina o estar más cerca de la naturaleza. Suelen ser en régimen de media pensión, una buena ocasión para probar excelentes comidas elaboradas con productos de la misma granja.

'Rifugi'

Estas cabañas de montaña son populares en los Alpes italianos para quienes buscan una experiencia de montaña rústica. La clave son habitaciones simples con comidas simples; se ofrece régimen de media pensión, bebidas aparte. Se recomienda reservar con antelación. La temporada de *rifugio* depende del tiempo.

'Palazzi'

Por toda Italia se están restaurando y convirtiendo antiguos *palazzi* (palacios) en alojamientos de lujo. Solían ser el orgullo de muchos aristócratas italianos y los propietarios estarán encantados de contar la historia de estos hermosos edificios, a menudo con dramas familiares y escándalos románticos.

Monasterios y conventos

Si se busca algo distinto, es posible alojarse en monasterios y conventos que ofrecen alojamiento a los viajeros, a menudo en lugares remotos y tranquilos. Las normas y los toques de queda se aplican a quienes se alojan con los monjes, así que la experiencia no es apta para todo el mundo. Esta opción no siempre se anuncia; consúltese en las oficinas de turismo locales.

'TRULLI'

Propios de la región de Apulia, muchos *trulli* (casas de piedra circulares) se han convertido en alojamientos para turistas. Desde estudios a casas de cinco habitaciones, merece la pena alojarse en una de estas hermosas estructuras antiguas si se visita la región. Suelen estar en áreas rurales, pero en la ciudad de Alberobello hay muchas por el centro.

Bicicletas

CUÁNTO CUESTA ALQUILAR...

Bicicleta de carretera/ 'gravel'/ montaña
desde 40 €/día

Bicicleta de paseo
desde 10 €/día

Bicicleta eléctrica
desde 20 €/día

Alquiler de bicicletas

El cicloturismo es muy popular en Italia y hay tiendas de alquiler en prácticamente cada ciudad y pueblo. Suelen ser pequeños negocios independientes regentados por residentes, que tienen los mejores consejos sobre rutas en bicicleta y las condiciones de las carreteras. Algunos alojamientos, en especial en sitios asociados a eventos o patrimonio relacionado con el ciclismo, ofrecen bicicletas gratis a los huéspedes o por un módico alquiler.

Otra opción en las ciudades es el sistema de bicicleta compartida. Roma, Florencia y Milán tienen bicicletas urbanas listas para alquilar por horas, con algunas opciones de bicicletas eléctricas.

Bicicletas eléctricas

Actualmente son un gran negocio, su popularidad está creciendo, incluso entre la población local. Son muy útiles en las angostas calles del país, permiten circular sin tanto esfuerzo por las regiones montañosas y subir a los espectaculares montes omnipresentes en el paisaje italiano. Por consiguiente, la mayoría de las tiendas de alquiler disponen de algunas bicicletas eléctricas.

Cargar la bicicleta eléctrica al final del día es sencillo. Las baterías suelen ser portátiles y se pueden cargar en un enchufe eléctrico normal. Hay estaciones de carga para bicicletas eléctricas en la red urbana de carriles bici o en las gasolineras, o se puede preguntar en cualquier tienda de bicis.

OTRO EQUIPAMIENTO

Todas las bicis alquiladas en Italia llevan una pequeña bomba, un kit para reparar pinchazos y un candado. Se puede alquilar otros accesorios como cascos, dispositivos GPS, remolques para bicis, portabultos y cestas por un suplemento adicional. Las botellas de agua se venden por motivos de higiene.

Salud y seguridad

SEGURO

En general, los seguros de viaje más completos cubren el ciclismo de placer, pero no el especializado, como el cicloturismo o el ciclismo de montaña. Hay que leer bien la póliza y asegurarse de adquirir una cobertura adicional si se desea incluir ciclismo extensivo como parte del viaje.

Emergencias

En caso de problemas con la bicicleta, hay que llamar al proveedor del servicio o pedir ayuda en la tienda más cercana. En caso de lesión o accidente, hay que llamar al número europeo de emergencias, 112.

Clima

Los veranos italianos pueden ser muy intensos y la insolación es una amenaza importante, en especial al aire libre y en bici. La prevención es clave. Hay que beber mucha agua fresca y evitar la cafeína y demasiado azúcar. En caso de encontrarse mal, hay que permanecer en la sombra y ponerse frío en la nuca. Si no mejora, váyase al médico.

Seguridad

Como en muchos sitios, el robo de bicicletas es habitual en las ciudades y grandes poblaciones, no tanto en los pueblos. Las bicicletas de alquiler suelen llevar candado. Hay que aparcarla y poner el candado en los aparcamientos específicos, pasándolo por el cuadro. Es aconsejable elegir un lugar que se pueda vigilar.

AVERÍAS

Hay que pedir siempre un número de contacto (número de móvil asociado a un servicio de mensajería) de la tienda de alquiler, si no lo ofrecen. Si la avería se debe a un problema de la bicicleta (y no a un accidente causado por el ciclista), proveerán personal y retirarán la bicicleta.

Turismo responsable

El cambio climático y los viajes

Es imposible ignorar el impacto que producimos cuando viajamos, así como la importancia de hacer cambios cuando se pueda. Lonely Planet insta a todos los viajeros a comprometerse con la huella de carbono de su viaje. Muchas páginas web ofrecen calculadoras de carbono que permiten al viajero hacer un estimar las emisiones de carbono que genera su viaje, p. ej. resurgence.org. Muchas aerolíneas y webs de reservas ofrecen la opción de compensar el impacto de los gases invernadero emitidos participando en iniciativas ecológicas por todo el mundo. Lonely Planet compensa la huella de carbono de todos los viajes de su personal, a sabiendas de que se trata más de una atenuación que de una solución.

RECURSOS

Agencia nacional de turismo de Italia
italia.it/en
Información actualizada sobre todas las regiones de Italia.

Komoot
komoot.com
Web de intercambio de rutas de ciclismo y senderismo.

Trenitalia
trenitalia.com
Web de la red ferroviaria de Italia.

COMIDA LOCAL

Sirven excelente comida italiana en los restaurantes locales que promueven la gastronomía local y de temporada y los vinos, en general procedentes de productores de la zona.

COMPRA LOCAL

Una buena alternativa al típico imán para la nevera es comprar directamente a los artesanos locales y llevarse una pieza única de la cultura italiana.

AGUA

El agua del grifo es potable. Hay fuentes cerca de las plazas de los pueblos o junto a las vías ciclables, así que es recomendable llevar botellas reutilizables. El agua no potable se indica como *acqua non potabile*.

Lo esencial

MONEDA: EURO (€)

Horario comercial

Se indican los de temporada alta. En invierno se reducen.

Bancos 8.30-13.30 y 14.45-16.30 lu-vi

Bares y cafés 7.30-20.00, a veces hasta la 1.00 o las 2.00

Restaurantes 12.00-15.00 y 7.30-23.00 (más tarde en verano)

Tiendas 9.00-13.00 y 15.30-19.30 (o 16.00-20.00) lu-sa. En las ciudades algunas tiendas abren todo el día. Las hay que cierran los lunes.

Tradicionalmente, los italianos hacen una larga pausa a mediodía. Fuera de las grandes ciudades, las tiendas y servicios suelen cerrar 2 o 3 horas para comer. Luego abren hasta tarde.

ELECTRICIDAD

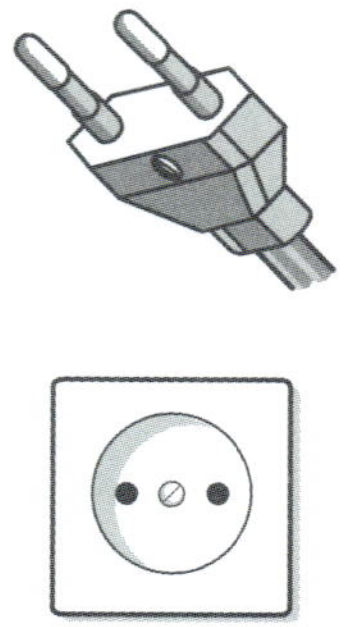

Tipo C
220V/50Hz

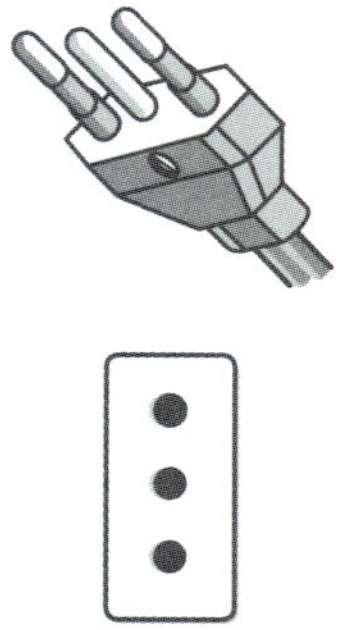

Tipo L
220V/50Hz

Efectivo y tarjetas

En las grandes ciudades y principales pueblos turísticos aceptan tarjetas de crédito y pagos *contactless,* Visa y MasterCard y los métodos Apple/Google son cada vez más populares. Si se compra en una tienda independiente, a veces ofrecen descuentos al pagar en efectivo.

Aunque las ciudades aceptan pagos sin efectivo, no está de más llevar metálico en pueblos y pequeñas ciudades, donde los pequeños negocios no son tan serviciales. Se recomienda ajustar las monedas o billetes lo más cerca del precio posible y evitar usar billetes grandes: algunos sitios no tendrán cambio suficiente.

Propinas

Son apreciadas, pero no obligatorias, y se dan en agradecimiento al servicio recibido. Es habitual dejar unos euros, hasta el 10% del valor de la cuenta en un restaurante, pero no se espera en un bar por un café rápido.

CUÁNTO CUESTA UN...

'Cornetto' (cruasán)
1-2 €

Copa de vino
Desde 3 €

Dos bolas de helado
desde 2,50 €

BAÑOS

Hay baños públicos en ciudades, parques, estaciones de trenes y gasolineras, pero cuestan entre 0,50-1,50 €. En los bares, suelen ser gratis para los clientes.

FUMAR

Está prohibido fumar en espacios públicos interiores. En el 2021 Milán fue la primera ciudad en prohibir fumar en el exterior (se está desplegando en fases hasta el 2025).

Rutas por dificultad

Índice

MAPAS DIGITALES DESCARGABLES DE LAS RUTAS

En este QR se pueden descargar archivos GPX o KML para seguir el itinerario en ruta.

geoPlaneta
Av. Diagonal 662-664, 08034 Barcelona
www.geoplaneta.com – www.lonelyplanet.es

Lonely Planet Global Limited
Lonely Planet Global Limited, Digital Depot,
The Digital Hub, Dublín D08 TCV4, Irlanda
www.lonelyplanet.com
Contacta con Lonely Planet en: lonelyplanet.com/contact

Las mejores rutas en bicicleta por Italia
1ª edición en español – marzo del 2024
Traducción de *Best Bike Rides Italy, 1* – octubre del 2023

Editorial Planeta, S.A.
Av. Diagonal 662-664, 7°. 08034 Barcelona (España)
Con la autorización para la edición en español de Lonely Planet Global Ltd
A.B.N. 36 005 607 983, Lonely Planet Global Limited, Digital Depot,
The Digital Hub, D08 TCV4 Dublín, Irlanda

Autores: Amy McPherson, Margherita Ragg y Angelo Zinna.

ISBN: 978-84-08-27906-8
Depósito legal: B. 13.506-2023
Impresión y encuadernación: Macrolibros
Printed in Spain - Impreso en España